LES
HABITS NOIRS

TOME PREMIER

OUVRAGES DU MÊME AUTEUR :

LE POISSON D'OR.

Sous presse :

ANNETTE LAÏS, récit d'amour; deuxième tableau du *Drame de la jeunesse.*

LES
HABITS NOIRS

PAR

PAUL FÉVAL

TOME PREMIER

PARIS
LIBRAIRIE DE L. HACHETTE ET Cⁱᵉ
BOULEVARD SAINT-GERMAIN Nº 77

1863
Droit de traduction réservé

PREMIÈRE PARTIE

LE BRASSARD CISELÉ

PREMIÈRE PARTIE.

LE BRASSARD CISELÉ.

I

Essai sur les Schwartz.

Il y avait une fois, au petit pays de Guebwiller, en Alsace, une famille Schwartz qui était bien honnête, et qui fournissait des Alsaciens à l'univers entier. Les Alsaciens sont généralement bien vus dans le monde, et la famille Schwartz, soit sur commandes, soit d'office, plaçait ses petits avec faveur. Faveur est un mot de terroir; il se prononce *vafeur* et acquiert une très-suave harmonie en passant par une bouche sachant bien « *bârler lè vranzais.* »

La famille Schwartz florissait donc, croissant et multipliant avec une évangélique abondance, expédiant ses couvées à Paris, en province, à l'étranger, et nonobstant ces exportations continuelles, gardant toujours en magasin un stock imposant de petits Schwartz et de petites Schwartzesses prêts et prêtes pour l'emballage.

Les chansons vantent la Normandie ; elles ont raison ; nulle contrée ne produit de si belles pommes et de plus jolis avoués ; mais pour le commerce, les sociétés chorales, la bière et l'accent, que la Normandie n'essaye jamais de rivaliser avec l'Alsace ! Un jeune Schwartz, conditionné avec soin et mûr pour la conquête, résume en lui seul toutes les vertus du Savoyard, du Provençal et de l'Auvergnat : il possède la proverbiale économie du premier, l'aplomb vainqueur du second et la chevaleresque délicatesse du troisième. Aussi voyez : je vous mets au défi de trouver en Europe une cité de deux mille âmes qui ne possède au moins un Schwartz de Guebwiller et qui ne s'en félicite au fond du cœur !

En 1825, il y en avait deux à Caen : un commissaire de police aussi probe qu'habile et un pâtissier suisse qui faisait honnêtement sa fortune. Cette date de 1825, à Caen, et le mot commissaire de police vont mettre tout d'un coup peut-être le lecteur sur la voie, et chacun devinera qu'il s'agit ici du fameux procès Maynotte. Peu nous importe. Parmi les causes célèbres, l'affaire Maynotte est une des plus curieuses et des moins connues. Nous invitons d'ailleurs ceux qui croient savoir à ne pas fermer le livre : ils trouveront chez nous autre chose que l'exposé pur et simple de cet étrange méfait.

Le 14 juin de cette même année 1825, un jeune Schwartz, un vrai Schwartz de Guebwiller, arriva à Caen sur l'impériale de la diligence de Paris. Sa mise était propre et dénotait ces soins assidus qui ne réussissent pas toujours à dissimuler la gêne. Il n'était pas grand, mais sa taille bien prise annonçait une constitution saine et résistante. Il avait le poil brun, la peau fortement colorée et les traits pointus. Ce type, assez rare en Alsace, est d'ordinaire modifié de bonne heure par une obésité précoce. J.-B. Schwartz était encore très-maigre. Il ne paraissait pas plus de vingt ans. L'aspect général de sa physionomie était une douceur grave, inquiétée par des yeux trop vifs et dont le regard semblait avide.

Son bagage était si mince qu'il put le prendre sous son bras en descendant de voiture dans la cour des Messageries. Les gens qui postulent pour les divers hôtels sont généralement physionomistes, surtout en Normandie : personne ne lui demanda sa pratique. Il se procura l'adresse de M. Schwartz, le commissaire de police, et celle de M. Schwartz, le Suisse patissier.

Entre Schwartz parvenus et Schwartz à parvenir, c'est un peu une franc-maçonnerie. Notre jeune voyageur fut très-bien reçu chez le magistrat comme chez le marchand; on lui demanda des nouvelles du pays; on se montra sensiblement touché de ce fait que son père et sa mère étaient morts tous deux, laissant deux pleines douzaines de Schwartz orphelins en bas âge. Il était l'aîné. En vingt années, sa digne mère avait eu seize couches dont six doubles. Les dames Schwartz sont toutes comme cela, Dieu soit loué.

Il n'eut pas même besoin de dire qu'il venait à Caen pour gagner sa vie; c'est chose sous-entendue qu'un Schwartz ne voyage pas pour son plaisir. Le commissaire de police et le pâtissier s'écrièrent tous deux à sa vue : « Quel dommage ! si vous étiez venu la semaine dernière.... » Mais à présent, Schwartz est installé !

Schwartz était installé chez le Suisse; Schwartz avait fait son nid au bureau de police : des Schwartz de rechange; ainsi voit-on, dans les fourrés, des chênes de toutes tailles qui poussent humblement pour remplacer les grands arbres condamnés à mourir.

A l'heure du dîner, notre jeune voyageur se promenait mélancoliquement sur les bords de l'Orne. L'hospitalité de ses deux compatriotes n'avait pas été jusqu'à lui offrir place à table. Il portait toujours son bagage sous son bras, et ses réflexions n'étaient pas couleur de rose. Sans doute, avant de désespérer tout à fait, il lui restait à voir une grande quantité de Schwartz dans les divers départements de la France ; mais ses finances étaient à bout, et son estomac patientait depuis le matin.

« Eh ! Schwartz ! » cria derrière lui une voix joyeuse.

Il se retourna vivement et déjà content. Toute rencontre est bonne aux affamés, car il y a au bout un dîner possible. Cependant, à la vue de celui qui se présentait, la physionomie de J.-B. Schwartz se rembrunit, et il baissa les yeux. Un jeune homme de son âge, très-passablement couvert, et dont l'élégance *sui generis* annonçait un commis-voyageur, venait droit à lui le long du quai, le sourire aux lèvres et la main tendue.

« Comment va, bonhomme ? demanda le nouveau venu avec rondeur. Nous voilà donc dans la patrie du bœuf gras, hé ? »

Il ajouta, après avoir secoué la main de Schwartz, qui resta inerte et froide :

« Comme on se rencontre, tout de même ?

— C'est vrai, monsieur Lecoq, répliqua le jeune Alsacien qui souleva son chapeau en cérémonie, on se rencontre comme cela. »

M. Lecoq passa son bras sous le sien, et Schwartz sembla éprouver une sorte de malaise. Nous devons dire que rien, dans l'apparence du nouveau venu, ne motivait une pareille répulsion. C'était un fort beau garçon, au teint frais, à la tournure crâne, au regard ouvert et hardi. Ses manières pouvaient manquer de distinction comme son costume abusait des couleurs voyantes, mais ces détails devaient importer peu à notre Alsacien. On est prudent à Guebwiller. Les défiances de J.-B. Schwartz doivent donc nous mettre en garde jusqu'à un certain point contre ce flambant M. Lecoq.

« A-t-on dîné ? » demanda celui-ci au bout de quelques pas.

Schwartz rougit, et ses yeux mobiles se prirent à rouler ; mais il répondit :

« Oui, oui, monsieur Lecoq. »

Le commis-voyageur s'arrêta, le regarda en face, et partit d'un éclat de rire un peu forcé.

« Fui ! fui ! mézié Legog ! répéta-t-il, exagérant l'accent de son compagnon. As-tu fini ! Nous mentons comme un polisson, Baptiste ! Ceux qui vous ont dit, mon ami, s'interrompit-il avec une dignité superbe, que j'ai été remercié chez Monnier frères, en ont menti par la gorge ! On ne remercie pas Lecoq, fils adoptif d'un colonel, entendez-vous ? C'est Lecoq qui remercie, quand les patrons ont le don de lui déplaire. Monnier est une simple crasse. J'avais quatre mille chez lui ; Berthier et Cie m'ont offert cinq mille et mes commissions : emballé !

— Cinq mille et les commissions ! répéta l'Alsacien qui passa sa langue sur ses lèvres.

— Du nanan, hé, bonhomme ? Je ne m'arrêterai pas là... Et pourquoi n'êtes-vous plus chez les Monnier, vous ?

— On a réduit le nombre des employés.

— Je vous dis : des crasses... Combien avais-tu ?

— Trois cents et le déjeuner....

— Au pain et à l'eau... Une baraque... Jean-Baptiste, si j'osais m'exprimer avec franchise, je te dirais que tu es un parfait dindon, une poule. »

Schwartz essaya de sourire et répondit :

« Je n'ai pas de bonheur comme vous, monsieur Lecoq. »

Ils avaient quitté le bord de l'eau et montaient la rue Saint-Jean. Le commis-voyageur haussa les épaules et prit un ton doctoral.

« Dans le commerce, Jean-Baptiste, professa-t-il, il n'y a ni bonheur ni malheur. C'est la façon de tenir les cartes, voilà, hé?... Et la manière de risquer son tout... Moi qui parle, dès que je trouverai un cheveu dans Berthier et Cie, je m'envolerai vers d'autres rivages avec huit mille de fixe ou davantage....

— Vous devez faire de rudes économies, monsieur Lecoq ! » interrompit Schwartz avec une naïve admiration.

M. Lecoq quitta son bras pour lui donner un maître coup de poing dans le dos.

« Le jeu, le vin, les belles ! dit-il. Je suis un jeune fils de famille, et les poules mouillées ne font jamais fortune, hé, bonhomme ! »

En même temps, il fit pirouetter Schwartz, et le poussa sous la porte cochère d'une grande vieille maison qui avait pour enseigne cet illustre tableau représentant un volatile haut jambé, marchant sur la crinière d'un lion avec la légende : *Au Coq hardi*.

J.-B. Schwartz se laissa faire, parce qu'une violente odeur de cuisine le prit par les narines comme la main du dompteur saisit le taureau par les cornes.

« La fille ! cria M. Lecoq de ce ton impérieux qui pose les commis-voyageurs dans les hôtels. Maman Brulé ! père Brulé ! quelqu'un, que diable ! Tout le monde est-il mort? »

Maman Brulé montra, au seuil de la cuisine, un vénérable visage de sorcière. M. Lecoq lui envoya un baiser et dit :

« Puisque je retrouve un ami si fidèle, et que la table d'hôte est en train depuis une demi-heure, servez deux festins à quatre francs par tête dans ma chambre... Et distinguez-vous, hé, mon cœur ! »

Il fut récompensé par le sourire sans dents de l'hôtesse.

« C'est ici que je respire, quand je viens à Caen, poursuivit-il en montant les marches déjetées de l'escalier. On m'y donnerait les ardoises du toit à crédit. Mais je n'en ai que faire, hé, bonhomme ! Prenez la peine d'entrer. »

J.-B. Schwartz entra sans résistance, cette fois. L'odeur des casseroles avait agi sur la partie sensuelle de son individu. Je ne sais quel vague écho des récentes paroles de Lecoq chantait autour de ses oreilles : « Le jeu, le vin, les belles ! » Le jeu, néant ; mais il ne détestait pas le vin, et, quoiqu'il eût les vertus de la misère circonspecte, la pensée d'aimer mettait son âme en moiteur.

Ces gens d'Alsace ont beau être tardifs, vienne l'août, ils bourgeonnent.

C'était une chambre d'auberge, laide et malpropre. A peine entré, M. Lecoq se précipita vers l'escalier et cria d'une voix retentissante :

« La fille ! papa Brulé ! maman Brulé ! »

Et quand on eut répondu :

« Mon carrosse pour huit heures ! militaire ! Il faut que je sois à Alençon demain matin ! »

En revenant vers son convive, il ajouta négligemment :

« La maison Berthier me passe un cabriolet et un cheval, hé ?... Et dans cette saison, je circule la nuit pour ne pas me gâter le teint.

— Si j'osais... commença J.-B. Schwartz d'un ton insinuant.

— Me demander une place dans ma charrette ? interrompit Lecoq.

— Oui…

— Fui !… Eh bien ! n'osez pas, Jean-Baptiste, hé !… nous allons causer tout à l'heure, bonhomme : j'ai d'autres projets sur vous, pour le moment. »

Une expression de défiance envahit de nouveau les traits de notre Schwartz, qui murmura :

« Vous savez, monsieur Lecoq, je ne suis qu'un pauvre garçon…

— Bien ! bien ! Nous allons causer, vous dis-je. On prend l'engagement formel de ne pas exiger de vous, seigneur, l'invention de la poudre à canon. »

En parlant, il faisait sa toilette, changeant son habit de ville contre un costume de voyage. Quand la servante vint avec les plats, il ouvrit sa malle à grand bruit.

« Partant pour la Syrie, s'écria-t-il, je veux payer ma note. Qu'on me l'établisse au plus juste prix, jeunesse, hé ! sans oublier que je jouis de la remise du commerce… Et de l'avoine à mon coursier !

J.-B. Schwartz n'était pas peut-être le roi des observateurs ; cependant, il voyait clair, et il lui parut que M. Lecoq *posait* solidement son départ, comme on dit en termes de métier théâtral. Il devint attentif ; et, certes, à supposer que M. Lecoq voulût jouer vis-à-vis de lui une comédie, l'auditoire était surabondamment en garde.

Mais cela ne servait à rien avec M. Lecoq, qui était, nous allons bien le voir, un tacticien très-original et de première force.

« As-tu vu l'enseigne ? demanda-t-il brusquement en prenant place à table. *Au Coq hardi.* C'est ce qui a déterminé mon choix, hé ! Jean-Baptiste ? Je suis Lecoq et je suis hardi. Déboutonnons-nous : j'ai peut-être besoin de vous, bonhomme, et je paye comptant. Je suis en fonds. La vente a bien marché ici : j'ai livré avant-hier à M. Bancelle, le plus fort banquier de Caen, une caisse à secret et à défense, nouveau modèle, dont il est amoureux fou. On ne parle que de cela dans la ville. Tous les banquiers de Normandie demanderont des caisses pareilles, et j'aurai un intérêt dans la maison Berthier quand je voudrai. A ma santé ! »

Il but un verre de vin sur sa soupe et poursuivit :

« Pourquoi, parce que je suis le coq hardi, entrant partout, jolie tenue, parole élégante, facilité d'élocution et le reste... Toi, bonhomme, vous êtes la poule, hé! redingote rapée, bourse plate, timidité du malheur!... Il y a donc deux Schwartz à Caen : je mets toujours le doigt sur la chose du premier coup, vous savez bien... Les Schwartz, c'est comme les Hébreux, ça se contrepousse dans le monde, mais petitement, oui! Après la carpe, c'est l'Alsacien qui est le plus mou et le plus froid des animaux... Pas de place chez le pâtissier, pas de place chez le commissaire... Alors, voilà mon pauvre bonhomme qui veut partir pour Alençon chercher d'autres Schwartz : c'est bête, hé! »

Ces choses étaient tristes à entendre; pourtant, puissance de l'appétit! notre jeune ami mangeait assez bien en les écoutant. Manger fait boire; ce généreux Lecoq lui versait du vin pur. Il est vrai que le vin des auberges de Normandie est illustre dans les cinq parties du monde, que nulle part ailleurs on n'en peut déguster d'aussi aigre, d'aussi lourd, d'aussi formellement détestable, qu'aucun chimiste jusqu'à ce jour n'a pu trouver les substances nuisibles qui entrent dans la composition de ce cruel breuvage; mais, d'une part, ceux qui viennent de Guebwiller ne sont pas difficiles, et, d'autre part, l'exemplaire sobriété de notre pauvre ami lui faisait une tête plus faible que celle d'une fillette. A mesure que le festin à quatre francs suivait son cours fastueux, ajoutant le bœuf à la mode au fricandeau et l'omelette au bœuf à la mode, J.-B. Schwartz sentait naître en lui une chaleur inusitée; il devenait un mâle, parbleu! et se surprenait à envier les hardiesses de M. Lecoq.

Dans ce petit monde des employés parisiens où J.-B. Schwartz avait vécu déjà quelques mois, Lecoq n'avait pas la meilleure de toutes les réputations; on ne connaissait bien ni ses antécédents, ni ses accointances; il courait même sur lui des bruits fâcheux et assez graves, mais aucun fait n'était prouvé et l'envie s'attache toujours aux vainqueurs. Lecoq était un vainqueur: cinq mille francs d'appointements, ses commissions et voiture! Il n'y avait pas, en 1825, beaucoup de commis-voyageurs arrivés à ce faîte des prospérités. J.-B. Schwartz le regardait d'en bas humblement, respectueusement; chaque verre de vin normand ajoutait à la somme de ses admirations. Au dessert, si l'on eût mis d'un côté toutes les joies de ce Lecoq, de l'autre toutes les vertus d'Alsace, je ne sais pas si la conscience de J.-B. Schwartz eût versé à droite ou à gauche.

Il était honnête, pourtant, je l'affirme, en ce sens qu'il ne vous eût pas trompé d'un centime sur une facture faite : reste à savoir comme on fait la facture.

Le fromage était sur la table, ainsi que les quatre coudes de nos deux amis, et ils causaient.

« C'est une femme mariée, disait ce don Juan de Lecoq. Tu comprends, Jean-Baptiste, à nos âges, on n'est pas de bois.... »

Et J.-B. Schwartz fit un signe d'assentiment, le lâche!

« Avec les femmes mariées, reprit Lecoq, il ne s'agit pas de plaisanter ; il y a le Code.

— Alors, n'y allez pas ! » s'écria Schwartz sur qui ce mot produisait un effet extraordinaire : nouvelle preuve de son honnêteté alsacienne.

Mais Lecoq mit la main sur son cœur et prononça d'un accent dramatique :

« J'en tiens, bonhomme, hé ! Plutôt mourir que de renoncer au bonheur !

— D'ailleurs, reprit-il avec moins d'emphase, on a le fil, Jean-Baptiste. Toutes les précautions sont prises et j'ai une lettre, signée de moi, qui voyage en ce moment dans la malle-poste. Elle sera jetée demain matin dans la boîte d'Alençon, à l'adresse du papa Brulé, pour lui réclamer mon jonc à pomme d'argent, qui est là dans le coin, et que je vais oublier en partant.

— Ah ! fit Schwartz. Tout ça pour une amourette ! »

M. Lecoq emplit les verres. Il porta le sien à ses lèvres et profita de ce mouvement pour examiner son compagnon à la dérobée. On était à la fin de la troisième bouteille, Schwartz avait dîné copieusement.

« Ça ressemble, murmura-t-il, aux histoires qui sont dans les journaux. Comment appellent-ils cela, à la cour d'assises ? Fonder un *alibi*, je crois. »

M. Lecoq éclata de rire.

« Bravo, bonhomme ! s'écria-t-il. On fera quelque chose de toi ! vous avez trouvé le mot du premier coup, Jean-Baptiste, hé ! Un alibi ! c'est précisément cela, parbleu ! Je fonde un alibi pour le cas où le mari voudrait me causer des désagréments. Tout n'est pas rose dans l'état de séducteur, non ! il y a aussi les coups d'épée, et le mari est un ancien militaire !... La fille ! le café et les liqueurs ! chaud ! »

Tout ceci fut prononcé avec volubilité, parce que

M. Lecoq voyait un soupçon naître dans le regard alourdi de son convive.

« Ce n'est pas moi qui me mettrais dans des embarras pareils! pensa tout haut ce dernier, plein de cette douce fierté que donne la sagesse.

— Jean-Baptiste, poursuivit M. Lecoq en lui versant une ample rasade d'eau-de-vie, votre tour viendra; vous connaîtrez l'ardeur effrénée des passions... Mais je n'ai pas tout dit, hé! Le mari est l'ami intime du commissaire de police. »

J.-B. Schwartz recula son siége.

« Monsieur Lecoq, déclara-t-il résolûment, vos affaires ne me regardent pas.

— Si fait, bonhomme, si fait, répliqua le commis-voyageur. Il y a un boni...

— Je ne veux pas... commença l'Alsacien.

— Le roi dit: nous voulons, ma poule! Je te paye cent francs, comptant, sans escompte, un mot que vous direz, ce soir, à l'oreille du commissaire de police, tout doucement et sans malice... Histoire de rire, quoi! et d'obliger papa. Voilà. »

II

M. Lecoq.

Cent francs! Sait-on bien ce qu'un Schwartz de la bonne espèce peut faire avec cent francs? J'ai vu beaucoup d'honnêtes gens s'attendrir jusqu'aux larmes en écoutant cette idéale bucolique de la finance : l'histoire de M. Jacques Laffitte, ramassant une épingle et, sur la pointe de cette épingle, — *super hanc petram*, — bâtissant son église dorée. Mon cœur reste froid, je l'avoue, à ces chères ferveurs de l'économie, mais je comprends toutes les religions.

Dans cent francs, combien d'épingles! chaque grain de blé, vous ne l'ignorez pas, renferme en son humble enveloppe le miracle de la multiplication des pains; les centimes germent aussi, quand on les sème, quand on les fume, quand on les sarcle, et la moisson qu'ils donnent avec les soins et le temps s'appelle million.

J.-B. Schwartz n'avait jamais eu cent francs. S'il avait eu cent francs, J.-B. Schwartz eût monté une maison de banque dans un grenier. On naît poëte; J.-B. Schwartz avait apporté en naissant le sens exquis du bordereau, le génie du compte de retour.

Il eut un éblouissement, car la mauvaise eau-de-vie d'auberge fermentait avec l'ambition dans sa tête, et les trois bouteilles de vin âcre attisaient en lui le feu sacré; il vit passer à perte de vue je ne sais quel mirage : de grands bureaux où l'on marchait sur des tapis, des commis derrière des grillages, des registres verts, à titres rouges, hauts, épais et gros, chargés à l'intérieur d'écriture anglaise et de chiffres miraculeusement alignés, une caisse de métal, une caisse damasquinée, imposante comme l'arche, des garçons de recette en livrée grise, et peut-être, dans une voiture à quatre chevaux, Mme J.-B. Schwartz empanachée plus noblement que deux ou trois enterrements de première classe.

Cent francs! cent francs contiennent tout cela, plus que tout cela. Le chêne énorme est dans le petit gland, et c'est un grain de sable qui précipite l'immensité de l'avalanche.

« Je ne veux pas! » répéta pourtant sa vertu expirante.

Et il ajouta en faisant mine de se lever :

« Pour or ni pour argent, monsieur Lecoq, je ne ferai jamais rien qui m'expose.

— Jean-Baptiste, repliqua le commis-voyageur d'un ton de supériorité, j'ai l'honneur de vous connaître comme ma propre poche. Écoute avant de refuser, garçon. C'est simple comme bonjour, et, outre les cent francs, on peut t'avoir une petite position chez Berthier et Cie.

— On ne donne pas cent francs pour un rendez-vous ! objecta l'Alsacien. Il y a autre chose.

— Si c'est la dame qui fait les frais ?... » insinua M. Lecoq en passant la main dans ses cheveux, qu'il avait abondants et fort beaux.

J.-B. Schwartz était de taille à comprendre ainsi l'amour, et cet argument le toucha au vif. M. Lecoq, battant le fer pendant qu'il était chaud, s'écria :

« N'essaye donc pas de raisonner sur des choses que tu ne connais pas, bonhomme ! Voilà l'affaire en deux mots : tu te noies, je te sauve, hé !... Maintenant, l'ordre et la marche : M. Schwartz le pâtissier ferme à neuf heures ; dès qu'il sera neuf heures et demie, tu n'auras donc plus à choisir : c'est chez M. Schwartz, le commissaire de police, qu'il te faudra demander à coucher dans le grenier.

— Mais il m'a éconduit ! interrompit notre Alsacien.

— Parbleu ! Inculquez-vous bien cette vérité : Aussi loin que peuvent s'étendre les limites de notre planète, sur la terre il n'est plus que moi qui s'intéresse à ta personne !

— C'est vrai, balbutia J.-B. Schwartz qui avait l'eau-de-vie larmoyante. Je suis seul ici-bas !...

— Triste exilé sur la terre étrangère. On pourrait citer une foule de textes mis en musique par les premiers compositeurs. Il n'en est pas moins vrai qu'à dix heures dix minutes, le commissaire de police rentrera chez lui, sortant du cirque des frères Franconi, bâti en toile d'emballage sur la place de la Préfecture. Il sera pressé et de mauvaise humeur parce que ce sera la quatorzième fois qu'il aura contemplé, pour les devoirs de sa charge, M. Franconi père en habit de général et Mlle Lodoïse en costume de Cymodocée. Il montera la rue de la Préfecture, puis la rue Écuyère où Malherbe naquit.

Enfin, Malherbe vint, et le premier en France....

Mais la poésie vous est inférieure, Jean-Baptiste.... Vous le suivrez place Fontette, puis rue Guillaume-le-Conquérant, jusqu'à la place des Acacias, ainsi nommée parce qu'elle est plantée de tilleuls. C'est là que Mme Schwartz couche : une femme sur le retour, désagréable, mais qui rit quand on la chatouille. Vous vous approcherez du magistrat, son époux. Votre aspect lui causera une surprise pénible ; il s'écriera : « Encore vous ! » Peut-être même ajoutera-t-il à cette exclamation quelques paroles d'emportement, telles que fainéant, va-nu-pieds ou autres. C'est son droit : toutes les semaines, il reçoit trois ou quatre visites de Schwartz. M'écoutez-vous, Jean-Baptiste, hé ? »

Jean-Baptiste écoutait, quoique ses paupières appesanties battissent la chamade. M. Lecoq continua :

« Attention, bonhomme ! c'est ici l'important. Tu lui diras : « Monsieur et respectable compatriote, le gui-
« gnon semble me poursuivre dans cette capitale de la
« basse Normandie. Je me trouve dépourvu de fonds par
« le plus grand de tous les hasards. Je comptais, en cette
« extrémité, sur la protection d'un de mes anciens su-

« périeurs dans la hiérarchie du commerce parisien :
« M. Lecoq, haut employé de la maison Berthier et Cie
« qui a fourni la caisse à secret de l'honorable M. Ban-
« celle.... » Tu saisis, hé? Ce ne sont pas des mots en
l'air : il y en a pour cent francs, à prendre ou à laisser.... « Mais, » poursuivras-tu, « ce jeune représentant
« a quitté, ce soir même, l'hôtel du Coq hardi, sa de-
« meure, et s'est mis en route pour Alençon dans son
« équipage.... » Tout le reste est pour arriver à prononcer ces derniers mots-là ; répète. »

J.-B. Schwartz répéta, puis il demanda :

« Où coucherai-je ?

— Où auriez-vous couché, si vous ne m'aviez pas
rencontré, Jean-Baptiste? Ne nous noyons pas dans
les détails. Quand le digne magistrat vous aura prié de
passer votre chemin, tout sera dit : vous aurez gagné
la somme et des droits à ma reconnaissance éternelle. »

Le jeune Alsacien réfléchissait. Sa pensée, un peu
confuse, ne voyait absolument rien de compromettant
dans la démarche insignifiante qu'on lui demandait. Ce
qui l'inquiétait, c'était la grandeur de la récompense
promise à un si faible travail.

M. Lecoq se leva et jeta sa serviette. Huit heures
sonnaient.

« J'ai dit, déclama-t-il. Maintenant, l'amour m'appelle.

— Si je savais, murmura J.-B. Schwartz, qu'il n'y a
rien autre chose que de l'amour là-dessous !

— Je suppose, bonhomme, fit sévèrement le commis-voyageur, que vous ne suspectez ni mon honneur
ni mes opinions politiques ! »

J.-B. Schwartz n'avait pas songé aux opinions politiques de M. Lecoq. La nuit porte conseil, surtout
quand on la passe à la belle étoile. Il eût donné beaucoup pour avoir sa nuit devant lui.

Mais M. Lecoq bouclait sa malle après avoir payé sa note. Tout était prêt, rien ne traînait, sauf la canne de jonc à pomme d'argent, oubliée à dessein dans un coin.

M. Lecoq descendit en sifflant un petit air; Jean-Baptiste Schwartz le suivit. L'équipage du commis-voyageur de la maison Berthier et Cie, brevetée pour les caisses à défense et à secret, coffres-forts, serrures à combinaisons, etc., était une méchante carriole, mais son petit cheval breton semblait vigoureux et plein de feu.

« Donnez-vous des arrhes? prononça faiblement le jeune Alsacien au moment où son compagnon mettait le pied sur le montoir, disposé comme les faux des chars antiques.

— Pas un fiferlin, Jean-Baptiste, hé! répondit M. Lecoq. Je ne vous cache pas que vos hésitations me déplaisent. Dites oui ou non, bonhomme....

— Si je faisais la chose, demanda J.-B. Schwartz, où vous rejoindrais-je?

— Dites-vous oui?

— Non....

— Alors, que le diable t'emporte, Normand d'Alsace!... A l'avantage!

— Mais je ne dis pas non. »

M. Lecoq prit en main les rênes. Schwartz faisait pitié. Pour le même prix, il eût vendu la chair de son bras droit, ses dents qu'il avait longues et bonnes, sa forêt de cheveux et peut-être le salut de son âme.— Mais il avait peur de s'exposer à mal faire, dans le sens exact que la loi attache à ce mot.

« Gare! cria M. Lecoq qui fit claquer son fouet.

— Je dis oui.... balbutia J.-B. Schwartz avec abattement. »

Lecoq se pencha vers lui et lui caressa la joue du revers de ses doigts.

« Petite bagasse!.fit-il en prenant pour une fois le pur accent de la Cannebière. Nous y voilà, Jean-Baptiste, hé?.... Ta nuit ne sera pas longue. A deux heures du matin, tu sortiras de Caen par le pont de Vaucelles ; tu feras une lieue de pays en te promenant sur la route d'Alençon. A trois heures juste, je serai en avant du village d'Allemagne, dans le bois qui est à droite de la route.... A bientôt, bonhomme, et dis ta leçon, ni plus ni moins.... Hue, Coquet! »

Coquet fit feu des quatre pieds et partit comme un trait, pendant que la fille, les garçons, maman Brulé, papa Brulé et les petits Brulé, souhaitaient à grands cris bon voyage.

Les soirées de juin sont longues. Il faisait encore jour quand M. Lecoq et son fringant bidet breton quittèrent la cour du Coq hardi, laissant ce malheureux J.-B. Schwartz au labeur de ses réflexions. M. Lecoq avait le cure-dents à la bouche et claquait son fouet comme un vainqueur en descendant les petites rues qui mènent à la rivière. Oh! le gai luron! qu'il portait bien sa casquette de voyage sur l'oreille et comme les coins du brillant foulard qui lui servait de cravate folâtraient gracieusement aux vents. Il souriait aux fillettes, en vérité, il envoyait des baisers aux marchandes sur le pas de leur porte, il provoquait les gamins et disait : « Gare-là, papa! » aux bonnes gens qui se dérangeaient pour le laisser passer.

Et figurez-vous qu'on le connaissait bien. La caisse, vendue par lui à M. Bancelle, le riche banquier, était célèbre dans la ville de Caen : une caisse-fée qui défiait les voleurs et vous saisissait le bras du coquin comme un gendarme! Paris ne sait qu'inventer! Le coffre-fort coûtait cher; les négociations avaient duré du temps. D'autres richards se tâtaient déjà pour acquérir un meuble si utile. A Caen on ignorait le nom de Berthier et Cie; on disait tout bonnement la caisse Lecoq. M. Lecoq était un jeune homme illustre.

Il ne faut pas s'imaginer que le commis-voyageur, arborant les carreaux cassants de son pantalon, l'arc-en-ciel de son gilet et les splendeurs sidérales de sa cravate, fasse purement preuve de mauvais goût. Non. Cela sert. C'est une publicité tout comme une autre. Ces violentes querelles entre couleurs attirent le regard et forcent la gloire. Voyez ce qu'on arrache de dents, en place publique, quand on a le courage de coiffer un casque ou un chapeau de général.

On disait, sur le passage de la carriole : « C'est M. Lecoq qui s'en va pour vendre d'autres caisses. Celui-là n'est pas embarrassé. Il n'a affaire qu'aux calés ! Ce n'est pas le pauvre monde qui peut protéger de même son petit magot contre les voleurs ! »

Quand M. Lecoq sortit de la ville, à la brune, par le pont de Vaucelles, il avait des centaines de témoins, prêts à constater son départ.

Cela prouve peu, puisque, en définitive, on peut revenir. Mais les circonstances insignifiantes sont comme les petits ruisseaux qui font les grandes rivières.

Tant que le crépuscule dura, M. Lecoq maintint son bidet au grand trot; il adressa la parole à tous les charretiers qu'il croisa. La nuit venue, à trois quarts de lieue des faubourgs, il mit pied à terre à la porte d'une auberge pour allumer ostensiblement ses lanternes.

« Une jolie biquette, dit l'aubergiste en tapant la croupe de Coquet.

— Ça va trotter du même pas jusqu'à Alençon, répliqua M. Lecoq. Et hue !

A cinq cents pas de l'auberge il y avait un coude, et un taillis de châtaigniers s'étendait sur la droite. M. Lecoq arrêta brusquement son cheval, dès qu'il eut tourné le coude. Il regarda en avant, il écouta en arrière. La route était déserte.

M. Lecoq sauta hors de sa carriole; il prit Coquet par la bride et le mena en plein taillis, par un petit sentier où la voiture avait peine à passer. Ce sentier lui-même fut abondonné à la première éclaircie qui se présenta. Coquet, violemment attiré, fit trou dans le taillis et la carriole se trouva hors de la voie.

En plein jour, on l'aurait vue aisément, cachée qu'elle était à peine; mais la nuit, tout ce qui n'est pas dans le chemin tracé disparaît sous bois.

M. Lecoq détela son cheval, fit avec lui deux ou trois cents pas dans le taillis et l'attacha enfin au plus épais du fourré.

Cette besogne accomplie, il revint à la carriole. En un tour de main, son glorieux pantalon à carreaux fut remplacé par un pantalon d'ouvrier en cotonnade bleue, tout usé aux genoux; au lieu de son élégante jaquette de voyage, il mit une blouse de toile et se coiffa d'un gros bonnet de laine rousse qu'il rabattit sur ses yeux.

Singulier accoutrement pour un rendez-vous d'amour!

M. Lecoq ôta ses bottes, dernier vestige de sa brillante toilette : il chaussa des pantoufles de lisière, et, pardessus, de bons souliers ferrés.

Nous affirmons que sa maîtresse elle-même aurait pu passer près de lui sans le reconnaître. Il se mit en marche. C'était, en perfection, un épais balourd du Calvados, demi paysan, demi-citadin, comme ils vont par centaines, abandonnant le travail des champs pour se faire manœuvres à la ville.

M. Lecoq regagna la route, et piqua vers Caen d'un pas pesant. Il était neuf heures et demie.

A dix heures moins quelques minutes, un homme sortit tout à coup de la boutique d'un marchand de curiosités, située sur cette place des Acacias, au quartier Saint-Martin, où demeurait le commissaire de police Schwartz. Cet homme portait une blouse de paysan et un bonnet de laine rousse. Sa marche ne faisait point de bruit, parce qu'il était chaussé de lisière.

Il traversa la place rapidement et prit sous un banc une paire de gros souliers ferrés.

Comme dix heures sonnaient, le même homme, chaussé en pataud et faisant sonner contre le pavé les gros clous de ses galoches, arriva sur la place de la Préfecture, où la musique des frères Franconi hurlait ses dernières notes. La représentation s'achevait. Le pataud qui avait un pantalon de cotonnade bleue usée aux genoux, une blouse grise et son bonnet de laine, s'assit sur une borne, au coin de l'église. Le commissaire de police Schwartz sortit du cirque un des premiers et se dirigea tout de suite vers le quartier Saint-Martin. Le pataud le suivit à distance.

A moitié chemin de chez lui, dans la rue Guillaume-le-Conquérant, le commissaire de police fut accosté timidement par un pauvre garçon qui sembla l'implorer. Le pataud pressa le pas. Le commissaire de police répondit au pauvre hère d'un ton d'impatience et de dureté :

« On ne vient pas dans une ville ainsi, sans savoir ! Je ne peux rien pour vous. »

Aussitôt J.-B. Schwartz, avec plus d'aplomb qu'on n'en aurait pu attendre de ses récentes perplexités, plaça la leçon apprise. Il parla de M. Lecoq, son protecteur, de la caisse Bancelle et du malheureux hasard qui faisait que justement, ce soir même, M. Lecoq était en route pour Alençon.

Le commissaire de police était de mauvaise humeur; il répliqua :

« Je ne connais pas votre M. Lecoq et tout cela ne me regarde pas : laissez-moi tranquille! »

Ce que fit J.-B. Schwartz, qui avait gagné cent francs.

Le pataud, arrêté dans l'ombre d'un porche, avait écouté cette conversation fort attentivement. Quand le commissaire de police et notre J.-B. Schwartz se séparèrent, il ne suivit ni l'un ni l'autre et s'engagea dans le réseau de petites rues tortueuses qui s'étend à droite de la place Fontette. Il marchait rapidement désormais et avait l'air fort préoccupé. Un cabaret restait ouvert au fond du cul-de-sac Saint-Claude. Le pataud mit son œil aux carreaux fumeux que protégeaient des rideaux de toile à matelas; il entra. Le taudis était vide, sauf un homme qui comptait des sous derrière le comptoir.

« Sommes-nous prêt, papa Lambert? demanda M. Lecoq, que chacun a reconnu sous sa blouse. »

Au lieu de répondre, le cabaretier dit :

« Avez-vous la chose, Toulonnais? »

M. Lecoq frappa sur un objet qui faisait bosse sous sa blouse. L'objet rendit un son métallique. Le cabaretier éteignit sa lampe et ils sortirent tous deux.

III

Cinquante don Juan.

Il nous faut rétrograder de quelques heures pour parler d'une chose encore plus célèbre que la caisse à secret et à défense de M. Bancelle. En ce temps-là, Caen était une ville un peu tapageuse; les étudiants et les militaires faisaient beaucoup de bruit autour des jolies femmes.

La plus jolie personne de Caen, la plus belle aussi, c'était Julie Maynotte, femme du ciseleur sur acier. La jeunesse dorée de Caen désertait le grand cours et le cours de la préfecture pour croiser sous les arbres lointains de la place des Acacias, depuis qu'André Maynotte avait ouvert, au coin de la promenade, un modeste magasin d'arquebuserie et de curiosités qui s'achalandait rapidement.

Les officiers de toutes armes, car la division militaire n'avait pas encore été transférée à Rouen, les étudiants des diverses Facultés et les lions du commerce se faisaient connaisseurs à l'unanimité et venaient admirer, du matin au soir, les objets modernes ou antiques, disposés avec un goût tout particulier dans la montre étroite. Le romantisme en bas âge n'avait pas inoculé aux fervents de la mode cette fièvre du moyen âge qui produisit de si drôles d'effets quelques années plus tard, mais un sourd travail de préparation avait lieu; on voyait déjà quelques pendules dont les sujets n'étaient ni Fingal, ni Eucharis, ni Alonzo, ni Galathée;

certains bronzes audacieux montraient leurs reflets verdâtres parmi le blond fouillis de ces dorures mates dont la restauration combla l'univers ; on citait déjà des tailleurs qui ne gauffraient plus le collet des lévites ; les manches à gigot s'élançaient vers des excès révolutionnaires, et quoique assurément aucune barbe à la François Ier n'essayât encore de naître, les populations voyaient avec étonnement de rares et hardis novateurs se présenter en public sans lunettes.

Sans lunettes ! La police imprudente laissait passer ces nudités !

Une catastrophe était dans l'air. Victor Hugo tournait autour de Notre-Dame de Paris, et laissait croître ses cheveux ; Alexandre Dumas expédiait de sa plus belle main les premières scènes de *Henri III*, et M. Gaillardet, assis aux pieds de la statue, sur le Pont-neuf, voyait jaillir du noir, dans les nuits sans lune, le profil crénelé de cette *Tour de Nesle* où Marguerite de Bourgogne, selon lui, manqua si cruellement aux convenances !

Le commerce d'André Maynotte, étranger à la ville de Caen, et qu'on supposait d'origine italienne, pouvait donc être une innovation, mais ce n'était pas tout à fait un anachronisme. Il vendait des pistolets, des fleurets, des masques, des gants fourrés, en même temps que de fines lames espagnoles ou milanaises, des bahuts, des pierres gravées, des porcelaines et des émaux. Je ne prétends pas dire, néanmoins, que l'éblouissante beauté de sa jeune femme ne fût pas pour quelque chose dans le succès vraiment précoce d'un pareille industrie. Julie Maynotte, suave comme un vierge-mère de Raphaël avec un petit ange dans se bras, avait été pour la maison une merveilleuse en seigne. Ces dames vont où courent ces messieurs ; l belle Julie rajeunissait avec une adresse de fée les dentelles de prix et les guipures authentiques, elle rendait aux soieries leurs couleurs, elle restituait aux tissus de l'Inde l'éclat premier de leurs broderies. Il y avait deux opinions parmi ces dames. Celles qui n'étaient pas mal disaient : « Elle n'a rien d'étonnant ; » celles qui étaient véritablement jolies et celles qui étaient franchement laides, réunies en un même sentiment, par des motifs fort opposés, la déclaraient délicieuse. Et toutes s'occupaient d'elle. Il faut de ces dissensions pour faire un succès. La maison prospérait.

Et vraiment André Maynotte, fier et vaillant garçon, tout jeune comme sa femme, intelligent, robuste, ardent, très-amoureux, et qui n'eût point souffert que la vogue dépassât certaines bornes, n'avait pas trop à se plaindre. De la part de Julie, d'abord et Dieu merci, il n'avait pas à se plaindre du tout : Julie, tendre et sage, le rendait le plus heureux des hommes. Nous parlons des gentilshommes du commerce, des étudiants et des officiers, et nous répétons à la gloire de ces messieurs qu'André Maynotte n'avait pas trop à se plaindre. Ils admiraient de loin. Ces trois catégories de triomphateurs entreprennent moins qu'on ne le suppose. Don Juan bourgeois est un personnage déplorablement surfait ; soyez sûr qu'il tremblera toujours devant une honnête femme. Si donc il n'est pas mort de faim depuis le temps, c'est un peu la faute du sexe auquel, révérence parler, nous devons l'auguste poëme de M. Legouvé père.

Il nous faut ajouter cependant que le commissaire de police, M. Schwartz, habitait le premier étage de la maison dont les Maynotte occupaient le rez-de-chaussée. Ces voisinages protègent aussi la vertu.

De ce qui précède, le lecteur a sans doute conclu que

la chose plus célèbre que le coffre-fort de M. Bancelle, à Caen, était l'exquise beauté de Julie Maynotte. Nous excusons volontiers le lecteur, à charge de revanche, en lui faisant observer toutefois qu'un écrivain soigneux ne confond pas ainsi divers ordres d'idées. Pour faire concurrence à la fameuse caisse du banquier, c'est un objet matériel qu'il faut, et nous avons parlé des Maynotte, parce que l'objet resplendissait à la montre de leur boutique.

L'objet était un brassard de Milan, ou pour parler mieux le langage technique, un gantelet plein, composé du gant, de la garniture du poignet, articulé, et du brassard ou fourreau d'acier, destiné à emboîter l'avant-bras jusqu'au-dessus du coude. La pièce entière, damasquinée, or et argent brûlés, clouée de rubis aux jointures et ciselée dans la vigoureuse manière des armuriers du quatorzième siècle, était une œuvre à la fois très-apparente et très-méritante, faite pour attirer le regard des profanes aussi bien que l'attention des connaisseurs.

Caen tout entier connaissait déjà le brassard qu'André Maynotte avait eu dans un lot de vieille ferraille, et qui, restauré par ses mains réellement habiles, trônait à sa montre depuis huit jours. L'opinion générale était que, dans la ville, on n'aurait pu trouver un amateur assez riche pour payer le prix d'une pareille rareté, tant à cause du travail que pour la valeur intrinsèque des métaux et des pierres fines qui contribuaient à son ornementation. Une fois lancé dans cette voie, le bavardage provincial peut aller on ne sait où. On chiffrait des sommes folles, et les mieux instruits affirmaient qu'André Maynotte allait faire le voyage de Paris pour vendre son brassard au roi, directeur honoraire du musée du Louvre.

C'était à peu près l'heure où notre J.-B. Schwartz rencontrait ce brillant M. Lecoq sur le quai de l'Orne. Cinquante paires de lunettes, lunettes du commerce, lunettes de l'école, lunettes de l'armée, étaient braquées sur la montre d'André Maynotte où l'illustre brassard étalait ses dorures historiées entre une hache d'armes et un casse-tête, sous les festons formés par les dentelles de Julie. Ces cinquante paires de lunettes se promenaient sous les tilleuls de la place des Acacias; elles cherchaient toutes derrière la ferraille et les guipures une charmante vision qui trop rarement s'apercevait, car Julie Maynotte fuyait devant cette vogue un peu embarrassante et se tenait avec son enfant dans l'arrière-boutique.

André travaillait en chantant devant son établi, repassant une paire de pistolets de tir et répondant çà et là par un signe de tête courtois au bonjour de ses clients.

La plupart des paires de lunettes, en effet, briguaient le salut d'André; cela donnait bon air. Neuf fois sur dix, don Juan cadet travaille comme un nègre et se damne uniquement pour conquérir l'apparence du mal qu'il ne fait pas. Il y avait là de gracieuses figures, en dépit du stupide outrage des bésicles; il y avait des joues roses, des tailles souples et fines : les jolis jeunes gens ne manquent pas plus à Caen qu'ailleurs, et tous ces chers garçons, depuis le premier jusqu'au dernier, auraient vidé leurs poches avec plaisir dans la main de quiconque les eût accusés de bonne foi d'avoir troublé cet invulnérable ménage d'artisans. La gloire !

A l'étage au-dessus, le commissaire de police et sa femme prenaient le frais à leur balcon. La dame appartenait à la catégorie hostile et prétentieuse de « celles qui ne sont pas mal. » Julie l'impatientait considérablement. Le commissaire, homme sage, esprit étroit et rigoureusement honnête, regardait un peu ses voisins comme des intrigants. Leur succès avait odeur d'émeute, et il avait eu des peines domestiques pour avoir dit autrefois que Julie Maynotte avait les yeux grands.

Mme la commissaire parlait de déménager, à cause de Julie, et regrettait la vue des arbres aigrement. Les paires de lunettes ne se dirigeaient pas assez souvent vers son balcon; aussi disait-elle :

« C'est insupportable d'être ainsi regardée ! »

Le commissaire était de mauvaise humeur.

Vers six heures et demie, un vieux domestique, portant un costume hybride qui essayait timidement d'être une livrée, entra chez les Maynotte, et tout le monde à la fois de se dire :

« Tiens ! voilà M. Bancelle qui a besoin chez André ! »

Le vieux domestique appartenait à M. Bancelle.

Quelques instants après, André, tête nue et en manches de chemise, sortit avec le vieux domestique.

« C'est pour le coffre-fort, je parie ! s'écria Mme Schwartz. M. Bancelle devient fou !

— Fou à lier ! » approuva le commissaire.

Et sur la place, les cinquante paires de lunettes :

« M. Bancelle ne sait plus comment manier sa serrure de sûreté !

— Il a peur que sa mécanique ne le prenne pour un voleur !

— Peut-être qu'il a déjà la main pincée dans la ratière ! »

Et d'autres choses encore plus spirituelles.

Cependant, Julie était seule. Il se fit un mouvement parmi les séducteurs ; mais il y avait le commissaire et sa femme à la fenêtre. Sans cela, que serait-il arrivé ! On passa, on repassa devant la montre ; les poitrines s'enflaient, les jarrets se tendaient, les tailles se cambraient. Figurez-vous bien que chacun des cinquante, militaire ou civil, avait un secret espoir qui se peut formuler ainsi :

« Elle me regarde. »

En ce bas monde, il n'y a rien de si follement comique que don Juan cadet.

Tout à coup, Mme la commissaire, qui bâillait, s'interrompit et demanda :

« Qu'est-ce qu'ils lorgnent ? »

C'est que les cinquante, groupés en face de la porte, regardaient, en effet, de toutes leurs lunettes.

« Badauds ! » prononça le commissaire avec dédain.

Sa femme, à bout de patience, quitta la fenêtre.

Voilà ce que les cinquante regardaient :

Un rayon de soleil pénétrant dans l'arrière-boutique par une fenêtre de derrière, dont la belle Julie venait d'ouvrir les contrevents, brillantait tout à coup le modeste intérieur des Maynotte ; c'était comme un lever de rideau : tout ce que contenait la petite chambre, meubles et gens, sortait vivement de l'ombre. Les meubles étaient bien simples, et ce qu'on distinguait le mieux, c'était le lit des jeunes époux dominant le berceau de l'enfant, comme le navire, solide sous sa toile, traîne et protége la chaloupe frêle. De l'autre côté du lit, un fourneau fumait ; au milieu de la chambre, une table de bois blanc supportait l'ouvrage de Julie : un monceau de guipures.

Julie avait ouvert sa fenêtre pour mieux voir à peigner un blond Chérubin dont le soleil dorait gaîment l'abondante chevelure. Avez-vous remarqué comme les choses vulgaires s'élèvent sous un certain jour et font de miraculeux tableaux? Julie ne songeait point qu'on la voyait, accoutumée qu'elle était à l'ombre de son arrière-boutique; elle se donnait tout naïvement au bonheur de ses caresses maternelles. Le rayon l'enveloppait amoureusement, découpant les suaves lignes de son profil, massant ses cheveux prodigues, diamantant le sourire de ses prunelles et donnant à la grâce délicate de ses doigts roses je ne sais quelle idéale transparence. L'enfant tantôt la baisait, tantôt se débattait en de jolies révoltes. La croisée du fond s'encadrait de jasmins parmi lesquels pendait une cage où des oiseaux fous se démenaient. Le fourneau rendait des flocons bleuâtres qui allaient tournoyant dans la lumière.

Les cinquante regardaient cela : un groupe de Corrége dans un intérieur de Greuze.

Et comme, à un certain moment, Julie rougit depuis le sein jusqu'au front en s'apercevant qu'elle était en spectacle, ils eurent honte et se dispersèrent.

Julie ferma à demi la porte de son arrière-boutique et acheva de peigner son petit garçon.

C'était le moment où les élégantes de la ville de Caen venaient faire leur promenade. Nos cinquante don Juan avaient chacun plus d'une intrigue, bien entendu. Tel gaillard du jeune commerce, tout en séduisant Julie Maynotte dans ses rêves, payait le loyer d'une prolétaire et adressait des vœux insensés à une dame de la *société*. Jugez par là de ce qu'il en devait être des étudiants, encore plus effrontés, et des officiers, dont un poëte a pu chanter :

> Est-il beauté prude ou coquette
> Que ne subjugue l'épaulette?

Subjuguer est bien le mot.

Nous l'avons dit, la place des Acacias était à la mode.

Il vint des dames de la noblesse et des dames de la haute fabrication, des dames officielles aussi, soit qu'elles ressortissent du ministère de l'intérieur, soit qu'elles relevassent du garde-des-sceaux. Caen est une capitale. Les dames qui servent l'État, transportant çà et là leurs ménages, selon les exigences de la patrie, aiment le séjour de Caen, où *la société* est agréable, l'air pur et la vie à bon compte. Telle présidente de chambre qui a maigri à Rennes ou à Angers, retrouve l'embonpoint au milieu de ces vertes prairies; les préfètes s'y plaisent, les générales y font des économies.

Le croiriez-vous, cette belle Maynotte, cette madone de l'école italienne, fut un peu troublée par la promenade de ces dames; elle mit fin brusquement à la toilette de son cher amour et ne donna plus qu'un regard distrait au souper d'André, son mari, qui chauffait sur le fourneau. Pourtant, elle aimait bien son André, l'époux le plus amant que vous puissiez rêver. C'était un mariage d'amour s'il en fut jamais au monde, — mais la belle Maynotte, cachée derrière la porte, se mit à regarder les robes de soie à bouillons et à volans, les crêpes de Chine aux lourdes broderies qui font à l'œil l'effet de cette crême onctueuse, honneur des meringues, les écharpes légères, les chapeaux de paille d'Italie, que sais-je? Les cinquante, eussent-ils été cinq cents, n'auraient pas obtenu un coup d'œil; mais la belle Julie soupirait en regardant les plumes et les fleurs.

Le pavé sonna sous des pas de chevaux. La belle Maynotte pâlit.

C'était une calèche découverte, corbeille balancée qui apportait tout un bouquet de marquises normandes, jolies comme des Parisiennes.

Julie ferma sa porte, s'assit et soupira.

L'enfant voulut monter sur ses genoux, elle le repoussa.

Ce fut l'affaire d'un instant, et cela valut au cher petit un redoublement de caresses. Mais elle l'avait repoussé.

Mais elle restait rêveuse.

Mais elle prit dans le tiroir de la table de bois blanc un jeu de cartes. Elle venait du Midi, cette splendide créature; elle n'avait pas vingt ans.

Elle *se fit* les cartes; il ne faut pas reculer devant les mots techniques. Le petit s'amusait à voir cela et restait sage. A mesure qu'elle *se faisait* les cartes, la figure admirablement correcte et intelligente de la jeune femme s'animait; il y avait de la passion, maintenant, sous sa beauté; elle suivait d'un œil brillant et avide les évolutions de son jeu, et parfois des paroles involontaires venaient jusqu'à ses lèvres.

« Tu seras riche ! » dit-elle à l'enfant avec un geste violent qui le fit tressaillir.

Puis elle laissa tomber sa tête entre ses mains, — puis encore elle rassembla les cartes et les remit dans leur cachette en murmurant :

« Elles ne disent pas quand! »

André rentra vers la brune. Les promeneurs devenaient plus rares au dehors. Le commissaire de police venait de partir pour le cirque, laissant sa femme avec Éliacin Schwartz. Éliacin était l'Alsacien qui avait pris les devants sur notre J.-B. Schwartz. Sans Éliacin, notre J.-B. Schwartz eût été accepté peut-être dans les bureaux du commissaire de police. Aussi, plus tard, J.-B. Schwartz, devenu millionnaire, — car il devint millionnaire et plutôt dix fois qu'une, — fit une position à cet Éliacin, auteur indirect de sa fortune.

La meilleure chance est souvent de perdre les petites parties.

Éliacin avait les cheveux, les cils et les sourcils d'un blond incolore, la peau rose, les épaules larges, les dents saines, les yeux à fleur de tête : c'était un fort Alsacien. Il faisait bien son ouvrage au bureau, et disait à la commissaire que Julie n'avait que la beauté du diable. On était assez content de lui.

En bas, dans l'arrière-boutique, ce fut un souper d'amoureux. Il y avait de l'enfant chez cet André, malgré la mâle expression de son visage. Il était heureux avec folie parfois, et quand il regardait sa femme, son adoré trésor, il avait peur de rêver.

Notez qu'il n'ignorait rien, quoiqu'il fît semblant de ne pas savoir. Il connaissait la cachette du jeu de cartes. Et quand passaient, sous les arbres du cours, les belles robes bouillonnées, les crêpes de Chine, les chapeaux de paille d'Italie, il sentait battre dans sa propre poitrine le petit cœur de la fille d'Ève. Oh! il aimait bien, et son cœur à lui était d'un homme!

Mais Julie ne songeait plus à tout cela. Quand les yeux de son André se miraient dans les siens, elle ne savait qu'être heureuse et défier la félicité des reines. Je le répète, c'étaient deux amoureux. L'enfant jouait parmi leurs baisers, riante et douce créature qui était entre eux deux comme le sourire même de leur bonheur.

On causait de tout excepté d'amour, car les joies du ménage ne ressemblent point aux autres, et c'est le tort qu'elles ont peut-être; l'amour emplit la maison sans rien dire, tant il est sûr de son fait; il se sous-entend, il est insolent de confiance. La jeune femme demanda :

« Pourquoi es-tu resté si longtemps chez M. Bancelle?

— Sa caisse! répondit André. Toujours sa caisse! Il en perdra l'esprit!

— Que veut-il faire à sa caisse ?

— Façonner les clous, ciseler les boutons, dorer les moulures, bronzer les méplats, changer le meuble en bijou. Il est fou. »

Un léger bruit se fit dans le magasin. Ils écoutèrent tous deux, mais sans se déranger. Bien que la soirée fût déjà fort avancée, on entendait encore les promeneurs de la place.

« Est-ce que ça pourrait vraiment prendre un voleur ? demanda encore Julie.

— Je crois bien ! c'est un piége à loup ! M. Bancelle m'a montré le mécanisme en détail. Quand le système est armé, un collet mécanique sort au-dessus de la serrure, au premier tour de clef, de manière à saisir le bras du voleur. Les ressorts sont d'une grande puissance, et la chose joue à merveille. De telle sorte que si M. Bancelle, un jour qu'il sera pressé, oublie de désarmer la machine....

— Y a-t-il beaucoup d'argent dans la caisse ? interrompit la jeune femme curieusement.

— Toute son échéance du 31 et le prix de son château de la côte : plus de quatre cent mille francs. »

Un soupir passa entre les fraîches lèvres de Julie. André poursuivit :

« M. Bancelle le chante à tout le monde. On dirait qu'il a envie de tenter un voleur pour faire l'épreuve de sa caisse. Nous étions trois chez lui, ce soir ; il nous a montré ses billets de banque et nous a dit : « Cela se « garde tout seul ; mon garçon de caisse m'a quitté, je « ne songe même pas à le remplacer. Personne ne cou-« che ici, personne. » Il a répété deux fois le mot.

— Plus de quatre cent mille francs ! murmura la belle Maynotte. Voilà des enfants qui seront riches ! »

Un nuage vint au front d'André.

« Ah çà ! s'écria-t-il en se levant brusquement; il y a quelqu'un au magasin ! »

Une vibration métallique, tôt étouffée, avait sonné dans le silence qui succédait aux dernières paroles de Julie.

André s'élança dans le magasin, suivi par sa femme qui portait un flambeau. Le magasin était vide et rien n'y semblait dérangé.

« Quelque ferraille qui se sera décrochée.... commença Julie, ou le chat ! Tiens ! le chat du commissaire ! »

Un matou passa fuyant entre les jambes d'André qui se mit à rire en le poursuivant jusque sur la place.

Sur la place, il n'y avait plus de promeneurs. André n'aperçut qu'un seul passant qui, lentement, se perdait sous les arbres. C'était un rustaud en pantalon de cotonnade bleue, blouse grise et bonnet de laine rousse.

« Couche le petit, dit-il en rentrant. Il faut que je te parle. »

Julie se hâta, curieuse. Quand elle eut baisé l'enfant dans son berceau, elle revint, et André jeta un châle sur ses épaules, disant :

« Nous serons mieux dehors par la chaleur qu'il fait. »

Il y avait dans ces paroles une certaine gravité qui intriguait la jeune femme.

Au moment où André donnait un tour de clef à sa porte avant de s'éloigner, le commissaire de police arriva devant la maison, revenant du cirque Franconi. Sa dernière entrevue avec J.-B. Schwartz l'avait mis d'humeur détestable. Il dit à sa femme qui se déshabillait pour se mettre au lit :

« Ces petites gens d'en bas ont de drôles de manières. Je les ai rencontrés qui vont courir le guilledou. »

A quoi la commissaire répondit en style familier :

« Ça fait une vie d'arlequin ! On ne sait pas d'où ça tombe. A ta place, moi, je les surveillerais. »

Ils allaient tous les deux, André et Julie, les bras entrelacés, contents d'être seuls, sans crainte ni défiance ; ils allaient lentement, échangeant des paroles émues ; ils causaient de l'avenir que l'homme propose sans cesse et dont Dieu dispose toujours.

IV

Pot au lait.

Ce fut Julie, la curieuse, qui rompit le silence. Un rien met la puce à l'oreille de ces chères ambitieuses ; le temps de draper un châle ou de passer un fichu, les voilà parties pour le pays des rêves et en train déjà de bâtir le dernier étage d'un château en Espagne.

« Qu'as-tu donc à me dire, mon André ? demanda-t-elle.

— Bien peu de chose, chérie, répondit le jeune ciseleur, sinon que je suis en disposition d'esprit singulière. Et cela dure déjà depuis plusieurs jours. En travaillant, je songe. La nuit, je ne peux pas dormir.

— C'est comme moi, murmura Julie.

— Oui, comme toi.... et c'est toi peut-être qui as commencé. »

Julie ne répliqua point.

« Nos cœurs sont si près l'un de l'autre, poursuivit André, qu'il y a entre eux contagion de pensée. Je ne crois pas que tu puisses former un désir sans que j'aie le besoin de le satisfaire....

— Voilà qui est bien grave, dit Julie en se forçant à rire. Ai-je péché? Alors, gronde vite! »

Ils arrivaient au bout de la place des Acacias. Il y avait un banc de bois, derrière lequel un réverbère pendait à deux arbres. André s'arrêta et s'assit, faisant avec son bras arrondi un dossier à la taille de Julie.

« Je ne gronde pas, reprit-il en baissant la voix et plus affectueusement. Est-ce toi? est-ce moi? qu'importe? Il se peut que nos deux pensées naissent ensemble. Ce qui est certain, c'est que nous sommes agités tous deux, et qu'il y a pour nous quelque chose dans l'air comme si notre condition allait changer....

— Dieu le veuille! » s'écria étourdiment la jeune femme.

Il y eut un silence, et Julie, toute repentante, ajouta:

« André, mon André, tu sais si je suis heureuse avec toi!

— Je le sais, chérie; du moins, je le crois.... et, si je ne le croyais pas, que deviendrais-je? Mais tu as du sang de grande dame dans les veines, et je t'en aime mieux pour cela.... Ces toilettes que tu regardes t'iraient si bien! Il semble qu'elles sont à toi, ma femme, et que les autres te les ont volées. »

Julie l'appela fou, mais elle lui donna son front à baiser.

La lumière suspendue que la brise nocturne balançait éclairait par-derrière les masses de sa riche chevelure, et brillantait le duvet de son profil perdu. André Maynotte était à l'une de ces heures où l'extase trouve ouvertes toutes les portes du cœur, et Julie à l'un de ces moments où la beauté même, embellie, rayonne d'étranges éblouissements.

André regardait ses yeux, pleins de lueurs mystérieuses; il lui semblait qu'on pouvait boire sur ses lèvres des ivresses parfumées; les tièdes haleines de cette nuit d'été lui donnaient des frissons profonds où l'angoisse inexplicable se mêlait à d'indicibles voluptés.

Julie, veloutant sa voix sonore et douce, demanda pour la seconde fois.

« André, qu'as-tu donc à me dire ?

— Tu es heureuse, répondit celui-ci, tu m'aimes, mais tu n'es pas dans ta sphère. Quand je pense à toi, je te vois toujours exilée. Les femmes de notre pays interrogent souvent la destinée.... »

Julie se mit dans l'ombre pour cacher sa rougeur.

« Enfant chérie, poursuivit André, si le présent te plaisait, chercherais-tu l'inconnu à venir ?

— Ne peut-on demander aux cartes autre chose que la fortune ? murmura la jeune femme.

— Quoi donc ?

— Quand je te voyais passer, là-bas, dans la campagne de Sartène, j'arrachais les feuillettes des marguerites, une à une, et je disais : « M'aime-t-il un peu? « beaucoup...? »

André lui ferma la bouche dans un baiser.

« Passionnément, acheva-t-il d'un accent presque austère. Vous n'avez pas besoin des cartes pour savoir cela, Julie, ni des fleurs.

— C'est vrai, s'écria-t-elle en jetant ses deux bras autour de son cou. J'ai essayé de mentir. Tu m'as dit vous et je suis punie. Non, ce n'était pas pour savoir comme tu m'aimes que j'ai fait les cartes. Il y a des jours où j'ai peur. Sommes-nous assez loin de ceux qui te haïssent? »

Puis secouant sa tête charmante et de cet accent résolu qui dit la vérité :

« Mais non, poursuivit-elle, ce n'était pas cela, André.... ou du moins, c'était pour autre chose encore : c'était pour savoir si tu monterais un jour à ta vraie place. Est-ce que tu n'es pas trop au-dessus de ton état ?

— Et que te répondent-elles, les cartes ? »

Julie hésita, puis, prenant gaillardement son parti, elle répliqua d'un ton de franche gaieté :

« Ce soir, les quatre as sont restés.

— Cela signifie ?

— Voiture à quatre roues, monseigneur. Nous roulerons carrosse !

— Et que tu seras adorablement belle là-dedans, chérie ! » conclut André avec un enthousiasme d'enfant.

« Écoute, poursuivit-il, qui ne risque rien n'a rien. Je suis dix fois plus ambitieux que toi pour toi. Il est temps de commencer la bataille. Si tu veux, nous allons partir pour Paris. »

Julie poussa un cri de joie et battit ses deux belles petites mains l'une contre l'autre.

Puis, la réflexion venant, elle répéta non sans effroi :

« Pour Paris ! »

Ce nom-là, pour une imagination ardente comme était celle de Julie, a presque autant de menaces que de promesses.

« Il faut beaucoup d'argent pour réussir à Paris, ajouta-t-elle.

— Comptons ! dit André qui l'attira tout contre lui. »

Les caresses de sa voix étaient de bon augure et semblaient dire : « Tu vas bien voir que nous possédons un trésor ! »

Julie était, Dieu merci, tout oreilles.

« Nous avons commencé ici, reprit André Maynotte, avec les trois mille francs qui étaient dans ma ceinture quand nous arrivâmes de Corse. Il est vrai que nous sommes à Caen, et que nos débuts ont été plus que modestes ; mais si on n'a pas besoin, ici, de fonds considérables pour s'établir, les débouchés sont petits et rares ; je regarde notre pauvre succès comme un miracle. A Paris seulement, dans notre partie, on peut arriver à la fortune. »

Julie approuva d'un signe de tête.

« L'armurier Gossin, poursuivit André, m'a offert hier douze mille francs de mes marchandises et de mon achalandage. »

Julie eut un mouvement de joyeuse surprise.

« Il en donnera quinze, ajouta André Maynotte, mais ce n'est pas tout. M. Bancelle, le banquier, va m'acheter le brassard.

— Lui ! si économe !...

— C'est un ricochet de sa manie. Ce soir, après m'avoir parlé de sa caisse pendant deux heures, et comme j'allais me retirer, il m'a dit : « Tenez-vous beau-
« coup à vendre comme cela des brassards » ? Je ne devinais pas où allait sa question ; il s'est expliqué, ajoutant : « Bon engin pour les voleurs, cela, monsieur
« Maynotte ! Vous comprenez bien qu'avec un homme
« qui vend des brassards, on n'est pas en sûreté dans
« une ville ! » Et comme je ne saisissais pas encore :
« Parbleu ! » a-t-il repris, « avec vos brassards, il n'y
« a pas d'ingénieux système qui tienne ! Que peut ma
« mécanique ? Étreindre le bras d'un larron. Eh bien !
« si le larron a un brassard, il retirera son bras tout
« doucement et s'en ira avec mes écus, laissant son co-
« quin de fourreau entre les griffes de mon système.... »

Julie éclata de rire bruyamment, et sa gaieté, comme il arrive aux heures de surexcitation, dura plus longtemps qu'il n'était à propos.

« C'est pourtant vrai, dit-elle, que le brassard vaut une clé pour ouvrir la caisse de M. Bancelle !

— Je me suis engagé sur parole à ne plus vendre de brassards, continua André, moyennant quoi il m'achètera le nôtre au prix de mille écus. Je le lui porterai dès demain matin, car il a grande hâte de jouer lui-même au voleur avec sa mécanique.

— Cela fait dix-huit mille francs, » supputa Julie.

André sortit de sa poche un portefeuille qu'il ouvrit et qui contenait quatorze billets de cinq cents francs.

Au moment où Julie se penchait pour les regarder, la nuit se fit subitement et un gros rire éclata derrière eux. C'était le père Bertrand, l'éteigneur de réverbères, qui leur jouait ce tour. Voyant de loin deux amoureux sur un banc à cette heure indue, le bonhomme s'était approché à pas de loup : un gai luron qui aimait plaisanter avec les bourgeois.

« Part à trois ! dit-il, si on casse la tirelire de M. Bancelle ! »

Comment se fâcher ? Et à quoi bon ? Le brave père Bertrand eut un verre de cidre, versé par la blanche main de Julie Maynotte, et tout le monde alla se mettre au lit.

Vingt-cinq mille francs ! Paris ! La voiture promise par les quatre as ! Notre Julie eut de beaux rêves.

Elle dormait à deux heures du matin ; et Caen tout entier faisait de même, y compris les cinquante don Juan. Mais André veillait : le sommeil appelé ne voulait pas venir.

Il est certain qu'une fièvre est dans l'air qu'on respire à ces moments solennels où notre vie subit une crise : soit qu'une grande catastrophe menace, soit qu'un bonheur inespéré frappe à la porte de notre maison.

André se tournait et se retournait entre ses draps brûlants. Il avait le cœur serré. Il souffrait.

C'était un caractère doux, simple et tendre, mais c'était une intelligence d'élite. Sa vie, jusqu'alors, n'avait point manqué d'aventures, car il venait de loin et il avait fallu tout un roman sombre et mystérieux pour mettre dans ses bras d'artisan la fille déshéritée d'une noble race; mais ce roman s'était noué en quelque sorte au gré de la destinée. André et Julie avaient dans leur passé d'étranges périls, évités par la grâce de Dieu, mais point de combats. André en était encore à éprouver sa force.

A de certaines heures seulement, il avait conscience de l'énergie indomptable qui était en lui à l'état latent et qu'aucun danger suprême n'avait encore sollicitée.

Alors, il se redressait dans sa puissance inconnue, croyant rêver; il défiait l'avenir, il appelait la bataille, car toute victoire a des couronnes, et il eût voulu des milliers de couronnes sur le front adoré de sa Julie.

C'était un de ces instants. André rêvait de luttes futures et s'étonnait du mystérieux besoin qu'il avait de bondir dans l'arène.

Deux heures sonnant, un homme traversa le pont de Vaucelles et s'arrêta au milieu, jetant un regard rapide devant et derrière lui. Les alentours étaient déserts. L'homme dépouilla lestement une blouse grise qu'il portait, la roula avec son bonnet de laine rousse et lança le paquet dans la rivière, après y avoir attaché un fort caillou.

Puis, vêtu qu'il était d'un pantalon de cotonnade bleue, tête nue et en bras de chemise, il prit à travers champs sur la droite de la route d'Alençon. Il avait quelque chose dans un foulard; ce n'était ni dur ni lourd et cela ne le gênait point pour sauter les talus. Il marchait très-vite, quand il trouvait un couvert; en plaine, il allait les mains dans ses poches, le dos voûté, les jambes flageolantes; vous eussiez dit un paysan ivre qui a perdu le chemin de son logis. Cela se rencontre en Normandie comme ailleurs.

Il faisait de long détours pour éviter les métairies parsemées dans la campagne. Un chien qui hurlait au loin l'arrêtait tout tremblant. Ses yeux vifs et inquiets perçaient la nuit. Nous avons vu déjà M. Lecoq dans des situations bizarres et difficiles : sa conversation avec J.-B. Schwartz, le mensonge de son rendez-vous amoureux, son voyage interrompu, le soin qu'il avait pris de cacher sa voiture et son cheval, son déguisement, son retour à la ville, son affût sous la porte cochère pour épier le passage du commissaire de police et surveiller la façon dont le même J.-B. Schwartz accomplirait sa mission, en apparence si futile; enfin, sa visite au papa Lambert, le cabaretier du cul-de-sac Saint-Claude, nous ont mis surabondamment à même de deviner que M. Lecoq faisait un autre métier que celui de commis-voyageur en coffres-forts. Dans ces diverses circonstances, qui toutes dénonçaient une bataille prochaine, la physionomie de M. Lecoq, pour nous, ne s'est point démentie : nous avons vu un gaillard hardi, résolu froidement et portant dans l'accomplissement d'un périlleux projet une sorte de gaieté de mauvais goût.

Tel était l'homme, en effet, mais il y a l'affaissement qui suit la bataille gagnée; il y a surtout le poids, le poids énorme du butin conquis. Regardez autour de vous et voyez la différence profonde qui existe entre le combattant fanfaron, lancé à corps perdu dans la lutte, n'ayant rien avec lui pour le gêner, rien derrière lui, espérant tout, ne craignant rien, — et le vainqueur qui a désormais quelque chose à perdre.

Ce foulard, noué aux quatre coins, mis dans une balance, n'aurait pas enlevé le poids d'un kilogramme. Il écrasait pourtant M. Lecoq, au point que nous aurions eu peine à le reconnaître.

Cet effronté luron de tout à l'heure, nous l'eussions retrouvé inquiet, craintif, malade. Son front avait de la sueur froide. De loin, il prenait les chênes pour des gendarmes.

Par moments, il parlait tout seul; il parlait de J.-B. Schwartz, du papa Lambert, le cabaretier du cul-de-sac Saint-Claude, et d'un autre personnage encore qu'il désignait sous ce nom bizarre : l'Habit-Noir. Il disait : « Une autre fois, je ne partagerai avec personne!... »

Et le bruit d'une branche, agitée par le vent, lui donnait le frisson, — et le pas furtif d'un lièvre, trottinant derrière la haie, arrêtait le souffle dans sa poitrine.

La nuit est pleine de ces voix qui font peur. Il y a surtout les rameaux de certains chênes qui conservent en plein été les feuilles de l'autre année. Quand la brise les touche, ils sonnent sec, comme si la marche d'un homme les écartait tout à coup.

M. Lecoq, nous pouvons l'affirmer, n'en était pas à sa première affaire, mais il n'avait que vingt-deux ans, et nous le verrons mûrir.

Il arriva au taillis sans avoir rencontré âme qui vive. Le cheval broutait, la carriole était à son poste. M. Lecoq poussa un soupir de soulagement quand il eut repris possession de son pantalon à carreaux, de son gilet brillant et de sa fine jaquette. Le plus fort était fait, manifestement; le sang-froid revenait. Ce fut d'un air déjà crâne qu'il posa sur l'oreille sa casquette de voyage.

Quelques minutes après, Coquet, qui n'était, lui, ni plus ni moins fier qu'auparavant, galopait sur la grande route. A une demi-lieue de là, M. Lecoq mit pied à terre. La nuit était encore épaisse, bien que l'orient prît déjà cette teinte grise qui annonce l'aube. Il y avait à gauche du chemin une ferme où tout dormait. M. Lecoq attacha une pierre à sa culotte de cotonnade bleue, roulée en paquet; il franchit la murette de la cour et jeta son paquet dans le puits.

Quand il eut accompli ce dernier soin et que Coquet reprit le galop, M. Lecoq siffla, ma foi, un air de vaudeville, en dénouant son fameux foulard.

J.-B. Schwartz aussi suivait ce même chemin, à pied et livré à des réflexions mélancoliques. Il songeait à ses cent francs et remettait en prose la fable du pot au lait de Perrette. De temps en temps, le pot au lait se cassait au choc d'une pensée triste : ce mauvais plaisant de Lecoq s'était peut-être moqué de lui. Les voyageurs du commerce pratiquent la mystification avec frénésie pour conter ensuite leurs exploits à table d'hôte. Cent francs, rien que pour éviter les suites d'un rendez-vous galant! Il y a bien des grands seigneurs qui ne couvrent pas si fastueusement leurs équipées!

Mais le pot au lait de Perrette, une fois cassé, adieu le rêve! J.-B. Schwartz avait beau casser le sien, le rêve revenait toujours. Cent francs! quel commerce allait-il établir! Cent francs comptant! Il se sentait monter au cerveau la sereine fierté des capitalistes.

En quittant son homonyme, le commissaire de police, J.-B. Schwartz avait flâné un petit peu le long des rues désertes. Il avait même regardé l'Orne qui passait sous le pont, poursuivant sa route vers la mer. Ainsi fait la monnaie, disséminée dans les pauvres bourses; elle va toute, mais toute, par une pente naturelle et fatale, vers ces caisses opulentes, vastes rivières qui réunissent les filets d'or épars. En fait d'argent, J.-B. Schwartz était un penseur et un philosophe; il avait deviné la loi mystérieuse de gravitation qui pousse les sous vers les louis.

Il sortit de Caen vers minuit. Trois heures de ténèbres à tuer, c'est plus long qu'on ne le pense. J.-B. Schwartz s'assit bien des fois sur le bord du chemin, agitant cette question suprême : « Aurai-je mes cent francs ? N'aurai-je pas mes cent francs ? »

Malgré ses lenteurs calculées, il arriva au lieu du rendez-vous bien longtemps avant le moment fixé. Il attendit. A mesure qu'il attendait, l'espoir diminuait, car les Schwartz de provenance directe sont gens de bon sens avant tout, et la conduite de M. Lecoq outrageait la vraisemblance. Cent francs! Pourquoi cent francs? Moyennant un demi-louis, M. Lecoq eût acheté de même la complaisance de J.-B. Schwartz, à supposer, néanmoins, qu'il s'agît d'une chose *honnête*; notons bien cela; pour obtenir de J.-B. Schwartz une chose déshonnête, dans le sens légal du mot, cent mille francs n'auraient pas suffi. Ce chiffre de cent francs riait au nez du prudent et sage Alsacien : ce ne pouvait être qu'une cruelle plaisanterie.

Si vous saviez comme il avait peiné depuis qu'il était hors de Guebwiller, sans jamais réussir à mettre de côté les vingt larges pièces blanches qui composent cette somme de cent francs!

Et pourtant, si ce Lecoq était fou! Autour des halles, à Paris, il y a des banquiers en plein air qui sont les bienfaiteurs des quatre saisons. L'usure n'est qu'un mot, selon les meilleurs esprits, et les timidités du Code à son égard sont le symptôme de la dévotion moderne.

Encore nos maîtres en philosophie arithmétique s'indignent-ils contre le Code et ses pauvres austérités. Gêner le bon plaisir de l'or, si respectueusement que ce soit, c'est blasphémer un dieu, le dernier dieu, le seul dieu qui ait un peu d'avenir désormais! Si l'usure est bonne une fois, pourquoi en proscrire l'habitude? Le bien, érigé en coutume, n'en vaut que mieux, ce nous semble. J.-B. Schwartz se vit un instant philanthrope à la petite semaine, activer les transactions des Innocents. Grâce à l'intérêt modeste de ces mouvements de fonds populaires, cent francs deviennent aisément mille écus en douze mois; en douze autres mois, mille écus, bien employés, peuvent donner une cinquantaine de mille francs, pertes comprises. Alors on quitte le Carreau, parce que la spéculation, ici, ne peut pas franchir certaines limites; on aborde l'escompte pour le petit commerce : vaste champ où chaque sou, coupé en quatre, donne ses fruits et ses fleurs.

Mettons dix ans d'escompte mercière. Le million a noué, grossi, mûri : on le cueille. Et c'est une gracieuse chose que l'entrée dans le monde du million ignoré, tout frais, tout jeune, ayant encore le duvet de la pêche.

Or, comment allons-nous manœuvrer notre million dans les hautes sphères de l'industrie fashionable? Nous sommes loin des piliers des Innocents; la petite boutique nous inspire un juste dédain. Édifions-nous une compagnie d'assurance? Chauffons-nous le bitume? Dépeçons-nous les vieux manoirs? Forgeons-nous cent lieues de rails, ou tout uniment accaparons-nous des sacs de farine? Les idées les plus naïves sont souvent les meilleures. On pourrait, rien qu'à faire du vin avec des pelures de pommes....

Mais ce Lecoq n'était pas fou! Mais pour avoir le million, il fallait les cinquante mille francs, pour les cinquante mille francs les mille écus, pour les mille écus les vingt pièces de cent sous de M. Lecoq.

Hélas! hélas! le pot au lait dispersait encore une fois ses tessons dans l'ornière.

Et J.-B. Schwartz s'éveillait, le cœur serré, se disant : « Voici le jour qui vient! Trois heures doivent être sonnées. M. Lecoq s'est moqué de moi! »

Un bruit de roues et le galop d'un cheval! J.-B. Schwartz se leva tout frémissant d'espoir. On entend de bien loin à ces heures solitaires où la campagne dort. Entre ce premier son et le moment où la silhouette d'une voiture apparut dans le gris, l'espérance de J.-B. Schwartz eut le temps de chanceler plus d'une fois, mais la voiture ne se montra pas plus tôt qu'elle était déjà sur lui. Elle allait un train d'enfer.

« Monte, Jean-Baptiste! » dit une voix connue.

Une main vigoureuse le saisit en même temps par le gras du bras. C'est à peine si le petit Breton s'arrêta. J.-B. Schwartz, soulevé et s'aidant quelque peu, se trouva lancé comme un paquet au fond de la carriole, pendant que le fouet claquait gaillardement, et que Coquet, redoublant de vitesse, fuyait parmi des tourbillons de poussière.

V

Scrupules de J.-B. Schwartz.

La carriole traversa au grand galop le village d'Allemagne où tout dormait encore, puis M. Lecoq prit sur la gauche et s'engagea dans un chemin de traverse. Ils allèrent ainsi en silence pendant trois ou quatre minutes.

« Le jeu, le vin, les belles, Jean-Baptiste, hé! dit tout à coup M. Lecoq. J'ai mon petit doigt qui me raconte des histoires. Tu as bien fait ma commission, là-bas, bonhomme. Le commissaire n'y a vu que du feu! »

Il fouetta vertement Coquet qui bondit comme un diable.

« Ne te gêne pas, bijou, reprit-il, ce soir, tu auras trente-cinq lieues de pays dans le ventre!

— Où allons-nous donc, monsieur Lecoq? demanda Schwartz.

— Toi? tu ne vas pas loin, Jean-Baptiste. Moi, je suis en ce moment à Alençon, au lit, parce que j'ai le rhume, et demain matin je me lèverai dispos, hé!...

— Vous avez donc bien peur du mari, Monsieur Lecoq?

— Quel mari, Jean-Baptiste? Où prends-tu le mari?... Je me lèverai dispos pour faire mes courses, placer mes caisses et parler de mon rhume. Il fait bon avoir des amis partout, bonhomme, hé? L'ami chez qui je vais dormir est le même qui mettra à la poste, ce matin, la lettre où je réclame mon jonc.... As-tu ouï parler des francs-maçons, ma vieille?

— Papa l'était, répliqua J.-B. Schwartz.

— Papa aussi, dit M. Lecoq en riant. Ça peut être utile. Tu es militaire, hé? Tu vas à la bataille, tu te trouves placé vis-à-vis d'un canon, tu fais le signe, l'artilleur ennemi coupe en deux ton voisin pour t'être agréable. Savais-tu celle-là?

— Papa la contait, Monsieur Lecoq.

— Papa aussi : elle est jolie. Eh bien! Jean-Baptiste, nous sommes un cent de copins, peut-être deux cents, des amis de collége, quoi! comme qui dirait des barbistes ou d'anciens élèves de l'institution Balanciel. Les uns sont ici, les autres là et nous nous rendons de

petits services pour entretenir l'amitié qui nous lie....
Je t'ai donc parlé d'un mari, bonhomme, hé?

— Vous m'avez dit....

— Le jeu, le vin, les belles! Je veux bien qu'il y ait un mari, moi, Jean-Baptiste, si ça fait ton bonheur. Laquelle préfères-tu? La brune? la blonde? Moi, mon faible cœur balance entre les deux. Crois-tu à l'Être suprême? Oui, hé? Je ne saurais t'en blâmer. On retrouve cette croyance chez tous les peuples de l'univers. Voltaire lui-même ne s'y oppose pas : c'était un homme capable. Seulement, crains le fanatisme qui ne recule pas devant les excès de la Saint-Barthélemy. Quelle petite drogue que ce Charles IX, hé, bonhomme? Tu t'en moques? Et moi, donc! Voilà le fait : il n'y avait pas plus de mari que dans le creux de ma main. »

Tout cela était dit d'un ton de grave goguenardise. Notre jeune Alsacien était un esprit sérieux, s'il en fut, prenant les mots pour ce qu'ils valent et qui n'avait pu s'habituer encore à l'argot bizarre, usité dans les bas ateliers, dans les bas théâtres, dans le bas commerce, argot qui semble destiné à remplacer décidément la langue de Bossuet pour l'usage du petit Paris. Il écoutait, bouche béante, toutes ces incohérences. Néanmoins, l'idée ne lui vint point que son compagnon eût perdu le sens. Sa naïveté n'était pas sans clairvoyance. Il eut peur et songea que cette route déserte était bonne à cacher un meurtre.

Il eut réellement peur. Le dernier mot de M. Lecoq, surtout, le fit frissonner.

Vaguement, il avait conscience d'être entré trop avant dans un dangereux secret.

C'était un chemin creux où l'aube naissante glissait à peine quelques lueurs grises par-dessus deux haies énormes. J.-B. Schwartz regardait son camarade du coin de l'œil. En cas de bataille, les parieurs n'auraient pas été pour J.-B. Schwartz, dont la taille grêle faisait ressortir la riche carrure de son voisin ; mais, à bien considérer cette figure aiguë, cette prunelle inquiète et perçante, notre Alsacien n'était pas non plus de ceux qui se laissent étrangler comme des poulets. Il y a diverses sortes de courage et j'ai connu des trembleurs qui mordaient bel et bien.

Ils sont en garde, voilà leur force. La peur les prend d'avance ; ils épuisent la peur, et l'instinct de la conservation leur sert de vaillance. A Guebwiller, nous ne sommes pas tous des héros, mais essayez de tordre le cou d'un Schwartz et vous verrez que c'est une rude besogne.

M. Lecoq se tourna brusquement vers le nôtre et le regarda de haut en bas. Il était de bonne humeur ; la mine du jeune Alsacien le fit éclater de rire.

« Eh ! Jean-Baptiste ! s'écria-t-il, vous avez l'air d'un homme qui se dit : « Je serais bien contrarié si on me « brûlait la cervelle. » Il y a comme ça de mauvaises histoires, pas vrai, dans les journaux ?... Tiens, tiens ! bonhomme ! s'interrompit-il en le considérant avec plus d'attention, tu te défendrais un petit peu, oui ! Où en étions-nous ? Au mari ? Non, à l'Être suprême. Voilà donc le fin fond de la question, hé ! L'Être suprême, c'est comme qui dirait le directeur de la grande loterie. Ça vous amuserait-il d'avoir un quine, Jean-Baptiste ? »

L'œil de Schwartz s'était assuré sous le regard du commis-voyageur. Il resta froid et répondit avec calme :

« C'est selon, Monsieur Lecoq.

— Tiens, tiens ! fit encore celui-ci. Est-ce que tu vaudrais la peine qu'on te parle en bon français, Jean-Baptiste ?

— Non, répondit Schwartz résolûment. Si vous avez fait un mauvais coup, je ne veux pas le savoir.

— Superbe ! grommela le commis-voyageur. Ils sont tous les mêmes. Eh bien ! bonhomme, il y avait un mari, là ! Est-tu content ?

— Oui, répliqua Schwartz. Vous m'avez promis cent francs, parce que je vous ai rendu service pour le cas où le mari vous inquiéterait.

— Juste... et je t'en donne mille, Jean-Baptiste. »

Il tenait un billet de banque de pareille somme entre l'index et le pouce.

Les paupières de J.-B. Schwartz battirent. Il était très-pâle. Il demanda tout bas :

« Pourquoi me donnez-vous mille francs ? »

M. Lecoq allongea un joyeux coup de fouet au petit Breton et répondit :

« Tu es curieux, toi, bonhomme, hé ! Vas-tu me chercher dispute ?

— Je veux savoir ! » prononça lentement J.-B. Schwartz qui avait les yeux baissés.

M. Lecoq l'examinait avec une attention croissante.

« Drôle d'animal que cette espèce-là ! » pensa-t-il.

Il ajouta tout haut :

« Tu mens, Jean-Baptiste. Tu n'as qu'une envie, c'est de ne pas savoir.

— Qu'avez-vous fait, cette nuit, Monsieur Lecoq ? balbutia notre jeune Alsacien, au front de qui perlaient des gouttes de sueur.

— Le vin, le jeu, les belles... » commença Lecoq en haussant les épaules.

Mais il s'interrompit brusquement pour dire d'un ton tranchant et déterminé :

« Descends, bonhomme. Nous avons assez causé : notre chemin n'est pas le même. »

Il arrêta court la voiture et J.-B. Schwartz mit pied à terre avec un manifeste empressement.

« Jean-Baptiste, reprit M. Lecoq non sans une sorte de courtoisie, je suis content de vous. Peut-être que nous nous reverrons. Vous êtes un mâle, bonhomme, à votre façon, c'est certain. Vous m'avez rendu un service de mille francs, je ne suis pas dans le cas de vous rien devoir : voici vos mille francs, nous sommes quittes. »

Comme le jeune Schwartz, debout et immobile près de la voiture, ne tendait point la main, il lâcha le billet de banque, qui tomba à terre après avoir voltigé.

« C'est bon, poursuivit-il, retrouvant un mouvement d'ironie, on le ramassera quand je vais être parti. On est dans une position délicate.... honnête, ça ne fait pas de doute.... Mais on a menti au commissaire de police.... et, si les choses tournaient mal, on recevrait une invitation portée par les gendarmes. »

La colère s'alluma dans les yeux de Schwartz; M. Lecoq continua en riant :

« Je ne suis pas méchant : il y a un mari, Jean-Baptiste. Voici l'ordre et la marche, mon garçon : allez votre chemin tout droit sans vous retourner, c'est le moyen de ne pas voir ce qui se passe par derrière. Vous savez le proverbe, hé? Il n'est pire sourd que celui qui ne veut pas entendre. Bouchez-vous les oreilles pour avoir l'esprit en repos. Si vous êtes sage, vous vous direz : j'ai fait un rêve mignon, et vous tripoterez votre petit argent comme un ange. Si vous n'êtes pas sage, vous aurez d'un côté le parquet, de l'autre moi et mes copins qui ont étudié avec moi, je vous en préviens, à un drôle de collège. Tu as deux cordes au cou, Jean-Baptiste, hé! A l'avantage! »

Il toucha son cheval qui rua gaiement, mais il se ravisa et le tint en bride pour ajouter :

« Bonhomme, il ne serait pas sain pour vous de changer un billet de banque dans ce pays-ci. Voilà de la monnaie pour voyager. Je pense à tout, moi; bonne chance! Hue, Coquet! »

Le petit Breton enleva cette fois la carriole, qui disparut en moins d'une minute sous la voûte de feuillage.

Comme accompagnement à ses derniers mots, M. Lecoq avait jeté deux pièces d'or et quelque monnaie d'argent aux pieds de J.-B. Schwartz. Rien ne lui coûtait, ce matin, à ce magnifique commis-voyageur. Il donnait sans compter et semait littéralement les bienfaits sur sa route.

J.-B. Schwartz ne ressemblait pas, même de loin, aux chefs-d'œuvre de la statuaire antique; mais comme il ne bougeait ni ne parlait, vous l'eussiez pu prendre tout au moins pour une de ces effigies du dieu Terme, que nous nommons aujourd'hui plus simplement des bornes. L'or, l'argent et le billet de banque restaient là dans la poudre, devant lui; il ne se baissait point pour les ramasser; il était de pierre.

Bien longtemps après que le bruit des roues et le galop de Coquet eurent cessé de se faire entendre, il était encore à la même place, immobile et debout.

Ses yeux, obstinément fixés sur le sol, dénotaient, soit une laborieuse méditation, soit une complète stupeur.

L'aube s'était faite, puis le crépuscule, puis le jour; le soleil levant jouait gaiement dans les interstices de la haie.

J.-B. Schwartz ne bougeait pas.

Quand il bougea enfin, ce fut pour s'affaisser, assis au rebord du fossé. Ses jambes se dérobaient sous lui. Son front brillait de sueur et il avait la larme à l'œil.

Il était honnête, je vous le dis encore, honnête scrupuleusement dans de certaines mesures et selon un certain sens. L'éducation du monde se fait; la langue finira par acquérir des mots pour exprimer ces nuances. L'honnêteté du Code de commerce n'est pas la chevalerie, de même que le mot *bonne foi*, en français de procédure, ne rend pas tout à fait l'idée haute et précise de loyauté. J.-B. Schwartz était honnête, il avait une conscience; il prétendait marcher droit.

La vue de cet argent, éparpillé sur le sable, lui faisait presque horreur.

Il n'avait pas besoin de s'interroger. Quelque chose lui criait : « Un crime est là ! »

Plus d'une fois même, un éblouissement lui montra des taches rouges à ce chiffon de papier, et ce rouge était du sang.

La figure de Lecoq lui apparaissait alors grandie à une taille diabolique.

Le bruit d'une lourde charrette vint par un bout du chemin creux. J.-B. Schwartz poussa du pied l'argent avec le billet, en un tas, et recouvrit le tout de poussière. Il grimpa au revers du talus, perça la haie comme une bête fauve, égratignant ses habits et sa peau, et se coucha à plat ventre dans l'herbe du champ voisin.

Un rustre passa, assis sur un brancard, parlant à ses bêtes, chantant un refrain campagnard et dandinant sa grosse tête coiffée du bonnet de coton.

J.-B. Schwartz pensa :

« On peut se faire garçon de charrue. »

Quand le rustre fut passé, il se releva et fit un pas, instinctivement, vers son trésor. Mais vous allez bien voir qu'il était honnête, il se révolta tout à coup contre lui-même et tourna le dos à la haie. Il prit sa course à travers champs. Il alla, il alla jusqu'à perdre haleine, traversant les guérets, sautant les fossés, piquant droit devant soi par les taillis.

En somme, elle est honnête aussi la balance de votre boulanger, tant de fois appelé en simple police. Seulement, on y met des poids faux.

Oh! il allait franchement, et sa fuite était d'autant plus méritoire qu'il avait en sa nature tout ce qu'il fallait pour regretter passionnément l'argent abandonné. Mille francs, écoutez! Le décuple de son rêve! sans compter l'argent de poche!

Il allait. Le soleil était haut. Il s'arrêta, épuisé, à la marge d'un champ de blé, au bord d'une haie qui lui faisait ombre. Il avait faim et soif et sommeil. Dormir apaise toutes ces souffrances, dit-on; il s'endormit.

Il rêva de ses mille francs, qui étaient un gland. Le gland mis en terre produisait un arbre immense. Mais dans le feuillage du grand arbre, il y avait des oiseaux moqueurs qui gazouillaient des injures avec la voix de M. Lecoq.

En s'éveillant, il regarda autour de lui. Il ne savait plus trop lequel était le vrai, son rêve ou ses souvenirs. La haie plantureuse avait un pertuis, comme si une bête sauvage l'eût récemment violée. J.-B. Schwartz, le sang aux yeux, passa par le pertuis; il connaissait cette route; il se laissa glisser au revers du talus et tomba près du petit tas de poussière qui recouvrait son billet de banque.

Il était honnête, mais n'y avait-il pas là un sort?

Il se dit : « A tout le moins, mettons tout cela en sûreté. »

Et il creusa un trou dans le talus avec la pointe de son couteau, un joli trou rond, net, bien fait, où il comptait abriter le billet entre deux pierres plates.

Et au fait, pourquoi ce Lecoq n'aurait-il pas eu des

intrigues galantes? Il était jeune, élégant, beau garçon, hardi, joyeux, bavard. En creusant, J.-B. Schwartz se disait cela. Il regardait les deux pièces d'or, l'argent blanc et le billet. Oh! le billet! Un doux billet! Ce sont les billets doux, ceux-là! Un billet en sa fleur; pas trop net, mais sans coutures ni bandes de papier collé. Sont-elles assez jolies, ces tailles-douces! Voilà de l'art sage, rangé; Raphaël ne serait pas mort si jeune à composer ces idéales vignettes. Et le soin de répéter l'article du Code pénal, noir sur blanc, blanc sur noir! Athées! contemplez un billet de la Banque de France: les écailles tomberont de vos yeux.

Certes, certes, ce Lecoq, avec un gilet comme le sien et de tels pantalons à carreaux, devait troubler les ménages. Le billet avait des petits trous d'épingle qui lui seyaient à ravir. C'est le sourire, ce sont les fossettes d'amour des billets, ces piqûres d'épingle. Lecoq était évidemment un homme à bonnes fortunes; il en avait le physique, l'uniforme, tout. Ces billets de banque ont parfois des grains de beauté comme les dames, des signes particuliers; un naïf Godard, un prudent Collignon les marque pour les reconnaître. Dans un coin, le billet de mille francs portait la signature de Bonnivet jeune avec un paraphe.

Voyons, raisonnons: Que faire? Aller chez le commissaire de police? Déposer entre ses mains le billet, les pièces d'or et l'argent blanc? J.-B. Schwartz en eut la pensée, tant il était honnête; mais, en conscience, avait-il le droit d'agir ainsi? N'était-ce pas une belle et bonne trahison? Et si le mari jaloux passait un jour son épée au travers du corps de M. Lecoq!...

Qu'espère, cependant, Bonnivet jeune en mettant sa signature et son paraphe au coin des billets de banque? C'est un moyen de publicité. J.-B. Schwartz avait achevé son trou. Il chercha deux pierres plates. La pensée d'aller au commissaire de police ne tenait pas. Ce magistrat s'était mal conduit à son égard ; fantaisie pouvait lui prendre de voir les choses du mauvais côté ; notre Schwartz avait trompé la justice ; voilà où peut conduire une première imprudence, à la Cour d'assises !

Car il faut mettre les choses au pis. Supposons un crime : J.-B. Schwartz, l'innocence même, était complice.

En outre, ce Lecoq devait avoir le bras long avec ses copins qui avaient étudié à un drôle de collége.

Notre Schwartz trouva deux pierres plates.

Il n'était pas chargé de faire la police à Caen, je suppose ! Dix-huit siècles et demi s'élèvent contre Ponce Pilate parce qu'il se lava les mains : est-ce raisonnable ? J.-B. Schwartz n'était pas un juge comme Ponce Pilate.

Il mit le billet de banque entre les deux pierres, et les pierres au fond du trou, bien proprement. Sa pauvre figure pointue vous avait des mélancolies paternelles. Il m'est arrivé de voir une jeune mère au tombeau de l'enfant chéri ; cela déchire le cœur. J.-B. Schwartz vous aurait tiré des larmes.

Que parlons-nous d'honnêteté ? Il faut de l'héroïsme pour enterrer ainsi tout vivant, tout souriant, tout adoré, son premier billet de banque. Quoique natif de Guebwiller, J.-B. Schwartz se conduisait ici comme s'il eût été de Rome. Il déposa les deux pièces d'or auprès du billet, l'argent blanc auprès des pièces d'or, et il jeta dessus la première poignée de sable.

C'est un bruit lugubre et qui fige le sang dans les veines. Notre Schwartz ferma les yeux pour ne pas voir un coin du paraphe de Bonnivet jeune, qui se montrait en dehors des deux pierres plates. Entre ses paupières closes, un pleur glissa. Bonne âme ! Il jeta la terre à mains pleines et convulsives; le trou fut bouché.

Curtius, quand il se dévoua aux dieux infernaux, avait l'amour de la patrie qui entraîne comme un vertige ; Decius Mus, après lui, son fils et son petit-fils, étaient tout brûlants de la fièvre des batailles. La foule les entourait, les acclamait, les enivrait.

J.-B. Schwartz était tout seul, dans un chemin creux.

Il s'assit auprès de ce gouffre où il venait d'enfouir plus que sa vie. Il avait faim et soif, mais qu'est-ce que cela? Il ne pouvait pas s'en aller. Un invisible clou le rivait à ce sol où reposait son âme.

Vous le savez bien; on vous l'a déjà dit. Ce n'était pas un billet de mille francs qui était là : c'était une graine de million.

Ces graines-là, à la différence des autres, ne doivent point être mises en terre.

J.-B. Schwartz s'amusa à disposer un petit tertre de gazon au-dessus du cher tombeau. Puis, chose bien naturelle et qui fut pratiquée par divers amants célèbres, l'idée vint de violer la sépulture afin de donner un dernier baiser à son cœur.

Subsidiairement, peut-être, avait-il obtenu des farouches rigueurs de sa conscience la permission de prendre un peu d'argent blanc pour souper, ce soir, et coucher, cette nuit, dans un lit.

Il gratta la terre. Un marteau battait sa tête chaude et criait en dedans de son front : « Ce Lecoq est un homme à bonnes fortunes. »

D'autres voix insinuantes lui disaient : « Ne laisse pas dormir un capital. Voilà le vrai crime. »

D'autres encore : « Tu seras quitte pour restituer, si tu découvres un jour.... »

Que ne peut-on embrasser une voix ! Celle-là est

douce entre toutes, et notre mère Ève l'entendit au pied de l'arbre où pendait la pomme.

Un éblouissement dansa devant les yeux de J.-B. Schwartz, quand il revit le paraphe de Bonnivet jeune.

Rendre ! — un jour ! Il tomba dans une méditation sereine.

Le serpent, notez cela, vous parlera toujours un peu de Dieu. J.-B. Schwartz soupçonna que c'était Dieu qui l'avait ramené par la main à cette place.

Quel don Juan, décidément, que ce Lecoq !

J.-B. Schwartz voyait le mari, de ses yeux !

La dame était blonde, ou brune. Fi ! effrontée !

Où diable J.-B. Schwartz avait-il l'esprit tout à l'heure ! On se fait des monstres.

Il prit cent sous pour souper et coucher, puis un des louis, puis l'autre, puis le billet doux qui déjà était humide, le pauvre amour. Il mit le tout dans sa poche, et s'en alla bonnement jusqu'à la grande route de Lisieux attendre la diligence de Paris.

VI

Aux écoutes.

A l'heure où J.-B. Schwartz et M. Lecoq se séparaient dans le chemin creux, la bonne ville de Caen commençait à s'éveiller ; le jour se lève matin au mois de juin. Les environs s'animaient : dans ces admirables et plantureuses prairies où l'Odon tributaire apporte son filet d'eau à l'Orne, les troupeaux arrivaient, pesants de graisse et de sommeil ; le quai reprenait ses affaires, les cabarets, toujours pressés, s'ouvraient dans les rues de la basse-ville, et l'armée des campagnards envahissait le marché.

Campagnards et citadins, du reste, bateliers, ouvriers, fermiers, ceux qui achetaient et ceux qui vendaient semblaient parfaitement tranquilles. Aucune émotion extraordinaire n'agitait la halle, cette Bourse des ramages populaires où tout curieux peut interroger si aisément le pouls d'une cité. Caen avait dormi tranquille et rien ne semblait avoir troublé la monotone quiétude de sa nuit.

D'habitude, la devanture d'André Maynotte s'ouvrait bien avant les volets du commissaire de police. André n'avait peut-être pas reçu de la nature cette âpre activité du commerçant par vocation qui violente la fortune et fait argent de toutes les minutes ; mais un autre sentiment, plus fort que la cupidité même, le jetait chaque matin hors de son lit. Il était fourmi par amour. Il s'était donné cette tâche d'élever Julie au-dessus de l'humble niveau qui pesait sur son front si jeune, si beau, si fier. La destinée de Julie était de briller ; en lui-même, il avait promis des rayons à son astre et il travaillait sans relâche, car il était fort et patient. Les gens comme lui parviennent à coup sûr ; il avait la volonté indomptable, le talent qui la féconde et ce droit honneur qui reste, quoi qu'on dise, la meilleure des habiletés. Pour arrêter ceux-là, il faut la foudre qui frappe çà et là dans le tas humain, touchant un homme sur cent mille ! et qui donc compte avec ces hasards de la foudre ?

Ce matin, pourtant, les volets du commissaire s'ouvrirent avant la devanture d'André Maynotte. Il y avait je ne sais quoi d'anormal au premier étage.

Mme Schwartz, en peignoir d'indienne, allait et venait dans la maison, écoutant à la serrure de son mari et en proie à une véritable fièvre de curiosité. Éliacin était entré au bureau et n'en ressortait point. Il y avait quelque chose de grave.

André avait passé une nuit sans repos. Il s'étonnait lui-même du trouble qui le prenait au moment d'entrer dans sa voie nouvelle. C'était une nature résolue ; il avait pesé mûrement ses chances de succès : pourquoi donc cette agitation inquiète ?

Julie dormait près de lui et semblait sourire à un rêve.

Bien des fois, depuis que la lueur du crépuscule s'était glissée dans la chambrette, André, soulevé sur le coude, avait promené son regard de la beauté sereine de sa jeune femme à l'angélique gentillesse de l'enfant, cachant à demi sa tête blonde derrière les rideaux du berceau.

Il se sentait heureux pleinement, trop heureux, pourrait-on dire, cela l'effrayait. Au moment d'entamer la grande partie, tant l'idée du tyran de Samos est humaine, il avait souhaité un nuage à son ciel.

Le sommeil le prit enfin, tandis qu'il cherchait à l'horizon quelque chose qui ressemblât à une peine. Il ne savait pas qu'il dormait. Il voyait Julie après la bataille gagnée, Julie toujours plus belle, enchâssée dans ce splendide écrin de la femme : la richesse. Comme la richesse lui allait bien ! Comme elle était chez elle dans cet éblouissant milieu ! Comme elle parait les parures et comme elle fleurissait les fleurs ! Avait-elle jamais été autrement ? Se pouvait-il qu'elle eût vécu un jour seulement hors de la noblesse opulente, sa patrie ?

Il fut éveillé en sursaut par un gémissement. C'était Julie qui se plaignait, étouffée sous un cauchemar. Un baiser l'éveilla. Elle sourit, disant : « Ils voulaient nous séparer ! » Et ses beaux yeux se refermèrent.

Cinq heures du matin sonnaient. Un bruit de marteau retentissait à l'étage supérieur.

La première idée d'André fut de se lever, mais il ressentait une fatigue extrême et un affaissement qu'il ne se souvenait point d'avoir éprouvé jamais. En même temps, une tristesse inconnue brisait sa pensée.

« Ils voulaient nous séparer ! » répéta-t-il sans savoir qu'il parlait.

Il y avait une petite pièce, servant de resserre à ses outils et aux objets non encore restaurés. Elle donnait sur la cour et attenait à la chambre à coucher. Au milieu de cette somnolence que produisait chez lui la lassitude, André Maynotte crut entendre des voix dans la resserre. Il sauta hors de son lit, car cela faisait illusion ; on eût dit que plusieurs personnes causaient là, derrière la porte.

Et le bruit du marteau continuait.

La porte ouverte, André vit, cependant, qu'il n'y avait personne.

Les voix venaient maintenant de la cour, et son nom, prononcé plusieurs fois, frappa ses oreilles.

La fenêtre était grande ouverte, à cause de la chaleur ; il s'en approcha, marchant pieds nus. La cour était déserte comme la chambre.

Mais les voix s'entendaient encore plus distinctement. Elles semblaient être si rapprochées, qu'André mit sa tête hors de la fenêtre pour voir si les causeurs n'étaient point collés contre le mur. Il leva les yeux ; son nom venait d'être prononcé pour la seconde fois, en l'air : on l'eût juré.

Voici ce qu'il aperçut. Immédiatement au-dessus de sa tête, un ouvrier, terminant sa besogne, enfonçait le dernier clou d'une sorte d'auvent, destiné à protéger la fenêtre de l'étage supérieur, qui n'avait point de persiennes. Cette fenêtre éclairait le cabinet particulier du commissaire de police ; elle était située au midi ; l'été s'annonçait brûlant ; le commissaire établissait tout bonnement des barricades contre l'invasion du soleil.

Il était arrivé quelquefois à André Maynotte de saisir quelques paroles, tombant par cette fenêtre, surtout quand Mme Schwartz élevait la voix dans ses querelles de ménage. Ce n'étaient pas ses affaires, et la curiosité provinciale n'était point son péché : il n'avait prêté aucune attention à la comédie matrimoniale qui, chez ses voisins, atteignait un nombre fabuleux de représentations, et s'était promis seulement de parler bas quand il causerait dans sa resserre.

Mais l'auvent qu'on venait de poser et qui, pour le moment, formait un angle de 45 degrés, par rapport au plan de la fenêtre du premier étage, exagérant tout à coup les conditions particulières où se trouvait la petite pièce du rez-de-chaussée, renvoyait le son avec une telle netteté, qu'un appareil acoustique n'eût pas fait mieux.

Ce n'etait pas l'ouvrier qui avait parlé. Les voix venaient de l'intérieur. Elles étaient émues et contenues. Ceux qui s'entretenaient là-haut paraissaient en garde contre ce fait que la fenêtre ouverte pouvait avoir des oreilles.

André Maynotte resta immobile et déjà frappé. Pourquoi frappé ? Il n'aurait su le dire, car étant donné son caractère ferme et absolu, peu lui importait les commérages des voisins.

Et en dehors des commérages qui vont et viennent, mêlant beaucoup de calomnies à un petit fond de médisances, il n'y avait rien, sa conscience le lui affirmait, qui pût être dit contre lui.

Pourquoi frappé, alors, lui qui était tout jeune, lui qui dédaignait trop, peut-être, les petits hommes et les petites choses, lui qui était étranger dans la ville de Caen, lui qui se préparait à la quitter bientôt pour toujours?

Il écouta, son nom prononcé l'y autorisait; il écouta, guettant le retour de son nom.

L'ouvrier venait de rentrer après avoir achevé sa besogne. On se taisait maintenant à l'étage supérieur. Quand on se reprit à parler, la conversation avait tourné, sans doute, car les mots prononcés ne pouvaient plus s'appliquer à André. L'air était frais; sa fantaisie d'écouteur ne le tenait guère; il allait regagner son lit, lorsque cette phrase tomba, prononcée à voix basse :

« Je vous dis qu'il est ruiné! mais ruiné roide! Il parle de se brûler la cervelle! »

André hésita. Ce n'était pas la voix du commissaire, non plus celle d'Éliacin, l'Alsacien blond. L'hésitation d'André devait durer juste le temps de faire cette réflexion, qu'il n'avait pas le droit de surprendre certains secrets. Il n'en eut pas le loisir. Le commissaire reprit avec une sorte de colère :

« Vous répandez de mauvais bruits. Tout cela retombe sur nous. Un homme pareil n'a jamais en caisse que l'argent de ses échéances. »

La voix inconnue répliqua distinctement :

« Il avait en caisse plus de quatre cent mille francs en billets de banque. »

André tressaillit de la tête aux pieds. Ce chiffre tout seul lui contait une histoire entière. M. Bancelle lui avait justement dit, la veille, que sa caisse contenait plus de quatre cent mille francs.

Il eut froid dans les veines. Était-ce pitié pour le malheur d'un homme? André Maynotte était un brave et généreux cœur, mais ce ne fut pas pitié.

On ne sait comment exprimer ces choses : ce fut de la peur. Et pourquoi?

Encore une fois, pourquoi ce jeune homme, qui était l'honneur même, eut-il peur en devinant que la caisse du riche banquier Bancelle venait d'être forcée et vidée?

Les faits de pressentiments ne sont pas rares. Nous n'avons pas à en rechercher les causes physiologiques ou morales. Le phénomène est hors de doute : chacun de ceux qui nous lisent a pu le constater. Les grands chocs ont de mystérieux avant-coureurs, comme les grandes maladies sont annoncées par leurs prodromes.

André Maynotte avait un poids de plomb sur le cœur.

Dans la chambre à coucher, il crut entendre encore ces gémissements qui naguère l'avaient éveillé. Il se traîna, défaillant, jusqu'à la porte. L'enfant reposait paisiblement; la jeune mère, appuyant sur son bras nu les boucles éparses de ses magnifiques cheveux, dormait aussi, tranquille et belle comme une sainte.

André tendit ses mains vers ces deux êtres si chers. Il était pâle et il tremblait.

Certaine littérature, où il y a du mauvais et du bon, a fait, depuis lors, concurrence aux émotions des procès criminels. En 1825, les drames de la Cour d'assises n'avaient de rivaux qu'au théâtre, et le roman-feuilleton, cette puissance que de maladroits moralistes affectent de rabaisser au lieu de l'utiliser, était encore à naître.

Les histoires de tribunaux faisaient trou dans la mémoire populaire plus violemment qu'aujourd'hui, ce qui est tout dire. Elles restaient ensuite, sous la garde du souvenir public, comme de sombres légendes, incessamment répétées.

Nous parlions de pressentiments. Ce qui va suivre n'est pas une explication, mais un renseignement.

La ville de Caen, qui devait avoir quelques années plus tard cette tragédie bizarre et terrible, le meurtre de l'horloger Peschard, vivait, en 1825, sur les récents débats de l'affaire Orange.

On a oublié cela : un clou chasse l'autre, et la période qui suivit la révolution de Juillet fut si malheureusement féconde en exploits de Cour d'assises, que la célébrité des époux Orange s'étouffa dans cette avalanche de crimes.

Les époux Orange, fermiers au pays d'Argence avaient été condamnés, en août 1825, par la Cour royale de Caen, à la peine de mort, comme coupables de meurtre commis, de complicité, avec préméditation, sur la personne de Denis Orange, leur oncle paternel. C'était une de ces lugubres causes, où l'avidité villageoise joue le rôle principal. Chaque année, l'avarice des campagnes tire quelque nouvelle édition de cette hideuse bucolique : un vieux paysan a l'imprudence de céder son bien à ses neveux, sous condition d'être nourri, logé, soigné jusqu'à sa mort. C'est une sorte de vente à fonds perdu. Un tel contrat renferme naturellement, du côté des neveux, cette stipulation implicite que l'oncle ne mettra pas trop de temps à mourir. Si l'oncle abuse et s'attarde, on lui coupe la gorge avec une serpe, à moins qu'on ne le jette dans un puits. Chacun sait cela dans les paroisses ; néanmoins, il y a toujours de vieux oncles pour accepter ainsi la dangereuse hospitalité de leurs héritiers.

Il s'était présenté ici des détails assez repoussants

pour donner un brillant succès à la cause. Le public avait gardé quelques doutes sur la culpabilité des époux Orange, qui étaient tout jeunes : Pierre, un mâle gaillard qui aurait pu gagner sa vie autrement; Madeleine, une belle et naïve créature, qui ne savait que pleurer quand on parlait de son oncle.

La peine capitale avait été commuée, et, dans le pays d'Argence, on connaissait un valet de charrue qui buvait quatre fois ses gages, depuis le temps, et qui était bien capable d'avoir fait le coup.

En France, la magistrature est respectée autant que respectable, et il ne faut pas trop se plaindre des effrois salutaires dont s'entoure notre justice. Néanmoins, et voilà surtout où gît le renseignement annoncé, étant donné tel caractère particulier, cet effroi peut grandir jusqu'à la terreur. Notre loi ne peut marcher du même pas que nos mœurs : vieillesse et prudence jamais ne se hâtent; il reste dans le secret de nos instructions criminelles des vestiges gothiques qui, forcément dévoilés à de certaines heures, épouvantent tout à coup la conscience commune. On se demande avec angoisse ce qu'on ferait soi-même et ce qu'on deviendrait sous la pression de cette torture morale que les débats publics viennent un jour révéler.

C'est l'éternel honneur de l'Angleterre. L'instruction s'y fait au grand jour. Le magistrat, loin de remplacer par une excessive sévérité de forme la question abolie, est chargé par la loi même de fournir à l'accusé des avertissements protecteurs. Avant d'entamer ce tournoi de paroles d'où la vérité doit jaillir, le juge, chez nos voisins, ne pousse pas ce cri de guerre que les Peaux-Rouges d'Amérique destinent à étourdir l'ennemi; l'accusé peut ne pas être l'ennemi. On part de ce principe, il est vrai, par tous pays, mais partir d'un principe est une expression qui raille. L'Angleterre fait mieux : elle reste dans le principe.

André Maynotte était un homme de vaillance, d'intelligence et d'honneur, mais ce n'était pas un lettré. Il avait assisté aux débats de l'affaire des époux Orange. Il en gardait une impression profonde, d'autant plus qu'il les jugeait innocents.

Mais de là à s'effrayer pour son propre compte, il y a loin. Qui l'accusait ? Sous quel prétexte pouvait-on l'accuser ?

Nous rentrons dans l'inexplicable. Ceci est le fait même du pressentiment qui ne répond jamais à toutes les questions qu'on lui pose.

André tremblait, il était très-pâle. On avait prononcé son nom par deux fois là-haut chez le commissaire de police.

Cependant sa raison se révoltait, et un sourire lui vint aux lèvres, tandis qu'il se disait : « C'est de l'extravagance. »

En effet, c'était folie, car il faut à tout le moins un motif, un prétexte.

« J'ai toujours dit, s'écria impétueusement une voix nouvelle dans la chambre du haut, qu'il fallait se méfier de ces gens-là ! »

C'était Mme Schwartz qui venait de faire irruption dans le bureau. Cette fois, on ne prononçait aucun nom, et pourtant André Maynotte était sûr, absolument sûr, qu'on parlait de lui.

Ces gens là ! Lui et sa femme.

On tenta évidemment de faire sortir Mme Schwartz, mais elle déclara qu'elle avait droit de rester ; l'affaire la regardait personnellement, puisque, avec de pareils voisins, désormais, on ne pouvait pas dormir tranquille.

La certitude d'André prenait des raisons d'être, si elle ne pouvait pas augmenter.

Le commissaire dut céder, car la discussion s'éteignit.

La voix inconnue poursuivait cependant :

— Cette pensée-là a sauté aux yeux de M. Bancelle. Quand sa femme et ses enfants sont venus, il s'est écrié : « J'ai tout dit à cet homme-là ! Il savait que « j'avais en caisse le prix de ma terre, outre mon « échéance. Il a vu le secret, et le brassard lui ap- « partient.... »

André ne comprit pas cette dernière phrase, dont le sens précis eût été pour lui un coup de massue. Il n'avait pas besoin de cela. Tout son sang lui rougissait le visage et la sueur coulait à grosses gouttes de son front.

— Ils étaient deux? demanda le commissaire.

— Oui, lui fut-il répondu. Il a fallu quatre mains occupées à la fois pour le travail de forçage.

— Quatre mains d'hommes vigoureux?

— Non.... La moitié de la besogne pouvait être faite par un enfant.

— Ou par une femme.... prononça tout bas le commissaire.

— Ne m'as-tu pas dit, s'écria Mme Schwartz, que tu les avais rencontrés tous deux, hier soir, sortant à des onze heures !

André mit ses deux mains sur sa poitrine qui haletait.

Mais l'idée de son innocence jaillit du sein même de cette détresse et il se releva tout d'un coup. Le désir lui vint de monter et de confondre en trois paroles cette absurde accusation. Il fit un pas, tout nu qu'il était, pour mettre ce dessein à exécution. Ce mouvement le porta en face de l'entrée, et son regard tomba pour la seconde fois sur la belle dormeuse qui toujours souriait. Il s'arrêta. Une angoisse nouvelle l'étreignit : elle aussi était accusée !

Elle, c'était son cœur. Il n'avait jamais senti comme à cette heure à quel point il l'adorait. Ses épouvantes revinrent et le terrassèrent. Un éblouissement lui montra la prison, l'audience, que sais-je ? Il vit la foule autour du banc des accusés ; il entendit cette voix dure, orgueilleuse, implacable…. Écoutez ! Il se trompait. Telle n'est pas chez nous la voix de la justice, et les avocats de notre société qui portent ce beau nom de ministère public, ne cherchent qu'à bien faire. Il se trompait, c'est acquis. Nos juges, dont nul ne suspecte la haute équité, ont en même temps la bienveillance et la prudence ; notre parquet, à regret sévère, ne franchit jamais certaines bornes, posées d'un commun accord par la civilisation et par la religion. Dans ces sphères si élevées, le vent des passions humaines ne souffle pas. Il se trompait, mais il tremblait, lui qui était, nous le verrons bien, ferme et fort.

« Il est comme fou, ce pauvre Bancelle, reprenait en ce moment la voix étrangère. Il a sa tête dans ses mains et va répétant : « C'est moi, c'est moi, c'est moi « qui lui ai donné l'idée du brassard ! »

— Il faudrait les arrêter tout de suite., dit Mme Schwartz.

— La maison est cernée, » répondit le commissaire.

C'est à peine si André fit attention à ces deux dernières répliques, si menaçantes pourtant et qui exprimaient si violemment le péril de la situation. Il n'avait entendu qu'une chose : M. Bancelle allait répétant : « C'est moi qui lui ai donné l'idée du brassard ! »

A lui, André. Nous savons qu'il avait été question du brassard, la veille, entre le banquier et le jeune ciseleur.

Mais que faisait là le brassard? C'était la seconde fois qu'on parlait du brassard, là haut, chez le commissaire de police.

Quel brassard? Il y avait silence à l'étage au-dessus.

La fièvre d'André creusait son cerveau. Quel brassard? On s'était donc servi d'un brassard?

Le sien était là, dans son magasin, en montre, comme toujours. Machinalement, il se dirigea de ce côté. En passant auprès du lit de sa femme, il joignit les mains et sa prière monta vers Dieu comme celle d'un enfant qui ne sait pas expliquer sa terreur nocturne. Il entra dans le magasin et poussa un gémissement étouffé ; l'instant après, il revint, appuyant son pas chancelant aux meubles et à la muraille. Sa joue était livide, ses yeux s'éteignaient ; des convulsions faibles contractaient sa bouche.

« On l'a volé! murmura-t-il, comme s'il eût confié ce fatal secret à quelque être invisible. On m'a volé le brassard! »

En ce moment, le commissaire disait:

« C'est Bertrand, l'allumeur de réverbères.

— A-t-il vu quelque chose, demanda sa femme avidement.

— Il les a vus, répliqua le commissaire, dont la voix dénotait une véritable émotion, à minuit, sur le banc qui est là-bas à l'autre bout de la place. Ils parlaient de la caisse de M. Bancelle, où il y avait, disaient-ils, plus de quatre cent mille francs, et ils comptaient des billets de banque. »

André se laissa tomber sur ses deux genoux en rendant un râle sourd ; le choc de sa tête éveilla Julie qui, souriante et les yeux fermés à demi, lui jeta ses bras autour du cou.

VII

Maison cernée.

La maison habitée par les Maynotte et M. Schwartz, le commissaire de police, n'avait que deux étages. Au fond de la cour, un assez grand bâtiment, composé d'écuries et de remises, servait à l'exploitation d'un loueur de voitures qui occupait avec sa famille le second étage. Au rez-de-chaussée, sur le devant, toute la partie à droite de la porte-cochère appartenait à André. Dans l'autre partie, qui était moins large de moitié, le loueur avait installé ses bureaux.

Il y a des manufactures à Caen, mais c'est pour beaucoup une ville de commerce agricole. La richesse extrême du sol normand sollicite les spéculateurs, et Paris le sait bien, puisqu'il adore chaque année à la procession des jours gras quelque Dieu de l'espèce bovine emprunté à ce paradis du Calvados. Les transactions campagnardes sont là-bas très-actives ; la ville va en foire et souvent très-loin. Il faut pour cela voiture et cheval, il le fallait surtout en 1825, où les moyens de communication restaient à l'état d'enfance. Or, tout négociant n'a pas son attelage à lui appartenant. L'industrie des loueurs, qui se porte encore assez bien, florissait alors encore mieux, et, entre tous les loueurs, M. Granger gardait la vogue pour la bonté de ses chevaux.

Il avait en écurie, s'il vous plaît, des normands de cinq cents écus, et pour ceux qui voulaient brûler la route, tout à fait, il avait un anglais de cent cinquante louis qui trottait comme un cerf galope.

En foire, une heure gagnée peut valoir parfois plein la main de pistoles.

Julie ne savait pas pourquoi son mari était ainsi agenouillé près du lit; elle ne se doutait de rien; elle ne songeait même pas à s'informer.

« J'ai rêvé toute la nuit de Paris, » dit-elle.

Et ce mot : Paris, avait dans sa bouche je ne sais quelle amoureuse saveur.

André n'aurait pas su répondre à cela. Il resta pendant toute une minute muet et comme écrasé. Au moment où l'effroi se peignait sur la charmante figure de Julie qui s'apercevait enfin de sa détresse, il redressa la tête lentement et dit tout bas :

« Lève-toi. »

On ne peut affirmer que son plan fût conçu dès-lors de toute pièce, car le jour se faisait à peine dans sa pensée, mais ce qui est certain, c'est que le besoin était en lui, impérieux et profond, de rester seul en face du péril. A ce moment du réveil de son intelligence, il se voyait déjà perdu sans ressource ; son esprit net, précis et très-actif, avait fait en quelques secondes le travail d'instruction que le juge devait mettre des semaines à accomplir. Il voyait les apparences et les preuves; il les comptait, il les pesait, il les coordonnait, comme le condamné d'un conseil de guerre doit ranger dans son dernier rêve les douze soldats qui le viseront au cœur. Tout à l'heure, avant qu'on eût parlé là-haut du brassard et de l'allumeur de réverbères, son trouble prématuré, ses pressentiments, si mieux vous l'aimez, allaient chercher des motifs de trembler dans la caducité terrible qui est le propre des jugements humains; trouble et pressentiments impliquaient en lui un blâme de ce qu'il avait vu et dégageaient cette conclusion qu'en tel cas donné il aurait mieux fait que les juges. Maintenant, non ; les impressions vagues cédaient la place à la rigueur pour ainsi dire foudroyante d'un raisonnement instantané. Le mot preuve, au Palais, ne peut jamais arriver à une signification mathématique, quoique le témoin, en Angleterre, soit appelé une *évidence*. L'évidence ne peut pas exister, produite par le témoignage des sens d'autrui; à peine existerait-elle si le jury pouvait entendre de ses oreilles et voir de ses yeux. Il n'y a au Palais qu'une certaine somme de probabilités, un certain degré de vraisemblance, et cela prend le nom de certitude par approximation. André Maynotte, dans son travail mental, n'exprimait pas ces nuances, il les sentait; son instinct devinait des subtilités vers lesquelles jamais n'avait tourné sa pensée. Il se disait : si j'étais juge, je condamnerais.

La réunion des circonstances qui semblaient l'accuser avait dès lors pour lui quelque chose de fatal; elles lui sautaient aux yeux, chacune d'elles et toutes, avec une véhémence que nous n'essayerons même pas de rendre. Il n'en était plus à se défendre; l'arrêt, dans sa tête, était prononcé.

Comme Julie le regardait étonnée, il ajouta de ce même ton bas et froid :

« Habille-toi. »

Et il prêta l'oreille. Un bruit de roues venait par la fenêtre de la cour.

« Le tilbury ! cria-t-on de la maison du loueur, et l'anglais pour M. Hamon, qui va à la foire des Sept-Vents, derrière Caumont!

— On y est ! fut-il répondu de la cour, où les sabots d'un palefrenier sonnaient sur le pavé. Black a son avoine. »

André avait tressailli au premier mot; maintenant, il réfléchissait.

Julie, qui ne l'avait jamais vu ainsi, passait la robe qui pendait au pied de son lit.

« Pas celle-là ! » ordonna André d'un ton brusque.

D'ordinaire, tout est prétexte à causerie entre deux amants, et c'étaient dans toute la forme du terme deux amants. Entre eux, les moindres déterminations comme les plus importantes se prenaient en commun, après conseil tenu, ce qui est un des meilleurs plaisirs du ménage. D'ordinaire, on peut le dire, André ne discutait que pour connaître plus à fond le désir de Julie et pour s'y conformer mieux.

Qu'y avait-il donc aujourd'hui ! Julie laissa tomber sa petite robe d'indienne pour demander, d'un accent interdit, mais presque irrité :

« Laquelle ?

— Ta robe des dimanches, » répondit André.

En même temps, il passait rapidement son pantalon et sa redingote.

« C'est comme si un mal te prenait, » murmura la jeune femme, qui eut les larmes aux yeux.

André ne répondit pas. Il essaya de sourire en passant les manches de son vêtement, et cela fit ressortir davantage l'effrayante pâleur de ses traits; il voulut chanter aussi, mais sa voix s'étrangla, rauque, dans sa gorge.

« Est-ce que tu vas me renvoyer, André ? balbutia Julie, car on pouvait tout craindre de ce fou livide, dont les yeux extravaguaient.

— Non, » répondit André qui haussa les épaules.

Loin de rassurer la jeune femme, ce monosyllabe glacé la brisa davantage. Elle ne dit plus rien et atteignit sa robe des dimanches.

Parfois, il y a de ces malheurs sans cause. Un cerveau se frappe, et sait-on par quelles portes peut entrer la jalousie?

André alla vers la fenêtre et glissa un regard furtif dans la cour où le palefrenier lançait des seaux d'eau dans les roues du tilbury. On ne parlait plus à l'étage supérieur, sans doute à cause de la présence du palefrenier.

André revint et dit à sa femme qui peignait ses admirables cheveux :

« Dépêchez-vous, nous n'avons que le temps.

— Est-ce une surprise que tu veux me faire? » interrogea Julie en s'efforçant de sourire.

Sa douce voix savait si bien le chemin du cœur d'André! André eut un peu de sang aux joues et répondit :

« Peut-être.

— Une promenade ! s'écria aussitôt la jeune femme, s'accrochant à cet espoir. Faut-il habiller le petit? »

Le petit était de toutes les fêtes. Déjà elle étendait les mains vers le berceau. Ces mots prononcés durement l'arrêtèrent :

« Non, je vous le défends ! »

Elle mit sa tête entre ses mains et un sanglot souleva sa poitrine. André se détourna d'elle pour cacher deux larmes qui lui brûlaient la joue.

Il entra dans le magasin et ses doigts crispés étreignirent sa poitrine.

Il réfléchissait pourtant et se disait :

« On ne fera rien tant que je n'aurai pas ouvert la devanture. »

La maison n'était-elle pas cernée? Ceux qui le guettaient pouvaient attendre.

Le magasin avait trois portes : celle de l'arrière-boutique ou chambre à coucher, l'entrée principale donnant sur la place des Acacias, et une petite entrée latérale qui s'ouvrait sous la voûte de la porte cochère. André voulut voir comment la maison était cernée. Il retira sans bruit une des chevilles de fer de la devanture et mit son œil au trou. En face de lui, cinq personnages, en habit bourgeois, s'asseyaient sur un banc; deux gendarmes étaient debout sous les arbres et quatre gardes de ville se promenaient en longeant le trottoir.

Il remit la cheville et retira la clé de la petite porte latérale. Par la serrure, il ne put rien voir, sinon un large dos, mais il entendit.

Sous la voûte, il y avait au moins quatre gardes à l'affût.

Cependant, rien n'avait transpiré encore dans le public, car la promenade était tranquille, et la présence de la force armée aux environs du commissariat n'était pas chose assez rare pour exciter l'attention.

André choisit deux pistolets dans sa montre et les chargea.

Depuis qu'il était seul, sa physionomie avait repris une expression de calme et de sombre fermeté.

Il rentra près de sa femme qui agrafait sa robe. Il s'approcha d'elle et la baisa au front.

« Tu n'es donc pas fâché contre moi ! s'écria-t-elle en le pressant contre son cœur.

— Il faut faire la valise, » dit-il.

Julie laissa tomber ses deux bras et le regarda stupéfaite.

« La valise ! répéta-t-elle, nous partons déjà ? »

L'idée lui vint vaguement qu'André voulait faire un voyage de Paris préliminaire, pour s'y assurer un établissement, avant de quitter Caen pour toujours.

Mais André répondit de ce ton bref et froid qu'elle ne connaissait pas :

« Moi, je ne pars pas. »

En même temps, il atteignit la valise et l'ouvrit.

« Au nom de Dieu! supplia Julie, expliquez-vous, André, mon mari!

— Je vais vous conduire, répliqua André. Ne vous effrayez pas; en chemin, je vous dirai tout. »

Julie s'assit, car le cœur lui manquait.

« Hâtez-vous! » dit André, reprenant son ton de commandement.

Il ouvrit tout grands les tiroirs de la commode.

Julie demanda en pleurant :

« Que faut-il mettre dans la valise?

— Tout ce que vous pourrez, répondit André.

— Dois-je donc être longtemps loin de vous?

— Dieu le sait. »

La voix d'André trembla en prononçant ces derniers mots.

Julie s'élança vers lui et se pendit à son cou.

« Et mon fils! et mon fils! » cria-t-elle par deux fois avec angoisse.

André n'avait pas songé à l'enfant, car il resta un instant tout indécis. Comme Julie faisait un mouvement vers le berceau, il l'arrêta pour la seconde fois.

« Le petit n'a rien à craindre, murmura-t-il.

— Mais nous avons donc quelque chose à craindre, nous! » s'écria-t-elle encore.

Le jeune ciseleur hésita, puis il répliqua tout bas :

« Oui, quelque chose de terrible. Si vous m'aimez, Julie, hâtez-vous! »

Elle refoula ses larmes et entassa dans la valise les objets à son usage. Désormais, ce qui dominait en elle, c'était l'épouvante.

André la laissa seule une seconde fois pour entrer dans la resserre. Le palefrenier attelait Black au tilbury.

« Salut, monsieur Maynotte, dit-il en le voyant à la fenêtre. Il y a du nouveau en ville, savez-vous? Les mouches sont autour de la maison et ne veulent pas dire de quoi il retourne. Vous êtes tout pâlot, ce matin, savez-vous?

— Une belle bête, fit André en examinant Black.

— Pour la beauté, répliqua le palefrenier, j'aime mieux nos normands, sans compliments. C'est plus dodu, oui, à la croupe comme au poitrail; mais pour le fond et la vitesse, ah dam!... Tiens voilà encore deux argousins qui montent chez le commissaire! Il y a du nouveau, pour sûr! »

André jeta un regard dans la chambre à coucher. Julie était agenouillée auprès du berceau de l'enfant.

« Vous me direz, continuait le palefrenier bavard, que ça ne nous regarde pas, c'est certain. Mais on aime savoir, pas vrai?

— Es-tu prête? » demanda André à voix basse.

Au lieu de répondre, Julie, qui était maintenant froide et pâle comme André lui-même, interrogea ainsi:

« Est-ce pour moi ou pour toi qu'il faut partir?

— Pour moi, » répliqua André.

Elle se mit sur ses pieds et prononça résolument:

« Je suis prête. »

Puis elle ajouta comme si un élancement de conscience l'eût blessée:

« Suis-je punie parce que j'ai tant souhaité Paris! »

André ferma la valise et la poussa dans la resserre jusqu'au pied de la croisée. Il mit dans les poches de sa redingote ses pistolets, son portefeuille et une casquette de voyage.

Puis se présentant de nouveau à la fenêtre et toujours tête nue :

« Hé ! l'ami ! cria-t-il au palefrenier, qui passait le mors entre les dents de Black.

— Quoi, monsieur André ?

— Faites-moi donc inscrire au bureau pour le cabriolet, onze heures, la demi-journée. Nous voulons aller voir la nourrice avec le petit. »

Le premier mouvement du brave garçon fut d'obéir, mais il se ravisa.

« Ce n'est pas pour vous refuser, monsieur André, dit-il, mais je ne répondrais pas de Black, qui a le diable au corps.

— Donnez-moi la bride en main, allez ! Je n'aime pas voir ces oiseaux qui sont sous la voûte. »

Le palefrenier se mit à rire.

« Le fait est, grommela-t-il, que c'est un gibier qui ne vaut pas cher ! »

En même temps, il fit marcher Black jusqu'à la croisée et mit les rênes dans la main d'André.

« Une petite minute, » dit-il en disparaissant sous la voûte.

Dès qu'André ne le vit plus, il lança la valise dans le tilbury. Julie avait dit : Je suis prête. Elle était là. André l'aida à franchir l'appui de la croisée, et la fit monter dans le tilbury où il prit place auprès d'elle.

En ce moment, Mme Schwartz, par hasard, mit la tête à sa croisée, et s'écria :

« A l'aide ! voici les voleurs qui s'évadent ! »

Julie chancela sur l'étroite banquette. André passa son bras autour de sa taille pour la soutenir et saisit les rênes de la main droite. Black piétina des quatre pieds, puis s'ébranla, obéissant au mouvement du jeune ciseleur qui lui fit faire le tour de la cour pour avoir du champ. Bien lui en prit, car Mme Schwartz était déjà à la fenêtre de la rue, poussant des cris d'aigle et disant :

« Au voleur ! à l'assassin ! au feu ! »

Black, lancé du premier coup à toute bride, franchit la voûte d'un élan. Les hommes de police qui étaient là s'effacèrent contre la muraille. Ceux de la place des Acacias, ainsi que les gardes de ville et les gendarmes, avertis par Mme Schwartz et par le commissaire lui-même qui avait rejoint sa femme et qui se démenait à sa fenêtre sur le devant, se portèrent comme il faut à leur devoir. Mais ce Black était un diable. Il passa près d'eux comme un tourbillon et tourna l'angle de la place, tandis qu'un concert de voix clamait :

« Arrêtez ! arrêtez ! »

Il eût fallu pour cela un rassemblement barrant complétement la rue ou quelqu'un de ces hardis citoyens qui se jettent les yeux fermés au-devant du péril ; je dis les yeux fermés, car tout œil ouvert eût vu dans la main droite d'André, qui tenait à présent les rênes de la main gauche, un pistolet haut et armé, — et derrière le pistolet une pâle figure qui menaçait plus terriblement que l'arme elle-même.

André était droit et ferme sur le siége. A son épaule s'appuyait la tête de sa femme évanouie.

Il était de bonne heure encore et les passants allaient rares dans la rue. Il ne se trouva aucun héros disponible pour barrer efficacement la route au tilbury. Pendant que Mme Schwartz, hors d'elle-même et manquant l'occasion de venger en une seule fois tous ces jugements où Pâris caennais ne lui avait pas décerné la pomme, se démenait, criant : « les hommes sont des lâches ! » Pendant que M. Schwartz, plus sensé, mettait en réquisition les chevaux du loueur et montait ses agents avant d'envoyer des ordres à la gendarmerie, André avait tourné l'angle des Acacias et prenait au grand galop la rue Guillaume-le-Conquérant. La clameur de haro le suivait, mais déjà moins distincte. Les passants, étonnés, mais paisibles, se bornaient à regarder ce tourbillon qui passait. Black s'en donnait à cœur joie; les roues du tilbury bondissaient sur le pavé.

Quand le léger attelage déboucha sur la place Fontenelle où se tient le marché, on n'entendait plus derrière lui qu'une rumeur lointaine. André ralentit le pas, car il avait à ménager son cheval. Ceux qui le rencontraient désormais s'étonnaient bien un peu de voir cette blanche tête de femme sur son épaule; mais chacun mène, en Basse-Normandie, son ménage comme il l'entend, et la perversité des cinquante séducteurs, tant civils que militaires, avait peut-être fini par indisposer M. Maynotte.

« Bonjour, monsieur Maynotte. »

Il y en eut plus de vingt pour le saluer ainsi poliment, sans autrement s'occuper de la jeune femme.

Et l'un des cinquante don Juan, plus matinal que les autres, tira son chapeau, songeant déjà aux moyens à prendre pour se faire dire par plus idiot que lui : « C'est vous, mauvais sujet, qui êtes cause de tout cela! »

Cinq minutes après, les agents à cheval passèrent, puis vint la gendarmerie. Ah! si nous avions su! s'écrièrent tous ces Normands valeureux. Ah! le coquin l'a échappé belle!

Mais comment deviner? Nul ne savait que la caisse du banquier Bancelle avait été dévalisée. Quand tout le monde le sut, il se forma une imposante cohue, non pas pour courir sus au voleur, mais pour assiéger le logis du volé.

La maison Bancelle faisait des affaires avec tout le commerce campagnard. Son chef avait bien fait de perdre la tête d'avance : c'était jour de payements ; l'armée de ses créanciers parlait déjà de le vendre au poids. Nous ne plaisantons pas en Basse-Normandie ! Quand la foudre brûle un de nos débiteurs, tête-bleu ! nous lavons les cendres pour y retrouver un brin de notre argent !

Ce M. Bancelle était si riche ! On l'avait envié si fort ! Ne roulait-il pas carrosse ? Et cette caisse venue de Paris ! Que peut-on apporter de Paris, sinon des piéges ? Il était coupable : on ne doit pas se laisser voler !

Mais, heureusement pour vous, lecteur, notre récit court en ce moment la poste et nous n'avons pas le loisir de mettre sous vos yeux les obscènes colères des créanciers bas-normands. Nous dirons seulement que la charité publique appliqua, ce jour-là même, plusieurs centaines de protêts sur les blessures de ce pauvre cadavre commercial qui gisait écrasé par un coup de massue.

André Maynotte avait traversé toute la ville et franchi l'Orne au pont de Vaucelles. Black galopait sur la route de Vire. Il faisait beau ; le bon cheval aspirait les fraîcheurs du matin et brûlait le chemin gaiement. Au sortir de Caen, la route, sablée de rouge, file en ligne courbe vers l'ouest à travers les jardins et gravit la pente douce d'un coteau. André, qui réchauffait Julie contre son cœur, était en proie à une exaltation joyeuse ; il se sentait inattaquable. Quand il se retourna au sommet de la côte et qu'il vit au loin, dans un nuage de poussière, une escouade de cavaliers acharnés sur sa trace, il la brava d'un sourire. C'était par derrière que venait le danger; l'espace était devant lui, et il lui semblait désormais qu'il avait des ailes.

VIII

La fuite.

Au sommet de la côte suivante, André Maynotte se retourna encore; il n'y avait plus sur le grand chemin que la poussière soulevée par sa propre course. Si loin que pût se porter le regard, rien ne se montrait. Les limiers, lancés à sa poursuite, étaient distancés déjà.

« Hardi, Black! bon cheval! »

Il venait parfois, en sortant de l'écurie, il venait jusqu'à la petite fenêtre de la resserre, et Julie, la belle créature, lui donnait du sucre et du pain. Julie faisait mieux, elle le caressait tout hennissant. Black était le cinquante-et-unième et le seul bien traité parmi les galants de Julie.

« Hardi, Black! souviens-toi de cela! »

On eût dit qu'il se souvenait, en effet, le noble animal. Sa course était douce et rapide comme un vol.

Elle s'éveillait dans un baiser, Julie, pâle et blanche comme un lis, mais si adorablement belle que le cœur d'André éclatait à la fois d'allégresse et de douleur. C'était affaire à Black de se conduire tout seul : André ne voyait plus que Julie.

Julie ouvrit les yeux et se dressa tout effarée. Elle ne se souvenait plus. Puis sa mémoire parla soudain; elle poussa un cri.

« Nous sommes sauvés ! » lui dit André, qui souriait paisiblement.

Julie demanda :

« Qu'as-tu fait ?... Qu'as-tu donc fait ? »

Car il fallait une cause à cette fuite étrange.

« Nous sommes sauvés, répéta le jeune ciseleur. Je suis heureux et je t'aime. »

Ses lèvres effleurèrent le front de Julie, qui frissonna et demanda :

« Où me mènes-tu ? »

André souriait toujours.

A un endroit où la route était solitaire, il tourna brusquement la tête de Black et prit un chemin de traverse sur la gauche.

Au bout d'un millier de pas, il tourna pour la seconde fois, sur la gauche encore ; et pendant toute une demi-heure, il alla ainsi, de sentier en sentier, tournant partout où la légère voiture pouvait passer. Black se faisait du bon sang maintenant et trottait à son aise.

« Qu'espères-tu ? » interrogeait cependant Julie.

Elle ajoutait, croyant qu'il s'agissait de tromper définitivement une poursuite :

« C'est un jeu d'enfant ! on se cache un jour, deux jours....

— Je ne veux pas me cacher plus d'un jour, » répliqua André.

Sa route en zig-zag était finie. Il commença à se diriger vers l'est d'après le soleil. Deux heures après le départ de Caen, à peu près, il retrouva l'Orne, qu'il traversa au bac de Feugerolles, après quoi il franchit le grand chemin d'Alençon, puis celui de Falaise, aux environs de Roquencourt.

A cette heure et non loin de là, il aurait pu rencontrer un autre de nos personnages, J.-B. Schwartz, errant de sentier en sentier et secouant sa conscience.

Entre Bourguebus et la route de Paris, de grands bois s'étendent. André mit Black au pas tant que dura leur ombrage; puis il dit :

« Nous y reviendrons. »

Le regard de Julie glissa vers lui plein d'inquiétude. La sérénité même d'André lui faisait peur. Avait-il perdu la raison ?

André s'arrêta à cent pas de la route de Paris, en vue du petit village de Vimont, à une demi-lieue de Moult-Argence. Il fit descendre Julie et déchargea la valise, qu'il porta de l'autre côté de la haie.

« Je vais chercher notre déjeuner, dit-il, attends-moi. »

Julie s'assit sur l'herbe. C'était pour elle un songe plein de fatigue. Elle ne savait rien; elle ne devinait pas. Le matin, quand il s'était agi de partir et qu'elle avait demandé :

« Avons-nous donc quelque chose à craindre ? »

André lui avait répondu :

« Oui, quelque chose de terrible. »

Et l'expression de sa physionomie, elle s'en souvenait bien, était plus effrayante encore que ses paroles.

Maintenant, il est vrai, André souriait, André affirmait qu'il n'y avait rien à redouter.

Mais comment croire ? André avait dit encore :

« Je ne veux pas me cacher plus d'un jour. »

Quel pouvait être ce danger qu'un jour verrait naître et s'évanouir ?

Tout cela était bizarre, invraisemblable, inexplicable. Derrière ces apparences, il y avait des menaces. Déjà une parole avait traduit les épouvantes de Julie. Elle avait demandé à son mari :

« Qu'as-tu fait ? »

Certes, l'idée qu'André pouvait avoir commis une action condamnable n'était pas entrée dans son esprit. Mais les femmes ne savent pas. Son imagination allait de l'avant. Qu'avait-il fait pour fuir ainsi?

Dès qu'elle fut seule, une angoisse sourde serra sa poitrine. Elle eut peur horriblement. Et voyez où s'égaraient ses terreurs! Elle se dit :

« Si André n'allait pas revenir! »

André revint. Il était à pied. Il portait un panier et chantait en marchant. Julie s'élança vers lui et lui cria de loin :

« Qui aura pris soin du petit, ce matin?

— Ah! ah! le petit! fit André. Je songeais à lui justement. Nous allons causer de lui tout à l'heure. »

Toutes ces choses avaient une couleur étrange, extravagante, pourrait-on dire. André aimait follement son enfant.

Il prit la valise. La haie bordait un champ de blé mûr. Il se coula entre deux sillons. Julie le perdit de vue. Il reparut l'instant d'après sans valise.

« Cela nous aurait embarrassé, dit-il. Nous allons faire une partie de campagne. »

Une partie de campagne! Julie eut le frisson, malgré ce brûlant soleil de juin qui jaunissait les épis. c'était menaçant comme l'éclat de rire des désespérés.

André mit un de ses bras dans l'anse du panier et donna l'autre à Julie en murmurant :

« Le ciel est trop beau pour que Dieu n'y soit pas. »

Julie le remercia d'un regard mouillé. Depuis le matin, elle n'avait pas entendu une si bonne parole.

Ils allèrent tous deux le long de la marge du champ. Julie promenait son regard morne sur la haie fleurie. Elle n'osait plus interroger. André se reprit à chanter; il chantait un de ces refrains lents que disent les brunes filles de Sartène, douce musique et caressante poésie, quoiqu'elle soit faite avec les rudes mots du patois corse.

Là-bas, on entend cela dans les sentiers tortueux qui grimpent à la Cugna. Ce pays des implacables colères est plein d'amour. Quiconque a écouté ces chansons de la forêt de myrtes s'en souvient, et de la fillette hardie qui les répétait, la cruche sur l'épaule suivie par le troupeau bronzé des enfants pieds nus.

Deux larmes tremblaient aux paupières de Julie ; ce chant lui parlait du passé.

Les grands bois étaient proches. Ils y rentrèrent par une allée ombreuse qui courait droite sous de hauts sapins au feuillage noir.

« Chante aussi, toi ! » dit André.

Julie dégagea son bras et joignit ses mains pour répondre :

« Je t'en prie, parle-moi : je souffre. »

Il y avait un sentier tournant qui se plongeait sous le couvert. André s'y engagea. Au bout de quelques pas, il s'arrêta devant une petite clairière tapissée de jacinthes en fleurs. Le soleil, tamisé par les hauts feuillages, se jouait parmi cette moisson d'azur. Un filet d'eau invisible murmurait derrière les buissons, répondant à cet autre murmure, large comme la voix de la mer au lointain et qui tombait des cimes balancées.

André dit à Julie :

« Assieds-toi. »

Et il s'agenouilla près d'elle.

Il était pâle, mais son œil brillait. Julie entendait son cœur battre.

« Te souviens-tu, murmura-t-il après quelques instants occupés à la contempler si belle dans son croissant effroi, le lendemain de cette nuit où tu consentis à me suivre, moi, artisan, fils d'artisan, toi qui étais riche et noble, c'était un jour pareil à celui-ci.

— Je me souviens, répondit Julie. Je t'aimais.

— Tu m'aimais, cela est vrai; non pas comme tu étais aimée, car chacun a ce qu'il mérite, et c'est un culte que je te dois; mais tu avais confiance et tu étais entraînée dans ce grand amour qui t'enveloppait. Je te promis que tu serais heureuse.

— Je t'aimais, répéta Julie, et je t'aime!... »

André prit ses deux mains, qu'il porta jusqu'à ses lèvres.

« C'étaient des bois aussi, continua-t-il, et je vois encore ce rayon de soleil que le clair feuillage laissait venir jusqu'à ton front. Ceux qui nous poursuivaient étaient implacables, et nous n'avions pour nous que la bonté de Dieu. Ce fut assez, c'est toujours assez. Te souviens-tu? Nous entendions le galop de leurs chevaux sur la route, et il y eut un moment où la poussière, soulevée par leur course, fit un nuage autour de nous.

— Je me souviens, prononça tout bas la jeune femme. Mais, ce jour-là, je savais les noms de nos ennemis.

— Je te disais; à cette heure-là même, en essuyant la poudre que la sueur collait à ton beau front, je te disais : « Si nous n'avons qu'un jour, qu'il soit beau, « qu'il soit joyeux, qu'il vaille toute une longue vie. » Ils s'appelaient et ils se répondaient dans le maquis. Nous étions calmes; tu souriais, tu disais, paroles adorées : « c'est ici la communion de nos fiançailles.... » Et tour à tour, nos lèvres, qui venaient de partager la même bouchée, se rafraîchissaient au même breuvage.

— Je suis calme, je souris, balbutia Julie. Le passé m'importe peu; parle-moi du présent.

— Le passé importe, répliqua le jeune ciseleur, il est à moi. Le présent ne m'appartient plus et j'ignore l'avenir. »

Julie lui tendit son front ; puis, l'attirant contre elle et le pressant, elle dit encore :

« J'ai peut-être deviné ; mais je veux tout savoir de ta bouche. »

Il ne répondit pas.

« Ceux de là-bas ont retrouvé notre trace et nous poursuivent ? murmura-t-elle en devenant plus pâle.

— Non, répliqua-t-il, ce n'est pas cela.

— Qu'est-ce donc ? »

Il s'assit, entourant de son bras la taille flexible et frémissante de la jeune femme, et commença ainsi :

« On a volé quatre cent mille francs, cette nuit, dans la caisse de M. Bancelle, et nous sommes accusés de ce crime.

— Nous ! » répéta Julie dont le regard s'éclaira.

Elle ajouta, en pressant à deux mains sa poitrine soulagée :

« Oh ! j'avais peur ! »

André la couvrait d'un doux regard.

« Écoute, reprit-il, Paris est le seul endroit au monde où j'espère te cacher. Ma résolution est arrêtée, comme ma conviction est faite : nous sommes condamnés d'avance, et je ne veux pas que tu ailles en prison.

— En prison ! » répéta encore Julie qui frissonna.

André éprouvait très-vivement l'impatience de n'être pas compris à demi-mot.

« Mes minutes sont comptées, pensa-t-il tout haut.

— Je crois à ton innocence comme je suis sûre de la mienne, dit Julie. Que parles-tu de prison ? »

Les choses qu'on sent profondément sortent d'un jet. Souvent c'est ce jaillissement qui est l'éloquence.

Dès qu'André fut résigné à l'explication qu'il eût voulu éviter, il la fit courte, nette et si frappante, que la jeune femme resta atterrée sous la même certitude que lui. Cette certitude, il est vrai, n'était fondée que sur des présomptions assez subtiles ; mais elles se coordonnaient et s'étayaient les unes les autres jusqu'à former une masse solide. Ce sens, qui tourne au roman les histoires judiciaires, est singulièrement développé chez nous ; à chaque procès un peu frappant, il y a des milliers de juges d'instruction, repassant, dans leur cabinet ou dans leur taudis, la partie qui se joue au Palais. On peut dire sans exagération que l'idée des erreurs possibles est entrée trop largement dans nos mœurs. Souvenons-nous que pendant deux cents soirées consécutives, dans un de nos théâtres, quinze cents spectateurs ont revisé récemment ce fatal procès Lesurques.

Julie Maynotte était au-dessus de son état comme André lui-même et peut-être plus qu'André. Lorsque André eut terminé son court plaidoyer, véritable et prophétique résumé du réquisitoire qui devait être prononcé contre lui, Julie resta muette.

« Hier soir, murmura-t-elle enfin, quand nous avons entendu ce bruit dans le magasin, on volait le brassard. J'en suis sûre ! »

Puis elle ajouta :

« Le commissaire de police rentrait comme nous sortions ; ce n'était pas l'heure de sortir. M. Bancelle s'était vanté près de toi d'avoir quatre cent mille francs en caisse. Le père Bertrand t'a vu compter tes billets de banque, et je lui ai donné à boire.... »

Elle mit sa tête entre ses mains d'un air découragé.

Puis, tout à coup révoltée :

« Qu'importe tout cela puisque tu es innocent ! » s'écria-t-elle.

Puis encore :

« Tout ce que tu feras, je le ferai ; où tu iras, j'irai ; ton sort sera le mien : je suis ta femme.

— Tu es mère aussi, » murmura André qui la regardait en extase.

L'éclair s'éteignit dans les yeux de Julie.

« Pourquoi n'as-tu pas emmené le petit? demanda-t-elle.

— Tu l'as dit toi-même, répartit André doucement : on se cache un jour, deux jours.... »

Elle l'interrompit dans un baiser plein de larmes, disant :

« Si tu me sépares de toi, je mourrai ! »

Et certes, elle était sincère ; André le sentait aux battements de son cœur.

« Tu vivras pour ton mari et pour ton fils, répliqua-t-il.

— Alors, s'écria-t-elle en s'arrachant de ses bras, c'est bien la vérité? J'ai deviné ton dessein ! tu veux rester seul en face de notre malheur ! »

Ce fut d'une voix ferme et presque sévère que le jeune ciseleur répondit :

« Oui, je veux rester seul. Et je dis je veux pour la première fois depuis que nous sommes mariés, Julie. Quand même l'idée de fuir à trois ne serait pas insensée, je ne me résoudrais pas à fuir. Mon père n'était qu'un pauvre homme, mais il m'a laissé un nom sans tache, et sans tache je dois léguer son nom à mon fils.

— Tu espères donc? » demanda Julie attachant sur lui ses grands yeux inquiets.

Comme il gardait le silence, elle ajouta en un véritable élan de passion :

« Si tu espères, pourquoi me chasser?... »

« Mais non ! s'interrompit-elle, tu n'espères pas ! Ta

fuite de ce matin en est la preuve. Elle sera mise à ta charge. Si tu voulais te défendre, il ne fallait pas fuir.

— Je ne suis pas un bien grand savant, dit André, qui réchauffa les belles mains froides de la jeune femme contre ses lèvres, mais nous avons lu ensemble l'histoire ancienne où l'on rapporte les guerres des peuples libres. Quand il s'agissait de vie et de mort pour ces nations héroïques, quand une ville, menacée d'un siége, voulait livrer sa suprême bataille, on expulsait les enfants et les femmes....

— Bouches inutiles, » murmura Julie amèrement.

André s'était repris à sourire.

« Tu ne me fâcheras pas, reprit-il, en dévorant de baisers les pauvres doigts blancs qui tremblaient sous ses lèvres ; tu es injuste, tu es cruelle, mais tu m'aimes et je suis heureux.... Ceux-là dont je parle renvoyaient leurs enfants et leurs femmes, parce qu'ils ne voulaient pas capituler. Quand ceux qu'on aime sont à l'abri, on est fort. Je n'aime que toi, je te cache pour te retrouver après le danger passé. Dès la première menace, j'ai compris la gravité du combat et je me suis interrogé pour savoir quel degré d'énergie j'apporterai dans la lutte. Je t'ai vue près de moi, toi, Julie, mon trésor chéri, mon rêve réalisé, ma félicité si complète et si pure qu'il ne peut rien exister au-delà, pour moi, même dans les joies célestes ; je t'ai vue assise sur le banc des accusés : je ne sais quoi d'ignominieux et d'intolérable, des gendarmes autour de toi et les regards salissants de la foule fixés brutalement sur toi ; j'ai vu cela, tu étais blême, maigre, vieillie, quoiqu'il n'y eût pas plus de quatre semaines ajoutées à ton âge ; ta tête s'inclinait, tes yeux rouges semblaient brûlés par les larmes ; j'ai vu cela et j'ai senti que mon courage défaillait. Tu entends bien, j'ai frémi, j'ai pleuré, j'ai crié à mes juges imaginaires : Sauvez ma Julie et je vous ferai l'aveu du crime que je n'ai pas commis ! Éloignez d'elle ces gardiens, défendez à cette cohue obscène de la souiller des yeux ! Qu'il ne soit plus permis à ces hommes de traîner son nom béni dans leurs entretiens, à ces femmes d'assouvir leur féroce jalousie et vous saurez tout : je suis sorti de nuit avec mon brassard, fabriqué tout exprès pour forcer les caisses à secret, je suis entré dans la maison Bancelle, comment? Que vous importe? Mon brassard n'ouvre pas les serrures, mais sans doute que j'avais des fausses clefs. J'ai deviné les combinaisons de la caisse ; j'ai fait sauter le pène hors de sa gâche avec un levier, je suppose ; nous autres voleurs, nous savons notre état comme vous êtes ferrés sur le vôtre ; la manivelle a joué quand la caisse s'est ouverte : voilà l'incident curieux, n'est-ce pas? Mon bras a été pris dans des griffes d'acier ; mais mon bras était recouvert du brassard. J'ai retiré ma main tout doucement ; le brassard est resté, et j'ai emporté les quatre cents billets de banque que Bertrand, l'allumeur de réverbères, m'a vu compter sur le banc des Acacias. »

Il essuya d'un revers de main la sueur qui ruisselait de son front.

Chose singulière ! Julie ne répliqua point. Elle était pensive : je dirais distraite, si le mot n'était cruel.

André ne voyait point cela, entraîné qu'il était par sa passion de convaincre. Il poursuivait son plaidoyer avec ardeur.

« Les pauvres n'ont guère de mérite à être braves, disait-il riant et suppliant à la fois. Que risquent-ils? Moi, je suis trop riche, j'ai trop à perdre, cela me rend lâche. J'ai demandé à la fuite le temps d'enfouir au moins mon trésor. Quand ma richesse sera en sûreté, quand j'aurai mis à l'abri mon bien précieux, ma Julie adorée, je redeviendrai moi-même, je le sais, j'en suis sûr. Je me défendrai, je combattrai ; il doit bien y avoir quelque lueur pour éclairer ce mystère, je la découvrirai. Ne crains pas que ton absence me nuise ; j'irai franchement, je parlerai net, je dirai : j'ai pris ma vaillance où elle était ; ma femme était ma peur, car je l'aime comme jamais on n'aima ; j'ai retiré de la partie cet enjeu trop lourd et me voici. J'aurais pu fuir comme elle, me voici. Je vous mets au défi de la trouver, mais je réponds pour nous deux, me voici, me voici! Tant qu'il ne s'agit que de moi, j'ai du courage ; bien plus, j'ai de la confiance. La valeur du dépôt fait beaucoup. Tel qui vous donnerait à garder cent louis d'or ne s'en remettrait qu'à lui-même du soin de veiller sur un diamant de cent mille écus. Tous les écus de la terre, tous les louis d'or et tous les diamants du monde ne sont rien pour moi auprès de ma Julie. O juges! ma vie et mon honneur sont à vous, mais mon amour ne relève que de Dieu, et c'est à Dieu que j'ai confié Julie. »

Il avait la tête haute et ses yeux étincelaient. Julie, au contraire, inclinait son beau front. Ses paupières étaient baissées. A quoi songeait-elle? André avait été éloquent, et cependant il ne pensait pas encore avoir gagné sa cause. Il cherchait des arguments nouveaux. Julie demanda en soupirant :

« Comment aller à Paris et comment m'y cacher ? »

Il y avait de la rougeur à sa joue. Elle ajouta incontinent, comme si cette parole échappée lui eût fait honte :

« D'ailleurs, je ne veux pas! Je mourrais de chagrin! Jamais je n'abandonnerai mon mari! »

IX

Une heure d'amour.

Il est des victoires trop complètes qui font mal. Toutes les surprises ne sont pas joyeuses. Il m'a été conté un fait bizarre. Dawsy, le fameux dompteur de serpents, se vantait de mettre la main à première vue et sans préparation sur tout reptile. Un Américain facétieux, car la France n'a pas le monople des « bonnes farces, » plaça un matin un petit serpent noir terriblement taché de jaune, dans la ruelle de Dawsy, son ami, et s'établit à fumer son cigare, guettant les sensations que devait trahir le réveil du dompteur. Celui-ci s'éveilla, vit le petit serpent et sourit. C'était vraiment un homme intrépide, car il ne manifesta d'autre souci que la crainte d'effrayer l'animal. Il avança la main avec précaution et empoigna la bête au cou. Mais à peine l'eut-il touchée qu'il tomba sans connaissance.

Le petit serpent était de carton.

Le contact d'une matière inerte, la surprise, avaient foudroyé cet homme qui venait de sourire froidement à la pensée d'une lutte mortelle.

Dans un ordre d'idées beaucoup moins excentriques, interrogez votre médecin et demandez-lui ce qui arriverait si, en proie à quelque soupçon jaloux, à quelque brutale colère, vous donniez aux muscles de votre jambe l'élan qu'il faut pour enfoncer une porte et que, — je suppose qu'il fasse nuit, — la porte se trouvât grande ouverte.

C'est un proverbe fallacieux que celui qui raille les enfonceurs de portes ouvertes.

Votre médecin vous répondra, en effet, que, neuf fois sur dix, à ce jeu, vous vous casseriez la jambe.

Ce n'est pas sans chagrin, il faut l'avouer, que nous déduisons ces fâcheuses paraboles à propos de Julie Maynotte, la suave et noble créature; mais il faut bien confesser que le jeune ciseleur était un peu dans la position de l'Américain Dawsy et de l'homme qui lancerait un puissant coup de pied dans le vide.

Julie, au lieu de se défendre, avait dit :

« Comment aller à Paris ? Et comment m'y cacher ? »

Et notez que, depuis bien des minutes déjà, elle n'accordait aux naïves éloquences d'André qu'une attention distraite.

Cependant, notre André ne s'évanouit point comme Dawsy et il n'eut rien de luxé dans le cœur.

Non. C'était un âme jeune et vigoureuse, une âme naïve aussi, le mot nous est venu tout à l'heure. Il aimait sérieusement, amplement, saintement, ajouterons-nous, sans souci de la banale emphase. Il y avait en lui du géant, mais de l'enfant. Il ne vit rien que le salut de son idole et il fut heureux.

— Ne te rétracte pas ! s'écria-t-il quand Julie essaya de ressaisir au vol les paroles échappées, ce serait indigne de toi. »

La joue de Julie avait pâli de nouveau, mais elle ne releva pas les yeux.

André reprit presque aussitôt :

« Tu te rendras à Paris par la diligence tout directement et tout paisiblement, fie-toi à moi. Tu y vivras comme tu voudras ; notre argent sera entre tes mains.

« Aurai-je le petit ? l'interrompit Julie.

— Non, répondit André, cela ne se peut pas. Ce serait un indice. Il faut que je sois tranquille à ton sujet. A Paris, tu seras une jeune fille. On cherchera une femme, une mère. Ta sûreté est là.

— Mais notre enfant?...

— As-tu confiance en Madeleine, qui l'a nourri de son lait? »

Julie releva enfin ses grands yeux. Ils étaient mouillés.

« J'étais trop heureuse!... murmura-t-elle....

— Ah! je sais bien cela! s'écria le jeune ciseleur avec angoisse. J'aurai beau faire : c'est encore toi qui souffriras le plus! »

Elle éclata en sanglots; elle eut alors cet élan qui aurait dû venir plus tôt.

« Je t'en prie, je t'en prie, supplia-t-elle, ne m'envoie pas à Paris! »

André sortit de sa poche le portefeuille que nous connaissons et qui contenait les quatorze billets de 500 fr.

« Tes papiers sont là, dit-il, les seuls qui doivent te servir jusqu'au moment où Dieu nous réunira. Tu redeviens ce que tu étais, Giovanna Maria Reni, des comtes Bozzo. Tu ne t'es jamais mésalliée. On traiterait d'insensés les imposteurs qui voudraient établir quelque chose de commun entre toi et le pauvre Andréa Maynotti, dont le père n'aurait pu être admis parmi les valets de ton père. Tu n'es pas riche, tu n'as pas à le dissimuler, puisque les malheurs de ta famille sont connus, mais tu n'es pas pauvre non plus, car, pour passer quelques mauvais jours, tu as toute notre petite fortune. Tu possèdes à Paris des alliés, des parents, le colonel, entre autres : comme tu n'as pas besoin de leur bourse, ils te seront secourables. Tu ne m'écriras pas, parce que cela t'exposerait, — et que pourrais-tu me dire, sinon la noble bonté de ton âme? Je te connais, je sais que tu m'es dévouée, cela me suffit. Moi, je t'écrirai à ton nom de Giovanna-Maria Reni, poste restante, afin que tu aies des nouvelles de notre enfant. Ces choses sont réglées et décidées. Maintenant, j'attends que tu me dises, comme une bonne femme que tu es : mon mari, je suis prête.

— Mon mari, je suis prête, » balbutia Julie parmi ses larmes.

Puis, se pendant à son cou, et du fond de l'âme assurément, elle ajouta :

« Oh! tu es grand! tu es bon! Je t'aime! »

Un instant, ils restèrent embrassés.

« J'ai une faim d'enfer! » dit joyeusement André.

Julie ne bougea pas et devint plus triste.

Il reprit, les deux mains sur ses épaules et les yeux dans ses yeux :

« Nous revenons aux débuts de cet entretien, ma femme, à cette fête solitaire, au milieu de la forêt, qui célébra nos fiançailles. C'est encore le danger autour de nous et nous sommes encore tout seuls, sous le regard de la Providence. A présent comme alors, notre pauvre avenir est couvert d'un nuage que Dieu seul peut dissiper. Ce que je te disais dans nos grands bois de myrtes, je vais te le répéter. Regarde. — Il s'agenouilla. — A présent comme alors, je suis à tes pieds, Julie, mon espérance, mon bonheur bien aimé. Exauçant ma prière, tu me donnas un jour, oh! un beau jour joyeux, amoureux, insouciant et valant toute une longue vie. Le temps nous presse et voici le soleil qui nous avertit. Je ne te demande pas tout un jour, je ne te demande qu'une heure de contentement et d'amour afin que mon trésor doublé se compose de deux adorés souvenirs.

Julie se leva; il la retint et séchant de deux baisers ses yeux humides, il ajouta :

« Je ne veux plus qu'on pleure. »

Julie dit :

« Aujourd'hui comme alors, je suis à toi, mon André chéri, et je ferai ta volonté. »

Elle prit le panier et l'ouvrit. Le pain, le vin, les fruits et quelques mets rustiques furent étalés sur l'herbe. André suivait d'un regard ému ses mouvements gracieux. Il croyait lire au fond de son cœur et lui savait gré passionnément du cher sourire qu'elle mettait comme un déguisement sur ses pleurs.

Et que dire? ses pleurs n'étaient-ils pas sincères? Dieu nous garde d'en douter! André était l'homme de son choix, son premier, son unique amour. Elle s'était mise un jour dans ses bras avec enthousiasme et sans réserve.

Mais tout à l'heure elle était distraite. Ce sont des présomptueux ou des aveugles ceux qui vous font de ces traités intitulés : *La femme*. Si perçante que soit leur vue à leur propre gré, je vous le dis, en face de ces mystères et de ces caprices, de ces transformations et de ces mirages, ce sont des aveugles; si grand que soit leur talent d'observation, si près qu'ils se croient d'atteindre à la divination, ce sont des enfants présomptueux. Tout à l'heure, elle était distraite; une pensée était née au milieu même de son émoi, une pensée qui n'avait trait ni à son mari, ni à son enfant. Pensée coupable? Non, certes! Pensée égoïste peut-être. Il reste des plis profonds, des recoins obscurs dans ces âmes qui varient non-seulement entre elles, mais qui varient sans cesse par rapport à elles-mêmes : richesse prodigieuse de l'œuvre du créateur ! que votre creuset, si vous avez un creuset, analyse neuf cent quatre-vingt-dix-neuf de ces âmes avec intelligence et avec science, vous n'aurez rien fait, puisque la millième se rira de vous, montrant parmi le vice des trésors de vertu ou dans la vertu quelque gangrène cachée, morsure mystérieuse du vice. Dans aucune des autres âmes vous n'aviez trouvé celle-ci, ni rien qui pût vous servir pour la définition de celle-ci. Travaillez donc, dépensez un jour à ce labeur et retournez-vous vers votre trésor de connaissances acquises pour y ajouter cette conquête nouvelle, pour lui donner son rang dans votre collection et comparer, au moins, joie suprême de tous ceux qui colligent.

L'homme des *Mille et une Nuits* trouva des feuilles sèches à la place de ses sequins. Le vent est entré dans votre musée et a bouleversé vos étiquettes. Cela se peut-il, bon Dieu! Vous voilà comme cette poule qui couva des œufs de cane. Il n'a fallu qu'un jour pour entraîner votre classification dans une carmagnole insensée. Voyez vos fioles si bien cachetées : des bouchons ont sauté, laissant le vide éventé à la place de la précieuse liqueur, telle verte cuvée est devenue grand vin, tel noble breuvage a tourné en vinaigre.

Malgré l'emphase des professeurs, la femme n'est pas : il n'y a que des femmes.

Miraculeux présents du ciel, fleurs adorées qui contiennent, comme les simples dont fait usage la médecine, tantôt la vie, tantôt la mort!

Et, en vérité, connaître quelques-uns de ces simples, est déjà une grande œuvre ; ceux qui en sont là s'efforcent et doutent. Les écoliers seuls, vieux ou jeunes, ont cette naïveté de pousser le cri de triomphe et de penser, dans leur orgueil, digne de pitié, qu'ils possèdent la flore complète de ces redoutables parterres.

Julie avait mis le couvert sur un tertre moussu, autour duquel l'herbe des forêts, longue, grêle et toujours verte, même quand la chaleur l'a desséchée, formait un doux tapis. L'ardeur du jour était passée; l'ombre des chênes s'allongeait pendant que le soleil descendait lentement dans l'azur sans nuage. La brise tiède agitait les feuillées. C'était le temps d'aimer.

Tout à l'heure elle était distraite : nous l'avons dit deux fois déjà et non sans amertume. Il n'y paraissait plus. Pourquoi ces sévérités? Elle vint prendre André par la main et le conduisit près du tertre. Ils s'assirent l'un tout contre l'autre et commencèrent leur repas. André voulut, toast silencieux, que la première libation fût partagée et une larme de ce pauvre vin du village humecta leurs lèvres dans un baiser. Au premier moment, ce fut une fête stoïque et comme un défi jeté par le noble jeune homme aux angoisses de la séparation. Puis vint je ne sais quelle joie grave et sereine à mesure que se poursuivaient ces agapes dont la peinture nous serre le cœur. Agape est bien le mot : ceux-là étaient assis au banquet du martyre.

Ils mangeaient et ils buvaient; tout était bon sous l'assaisonnement des divines caresses. Oh! ils s'aimaient; je ne parle plus d'André seulement, et qu'importe cette vague pensée qui traversait naguère le cerveau endolori de Julie? Leurs yeux, qui toujours se cherchaient, parlaient bien maintenant le même langage. Ils s'aimaient d'un seul et grand amour; leurs cœurs se confondaient et leur entretien n'était déjà plus dans les rares paroles qui tombaient de leurs bouches.

Le malheur exalte comme la joie; il y a l'ivresse de la douleur. A qui apprendrai-je que nos sensations et nos sentiments se développent selon cette figure mystique du cercle brisé où les extrêmes se touchent? L'histoire nous montre des sectes enthousiastes cherchant et trouvant la volupté dans la torture. Notre pouls, en somme, ne bat qu'une fièvre dont les modes divers sont la souffrance et le plaisir.

Ils étaient tout jeunes et la fièvre se gagne. La volonté d'André entraîna Julie, puis, la réaction se faisant, le premier élan de Julie provoqua chez André une sorte de religieuse ivresse.

Il est dans notre histoire de France une page qui semble arrachée aux tablettes de la Clio antique, une page gravée par le pur ciseau de Phidias sur un bloc sans tache du plus transparent marbre de Paros. Je ne veux pas écouter ceux qui nient, car chaque fruit a son ver et chaque lumière son aveugle, je veux croire et je vois sur le fond sanglant du tableau de la Terreur ces quelques figures sereines, fermement détachées. C'étaient aussi presque tous des jeunes hommes, ils s'appelaient Brissot, Vergniaud, Gensonné, mais on ne leur sait plus qu'un nom : les Girondins. Quands ils furent pour mourir, ils s'assemblèrent, dit-on, ces amoureux de la liberté ; ils rompirent le pain, ils partagèrent le vin, célébrant avec un doux enthousiasme, au beau milieu de l'orgie qui hurlait et demandait leurs têtes, la solennité de leurs prochaines funérailles.

C'est la légende de ces terribles jours, et l'éloquence mélancolique de leur dernier sourire est illustre.

Le malheur exalte, le péril suprême dégage une suprême poésie. Ils étaient là tous deux, assis à leur dernier banquet avec la solitude pour convive. Le rêve venait, l'extase naissait ; la forêt complice leur prodiguait ses harmonies et ses parfums ; Julie était si belle que l'éblouissement d'André la voyait au travers d'une sainte auréole. Ils rayonnaient d'amour ; leurs cœurs prodigues consumaient à la hâte, en cette héroïque débauche, tout le feu sacré d'une longue vie de tendresse.

Et n'ayez pas défiance : les deux âmes brûlaient bien

à l'unisson. Julie avait tout oublié, immolant l'univers entier dans la pensée d'André. L'idée de mourir ainsi lui vint.

Le temps allait, cependant. Julie, languissante et pâlie, s'agenouilla dans l'herbe et appuya sa tête souriante sur les genoux d'André. Ses cheveux dénoués roulaient comme des flots la richesse de leurs boucles ; son sein battait, je ne sais quelle délicieuse fatigue éteignait la flamme de sa prunelle.

Comme les lèvres d'André cherchaient les siennes, elle dit :

« Il n'y a au monde que toi pour moi ; la toute puissance de Dieu elle-même ne pourrait me donner à un autre que toi ! »

La brise soufflait, mêlant leurs caressantes chevelures, la brise qui écoute et emporte ; les feuillages balancés rendaient leurs grands murmures sur lesquels le rieur concert des oiseaux brodait d'innombrables fantaisies ; le ruisseau donnait sa note monotone, et le soleil oblique perçait au loin sous la futaie noire de longues échappées d'or.

Faut-il que ces songes s'éveillent !...

A la tombée de la brune, la diligence de Caen à Paris changeait de chevaux au relais de Moult-Argences. Une jeune paysanne se présenta et prit une place de rotonde, pendant qu'un jeune homme ayant pour tout bagage un petit paquet grimpait maladroitement sur la banquette. La jeune paysanne avait une valise. Le conducteur, homme du monde comme tous ses pareils, la regarda sous le nez et dit avec une admiration non équivoque :

« Un fameux brin ! ça vaudra cher à Paris ! »

La belle paysanne donna pour la feuille un nom de terroir quelconque : Pélagie ou Goton. Le jeune voyageur de l'impériale, interpellé à son tour, déclara se nommer J.-B. Schwartz, ce qui fit tressaillir un bon gaillard en bras de chemise qui avait apporté sur son épaule la valise de la jeune paysanne.

La diligence, ainsi recrutée, s'ébranla. J.-B. Schwartz enfonça sur ses oreilles un bonnet de coton tout neuf qu'il avait. Un baiser passa par la portière de la rotonde où la belle paysanne pleurait; sur la route, les deux mains tendues de l'homme en bras de chemise tremblaient un adieu.

Il reste là un peu de temps, immobile. Quand le bruit des roues se fut étouffé au loin dans la poudre, il monta dans un tilbury qui l'attendait à l'autre bout du village.

« Allez, Black! dit-il d'une voix ferme et triste. Nous retournons à l'écurie! »

X

André à Julie.

2 juillet 1825.

Je t'ai promis de t'écrire souvent. J'ai passé quinze longs jours à me procurer une plume, de l'encre et du papier. Je suis au secret, dans la prison de Caen. Quand je me tiens à bout de bras à l'appui de ma croisée, je puis voir le haut des arbres du grand Cours et les peupliers qui bordent au loin les prairies de Louvigny. Tu aimais ces peupliers; ils me parlent de toi.

Va, je ne suis pas si malheureux qu'ils le supposent.

Tout me parle de toi. Je vis avec toi; ta pensée ne me quitte jamais un seul instant. Je sais que tu te gardes à moi, et j'ai confiance en la bonté de Dieu.

Ce qui me fait souffrir, c'est que je ne connais pas Paris. Je ne vois rien de ce qui t'entoure. Je ne puis bien me figurer ce que tu fais, où tu vas, la rue que regarde ta fenêtre, l'église où tu pries pour notre cher enfant. Je suis obligé de me retourner vers le passé; je te cherche où je t'avais, dans notre maison des Acacias. Comme je t'aimais, Julie! Et cependant ce n'est rien auprès de la façon dont je t'aime! Non, c'est le plus grand miracle, le seul miracle digne de ce nom: l'affection peut donc grandir encore quand déjà elle emplit tout le cœur! Le cœur grandit pour la pouvoir contenir. Je suis sûr que j'aime davantage chaque jour. Je sens les progrès de ce divin mal, qui est ma vie. Je t'aime comme jamais on n'aima, et je sens que je t'aimerai mieux encore demain. Ils ne peuvent rien contre cela. Je ne suis pas si malheureux qu'ils le pensent.

L'homme qui est chargé de me garder m'a donné une plume, de l'encre et du papier pour de l'argent. Il n'est pas riche; il a deux enfants; il aime sa femme. Pendant les grands froids de l'année dernière, tu avais envoyé des petites chemises de laine aux enfants. Il s'est souvenu de cela, et ne m'a pris que deux louis pour me procurer une main de papier, une bouteille d'encre et trois plumes.

Ma pauvre belle Julie, quand j'ai vu tout cela, j'ai pleuré comme un fou. Il m'a semblé que tu étais là et que j'allais te parler. Figure-toi: la souffrance ne me fais pas pleurer, mais, à la moindre joie, j'ai des larmes.

Et je ne savais par où commencer ni comment te dire cette chose cruelle: Tu ne liras point cette lettre, Julie, du moins il s'écoulera longtemps avant que tu la lises. J'ai réfléchi, depuis que j'ai de quoi t'écrire, et il y a une chose terrible; si c'était un piége! Je pense que Louis, mon gardien, est un brave homme, mais il me croit coupable comme les autres, et tout est permis contre les coupables. Ce doit être un piége. Si je t'adressais une lettre maintenant, ce serait dévoiler ta retraite, à toi, mon adorée complice. Ils iraient tout droit à toi, ils te saisiraient, ils te mettraient en prison.

Toi en prison! toi, ma Julie, toi l'honneur, la dignité, la pureté! Je puis tout supporter; ce que j'endure est loin de dépasser mes forces, et j'éprouve même une bonne et profonde joie à penser que ta part du fardeau est sur moi. Mais si je te savais dans la peine, adieu mon courage qui est encore toi. Je ne connaîtrais plus la Providence, si la Providence te frappait. Je basphèmerais.

C'est un piége, vois-tu, quelque chose me le dit : je n'y tomberai pas. Je sais où cacher cette lettre qui s'allongera sans cesse, et où, quelque jour, tu trouveras tout mon cœur. Comme ils se demanderont ce que je fais de mon papier, j'écrirai d'autres lettres que j'enverrai à Londres, où ils te croient. Tout à l'heure, je vais t'expliquer ceci. Ces lettres-là, qu'ils les lisent, s'ils veulent, qu'ils y cherchent ta trace. J'ai mon secret dans mon cœur.

Ils sont mes ennemis, et c'est une chose bien singulière, ils n'ont pas de mauvais vouloir contre moi. Je n'ai pas beaucoup étudié; il me serait impossible d'expliquer certaines pensées que j'ai, pourtant, et qui sont claires, au dedans de moi. Ma personne leur inspire une sorte d'amitié, c'est mon crime qu'ils détestent. Mais peut-on séparer l'homme de son acte? Et si j'ai commis le crime qui m'est imputé, ne suis-je pas de tout point haïssable !

Je sais qu'il est bien difficile de dire ce qu'on ferait soi-même, dans tel cas donné, à la place d'autrui. A deux points de vue divers, le même objet peut changer de telle sorte qu'on ne le reconnaît plus. Tu te souviens du grand frêne qui était à Chiave, de l'autre côté de Sartène ; la foudre l'avait mutilé ; en venant de Chiave, c'était un débris de bois mort ; en arrivant de Sartène, ses branches vertes et vives le drapaient dans un glorieux manteau de feuillage. Tout est ainsi : la face ne ressemble pas au profil, et notre voisine, Mme Schwartz, ne passerait pas pour louche, si elle voulait ne montrer à la fois qu'un de ses yeux.

Tu vois, je plaisante. C'est pour te dire que le juge d'instruction est doux et bienveillant à mon égard. Tu seras bien aise d'apprendre son nom, car il n'y a pas au Palais de conseiller plus probe et plus digne ; je suis entre les mains de M. Roland, le frère du président, un homme pieux et doux que les pauvres connaissent.

Mais voilà mon malheur, et je crois, malgré mon ignorance, que c'est la maladie même de notre loi française. Un crime commis suppose nécessairement un coupable, et M. Roland a pour mission de trouver le coupable. Chacun tient à honneur de remplir la mission qui lui est confiée. Les petits enfants qui jouaient sur la place, devant notre magasin, avaient un mot qui me fait souvent réfléchir maintenant. Ils disaient de celui qui ne mettait aucune bille dans la fossette, qu'il faisait *chou-blanc*. Et quels rires !

On est enfant à tout âge. Nul ne veut faire chou-blanc. M. Roland ferait chou-blanc si je n'étais pas coupable.

Il faut un coupable, tel est le point de départ. C'est la vérité même, c'est aussi la fatalité.

Il faut si bien un coupable qu'il ne faut qu'un coupable. La loi ne veut pas que le même fait motive deux condamnations, et sa logique, rigoureuse jusqu'à l'enfantillage, laissera le vrai criminel en repos, si quelque bouc émissaire a déjà payé la dette fictive que tout crime contracte envers la répression.

Je n'ai pas seulement du papier, une plume et de l'encre, j'ai un livre que Louis m'a vendu : ce sont les cinq Codes. Notre curé disait qu'il n'est pas bon pour tous de lire la Bible, et que la parole de Dieu, dénuée d'explications, est un breuvage trop capiteux pour certaines intelligences. Je pencherais à croire qu'il en est ainsi du Code, raison plus humble, mais bien haute encore sans doute pour ma simplicité, puisqu'elle m'étonne souvent, et que parfois elle m'épouvante. Je ne parle pas de tout le Code; ce que j'y cherchais, c'était moi; je n'ai donc étudié que la partie pénale et l'instruction criminelle. Ceux qui ont établi cela étaient les premiers parmi les hommes; ils ont mis dans la loi tout leur génie et l'expérience de soixante siècles; leur œuvre m'inspire du respect, mais combien je remercie Dieu de te sentir loin d'ici ! L'artillerie de la loi qui te protégeait hier est braquée aujourd'hui contre toi. Il faut un coupable, nous sommes les coupables qu'il faut, non pas parce que la loi malveillante et injuste nous choisit, mais parce qu'une certaine somme de probabilités suffisante nous dénonce à la loi. Du camp des protégés nous passons dans le camp des ennemis.

Et tu serais comme moi, seule, ne pouvant communiquer même avec moi. C'est la loi. Dans cette lutte de la vérité contre les apparences, tu te présenterais sans armes, affaiblie par la torture morale. Nul bruit du dehors ne pénétrerait dans la tombe où tu mourrais vivante ; je me trompe : un écho sinistre viendrait, je ne sais d'où ni par où, et cette voix en deuil dirait à ton sommeil comme à tes veilles : tu seras condamnée ! Point de défenseur, nul conseil, le blocus de l'esprit, la famine appliquée à l'âme !

Mon bien aimé amour, ton absence est ma consolation et ma force. Tu es libre, tu resteras libre : tant qu'ils n'ont que moi, la moins chère moitié de mon être, je suis comme un prisonnier dont l'âme privilégiée aurait le don de s'élancer au dehors dans les joies de la liberté.

Il faut un coupable, n'est-ce pas l'évidence ? Et que dire à la loi ? Le crime endurci raillerait la miséricorde. Que serait une loi, chargée de museler les bêtes féroces et qui laisserait échapper un tigre, de peur de serrer trop fort ? La loi ne deviendrait-elle pas complice du tigre et des orgies de carnage qui célébreraient sa fuite ?

Je ne suis pas révolté contre la loi, non ; sa raison d'être me saute aux yeux : on la fit contre les tigres. Ses armes conviennent à cette terrible chasse. Or, dans les bois, quand le jour est sombre et le fourré épais, n'arrive-t-il pas qu'une balle s'égare et jette bas un passant au lieu du sanglier qui poursuit paisiblement sa route ?

On était là pour le sanglier. Tout ce qui remuait sous bois devait être sanglier. Il fallait un sanglier. Il faut un coupable.

Que venait faire le passant dans cette forêt ? J'ai connu des chasseurs qui donnaient tort au passant, et lui faisaient encore la leçon pendant qu'on l'emportait au cimetière. — Moi, je ne sais comment nous sommes entrés dans la forêt. Te souviens-tu de ces deux paysans d'Argence, l'homme et la femme? Dès ce temps-là, je me disais : cela peut tomber sur nous. C'est comme la foudre. Et dès ce temps-là, dans ma pensée, je t'abritais contre la foudre.

Ma raison me criait : tu es fou. Peut-être étais-je fou, car ce qui est arrivé chez nous touche à l'impossible. Mais, encore une fois, Dieu soit loué, j'étais prêt; j'avais prévu l'impossible, et tu es sauvée!

Elle était belle, cette pauvre jeune paysanne. Quand je t'ai vue déguisée en paysanne, le soir de ton départ, il m'a paru que tu lui ressemblais. Le mari avait l'air doux et triste. Tout était contre eux, excepté mon cœur qui me criait : ils ne sont pas coupables.

Le mari est au bagne, la femme en prison : tous deux séparés l'un de l'autre pour toujours!

Julie, je n'irai pas au bagne. Il y a des moments où je me sens la force de terrasser dix hommes. Est-ce la fièvre? Je ne crois pas que ce soit la fièvre....

.... Mon juge est venu avec son greffier. C'est la sixième fois. Je me défie de Louis, car M. Roland a vu de l'encre à mon doigt, et il a souri.

C'est encore un jeune homme. L'étude a fatigué ses yeux et pâli sa joue. Il est marié depuis cinq ans; depuis quatre, il est père. Une fois, comme il entrait, mon gardien lui a demandé des nouvelles de sa femme, et à la façon dont il a répondu, j'ai vu qu'il l'aimait.

C'est lui qui portait la parole dans l'affaire des époux Orange. Il n'était alors que troisième avocat général. On disait qu'il irait loin, et ce procès lui fit honneur. Cependant, il y a au pays d'Argence une bête féroce qui se vante d'avoir tué le vieil homme.

Il est doux, je le crois bon. Il apporte un soin extrême à savoir, mais à savoir que je suis coupable. Sa conviction est faite; il cherche seulement à l'étayer par un surcroît de preuves.

Il a la religion de sa mission, et je ferais serment qu'il n'y a rien en sa conscience sinon un pur dévouement à son devoir. Il faut un coupable, je suis le coupable : nous ne sortons pas de là dans mes interrogatoires.

Mes dénégations ne sont qu'une forme. Il les accepte comme la lettre du rôle que je dois jouer nécessairement, comme nécessairement il joue le sien.

Je puis bien te dire cela, Julie, puisque de longtemps tu ne liras cette lettre. — Quand tu la liras, tout sera fini. — Je puis bien te dire que ton absence est à ma charge. Dès mon premier interrogatoire, j'affirmai que tu avais trouvé passage à bord d'un caboteur au petit port de Langrune, et que tu étais en route pour Jersey. Dans leur pensée, tu emportes les quatre cent mille francs. Et comment leur pensée serait-elle autre? Je suis coupable.

Pourtant M. Roland a une femme qu'il aime.

Mais il est homme d'honneur, et pour se rendre raison de la conduite d'un criminel, un honnête homme doit-il replier sa pensée sur sa propre conscience? Évidemment non. Je suis coupable, toute ma conduite est d'un coupable. Une fois ceci admis, les choses changent de nom. La femelle d'un cheval est une jument. La femme d'un malheureux tel que moi est une complice.

Entre mon juge et moi, la question n'a pas marché depuis le premier jour. Mes réponses ne lui ont rien appris. J'étais coupable, je suis coupable. L'unique moyen d'améliorer ma position est un aveu sincère. Il n'y a pas de doute en lui. Son travail est de rendre clair pour autrui ce qui, pour lui-même, est manifeste.

Quand je le quitte, je puis l'affirmer du fond du cœur, je n'ai ni rancune ni colère. Cet homme, plus intelligent que moi, savant autant que je suis ignorant, probe jusqu'à l'austérité, n'ayant d'autre passion qu'une ambition légitime, n'a pas la volonté de me nuire. L'idée d'un tort qu'il pourrait me causer en dehors de l'accomplissement de son devoir lui ferait horreur, j'en suis sûr. Il est rouage, il tourne dans le sens normal de son mouvement. A une heure, mon avocat viendra; rouage aussi, qui tournera en sens contraire.

M. Roland m'a demandé aujourd'hui si j'avais à me plaindre de Louis, de ma nourriture. Il veut que je sois bien.

Je suis bien, puisque aucune des cellules de la prison n'est pour toi, ma Julie; je suis bien, puisque tu m'as donné cette preuve de tendresse de garder ta chère liberté; je suis bien; je ne me plains pas; et qui sait si, dans cette salle du palais de justice, où ils seront assis au-dessous du crucifix, la lumière ne se fera pas?...

.... J'ai dîné, on m'a apporté du vin. La dernière fois que j'ai bu du vin, nous étions deux pour le même verre. Tu te souviendras longtemps de cette heure, ma femme chérie; moi, je m'en souviendrai toujours. Pleures-tu? J'ai peur de tes larmes. Je voudrais tant te donner au moins la consolation de me lire! Je suis tout content, ce soir, parce que j'ai trouvé un moyen de te faire parvenir des nouvelles du petit. Je vais dormir plus tranquille.

Mais, avant de dormir, je veux entamer au moins mon récit. Les jours sont longs, et il y a encore du soleil là-bas, à la cime des peupliers. Jusqu'à présent, j'ai parlé de choses qui sont au-dessus de ma portée. Pour une triste exception, que la loi brise, elle sauvegarde la société tout entière. Il y a de l'égoïsme dans mon fait.

Je raconte. En te quittant, je ne saurais pas dire tout ce que ressentait mon pauvre cœur. J'éprouvais à la fois de la joie et de l'angoisse. Mais, d'abord, ce voyageur de l'impériale, qui a le même nom que notre commissaire de police! Un moment je fus terrifié. Puis je me souvins de ce jeune homme pâle et maigre qui était venu la veille, dans notre magasin, demander M. Schwartz. De temps en temps, il en arrive comme cela d'Alsace, et ils s'en vont chercher fortune ailleurs. Celui-là s'en allait comme les autres.

Quel bon cheval que ce Black! En une demi-heure, il me conduisit à la maison de la bonne Madeleine, notre nourrice. Je lui dis tout uniment que le petit était malade par le mauvais air de Caen, et qu'il fallait venir le chercher. Elle prit ta place dans le tilbury sans demander d'autre explication. Avec celle-là, tu n'as rien à craindre; elle est la mère du *fiot* presque autant que toi.

Black reprit le galop, et la bonne femme se mit à bavarder. Je n'avais pas le cœur à lui donner les explications qu'elle voulait. Je lui dis seulement que l'enfant pourrait bien rester du temps chez elle.

« Toujours, s'il veut, » répondit-elle.

Nous arrivâmes à Caen après la nuit tombée. Dans les rues basses, personne ne remarqua le tilbury, mais il fut reconnu vers la préfecture, et les gens commencèrent à le suivre. J'allais bon train, la foule aussi; quand je débouchai aux Acacias, la cohue criait derrière moi.

« Qui qui veulent, les fainéants? demandait Madeleine. C'est-i aujourd'hui carnaval?

— Ma femme est en Angleterre, répondis-je; moi, je vais être arrêté; l'enfant n'a plus que vous. »

Elle resta bouche béante et me saisit le bras, puis elle dit :

« On a donc fait un méchant coup, l'homme ? »

Je répliquai :

« Nous sommes innocents, ma bonne Madeleine. »

Black s'arrêtait devant la porte cochère qui était fermée. J'avais parlé ainsi machinalement, dans la préoccupation où j'étais que l'accusation allait éclater. Madeleine est de Normandie ; elle s'écria :

« Ah ! les malheureux, ils disent tous cela ! »

Ainsi, Madeleine elle-même, notre bonne Madeleine ! Les bras me tombèrent. Madeleine ne savait rien de cette série de hasards qui nous déguisent en coupables, et Madeleine était prête à admettre l'accusation, n'importe laquelle.

Il est vrai qu'elle ajouta :

« Le petit fiot n'est pas cause. »

La foule arrivait. Comme je descendais, le loueur et son palefrenier s'élancèrent contre moi. M. Granger s'écria :

« Ah ! scélérat ! tu as voulu nous faire tort du cheval et de la voiture ! »

Le moyen de voler un cheval et une voiture n'est pas de les ramener l'un traînant l'autre à la porte de leur maître. Madeleine sentit cela et prit le loueur au collet en l'appelant *ibécile* et *innocent de raison;* comme le palefrenier vint au secours de son maître, elle tira de ses poumons le grand cri des bagarres normandes :

« A la force ! à la force ! »

Et subsidiairement, comme elle le dit tout au long, car ils apportent en naissant le don de procédure, elle menaça nos voisins d'une plainte pour injures, voies de fait, mauvais traitements ; elle fixa le taux des dommages-intérêts exigés, lançant comme autant de Montjoie-Saint-Denis les noms de son avocat, de son avoué et de son huissier.

La force appelée était là ; elle n'avait pas loin à courir. C'était d'abord la cohue qui nous suivait, toujours grossissant depuis les environs de la préfecture ; c'étaient ensuite les gens de notre maison et les voisins qui s'élançaient hors de chez eux en tumulte ; c'était enfin la gendarmerie, doublée de la police, qui sortait de la promenade, car, depuis le matin, le logis n'avait pas cessé d'être cerné.

Je ne connais pas ma vigueur. As-tu oublié cette soirée où les gens du comte Bozzo-Corona, ton cousin de Bastia, voulurent me jeter hors du chemin que suivait son carrosse ? Je n'avais pas dix-huit ans. Il y eut trois valets couchés dans la poussière et la voiture fut renversée au rebord du talus. Je n'aurais pas su dire moi-même comment cela s'était fait. L'insulte avait envoyé du sang chaud à mon visage, et j'avais frappé d'instinct, sans le vouloir, comme on marche et comme on respire. Il y eut ici quelque chose de pareil ; seulement, j'ai pris de la puissance depuis ma dix-huitième année. La foule, les voisins et les gendarmes se ruèrent sur moi tous à la fois. J'étais là pour me livrer prisonnier, mais je n'avais pas deviné une semblable attaque ; elle me surprit et je la repoussai malgré moi. Il y eut des blessés ; j'avais frappé ; un large cercle se fit autour du tilbury.

Madeleine me criait :

« Pas les gendarmes ! ne touchez pas aux gendarmes, monsieur Maynotte : c'est sacré, ça ! »

Puis elle ajoutait, fière et heureuse :

« Ah ! c'est un gars, celui-là ! Ne faut pas le tutoyer, sarpejeu ! »

J'entrai sous la voûte qu'on venait d'ouvrir, et d'un

temps je montai l'escalier du commissaire. Je poussai la porte. M. Schwartz était absent, mais Éliacin, dont la toilette me parut être un peu en désordre, tenait un fleuret boutonné à la main ; la servante avait une broche, et Mme Schwartz portait une paire d'énormes pistolets.

« Je viens parler à M. le commissaire de police, dis-je.

— Feu ! s'écria Mme Schwartz, folle de terreur. Il va m'assassiner. Je vous ordonne de faire feu ! »

Fort heureusement, son bataillon n'avait que des armes blanches, et elle ne songeait point elle-même à décharger ses deux pistolets ; sans cela, mon heure avait sonné. Je croisai mes bras sur ma poitrine, après avoir détourné la broche dont la servante me portait vaillamment un coup en plein visage. J'ouvrais la bouche pour déclarer que je renonçais à toute résistance, quand notre ami le palefrenier, me prenant par surprise, noua ses deux bras autour des miens par derrière. Dix personnes se jetèrent sur moi aussitôt, et je fus terrassé, presque étouffé.

J'entendais qu'on disait :

« Ah ! le coquin !

— Ah ! l'enragé !

— Il aurait fait la fin de quelqu'un !

— Des pistolets plein ses poches !

— Et pas d'argent !

— Où sont les quatre cent mille francs !

— Cet autre filou de Bancelle prendra cette occasion de faire faillite !

— Et tout le moyen commerce de Caen est ruiné du coup !

— Ah ! l'enragé ! ah ! le coquin ! ah ! le bandit ! Liez, garrottez, enchaînez. Il faut le garder vivant pour le voir à la guillotine ! »

La voix aiguë de Mme Schwartz perçait comme une vrille ce vacarme confus. C'était elle qui disait : « Liez, garrottez, enchaînez ! » Je ne saurais nombrer combien de cordes on me mit autour du corps. Quand tout fut fini, elle arriva avec la chaîne du puits et me la fit serrer autour des jambes en grommelant :

« Ça fait des yeux en coulisse à tout le monde ; ça se coiffait en cheveux ; ça attirait tous les galouriaux de la ville ! »

C'était toi, ma pauvre femme, qu'elle garrottait et qu'elle accablait. Tu étais trop belle ! Elle me punissait de ta beauté.

Je n'avais pas prononcé une parole. On me jeta comme un paquet dans le bureau d'Éliacin, où on me laissa couché sur le carreau. Le tumulte était à son comble : chacun se vantait bruyamment de la part qu'il avait prise à la victoire, et la servante répétait avec triomphe :

« Un peu plus, je l'embrochais comme un carré de veau ! »

L'arrivée de M. Schwartz mit fin à l'orgie. Il revenait du cirque Franconi à son heure ordinaire. L'hymne des vainqueurs l'effraya comme une émeute. Il renvoya la foule, gronda sa femme et me fit enlever les trois quarts de mes liens. Avec le quart restant, on aurait garrotté trois hommes dangereux.

Éliacin fut chargé de rédiger un rapport constatant que j'avais été arrêté armé jusqu'aux dents. La maison était en fièvre. M. Schwartz m'interrogea, et je vis bien qu'il avait grand'peine à ne pas se prendre pour un héros. Le message qu'il envoya au parquet avait la courte emphase d'un bulletin du *Moniteur* en temps de guerre. *Veni, vidi, vici*, écrivait César, premier inventeur des bulletins : la dépêche de M. Schwartz traduisait habilement ces trois prétérits et laissait percer un légitime espoir d'avancement. Il était désormais le créancier de la société.

Du reste, il ne me fit subir aucun mauvais traitement et imposa plusieurs fois silence à sa femme, qui ne pouvait se consoler de la fuite de la coquine. La coquine c'était toi.

Madeleine avait perdu sa fierté. Une fois passé le premier mouvement de colère, elle s'était accotée dans un coin. Neuf paysannes sur dix auraient pris la clef des champs à sa place, mais c'est une digne femme. Malgré sa frayeur et le peu de fond qu'elle fait assurément sur notre innocence, elle resta fidèle à son mandat.

« Mon commissaire, dit-elle avec une humble fermeté, le fiot n'est pas cause. Je vas l'emporter à la maison. »

Il y eut conseil. Mme Schwartz était d'avis qu'on la chargeât de fers jusqu'à ce qu'elle révélât la retraite de la coquine ; mais M. Schwartz fit observer que la mère essayerait bien quelque jour de se rapprocher de son enfant, et qu'alors....

Souviens-toi de ce que tu m'as promis, ma Julie. Je t'ai confiée à toi-même et je n'ai que toi. L'enfant est en sûreté, je te réponds de lui. N'essaye pas !

Ce ne sont pas de méchantes âmes, pourtant. Devine où notre petit avait passé la journée ? Chez le commissaire, avec Mme Schwartz, qui l'avait comblé de sucreries et de caresses. Je l'ai vu sur ses genoux. Quand Madeleine est partie, Mme Schwartz a embrassé notre cher enfant, et ses yeux me semblaient moins dépareillés, car j'y voyais briller une larme.

« Ah ! si c'était à nous ! » disait-elle.

Ils ont un fils pourtant.

Mais je crois qu'elle disait cela à ce rousseau d'Éliacin.

L'adieu de Madeleine fut ainsi :

« Quand même vous seriez fautifs de ceci ou de cela, le fiot n'est pas cause ! »

Je couchai, cette nuit, dans le bureau de police, gardé par trois gendarmes. Tu roulais vers Paris. Chaque fois que l'horloge sonnait, car j'entendis toutes les heures, je pensais :

« Elle a fait deux lieues. »

Cette voiture, c'est encore Caen. J'attendais le moment où je pourrais me dire : « Elle est hors de cette diligence et plongée au plus profond de Paris, qui est grand comme la mer. »

Si grand qu'il soit, dès que je serai libre, oh ! je saurai bien t'y trouver ! Il me semble que j'irais droit à toi dans la nuit même, comme les Mages allaient à Bethléem. Notre amour a son étoile.

Le lendemain, dès le matin, je fus conduit sous escorte au palais de justice. La ville était encore déserte ; il n'y eut pour m'insulter que de rares passants. Sais-tu à quoi je pensais ? à ces Bancelle, qui étaient si heureux ! A toutes les invectives qu'on me lançait se mêlaient des injures contre M. Bancelle.

« Il est ruiné, disait-on, et sa ruine rejaillit sur cent familles ! »

C'était un honnête homme ; sa femme avait de la hauteur, mais elle se montrait charitable ; et te souviens-tu de ses beaux enfants ?

Au palais, je subis le premier interrogatoire légal. Le conseiller instructeur, M. Roland, me demanda l'emploi de mon temps dans la nuit de la veille. Je répondis que j'avais dormi dans mon lit. Le greffier secouait la tête et souriait discrètement.

Mais j'omets le début : je donnai mon vrai nom d'Andréa Maynotti, mon âge et le lieu de ma naissance. Quant à ce qui te regarde, je déguisai complétement la vérité, parce que le nom corse que tu portes à Paris eût découvert ta trace. Je dis, prenant pour toi le nom de la pauvre douce fille qui est morte à notre service en Provence :

« Ma femme est Julie Thièbe, des îles d'Hyères. »

Voici l'interrogatoire :

« Où avez-vous été mariés?

— A Sassari de Sardaigne.

— Pouvez-vous fournir votre acte de mariage?

— Ma femme a en sa possession tous nos papiers.

— Où est votre femme?

— Sur la route de Londres.

— Pourquoi a-t-elle pris la fuite?

— Parce que je l'ai voulu.

— Pourquoi l'avez-vous voulu?

— Parce que j'avais vu, à la cour d'assises, une fois, la femme Orange assise auprès de son mari. »

M. Roland fronça le sourcil à cette réponse. Le greffier écrivait. L'interrogatoire continua.

« Aux environs de minuit, vous étiez sur un banc de la place des Acacias, avec votre femme?

— Cela est vrai.

— Vous comptiez de l'argent et vous parliez de la caisse Bancelle?

— Je comptais des billets de banque et je rapportais une conversation qui avait eu lieu entre M. Bancelle et moi.

— Vous vous exprimez nettement, vous avez reçu de l'éducation?

— J'ai souvent désiré m'instruire.

— Où est l'argent que vous comptiez?

— Je l'ai confié à ma femme.

— Pourquoi comptiez-vous de l'argent à cette heure et en ce lieu?

— Parce que j'annonçais à ma femme que nous étions en état de quitter Caen pour monter une maison à Paris.

— D'où vous venait cet argent?

— De mon commerce.

— Il y avait une somme très-considérable?

— Il y avait quatorze billets de cinq cents francs. »

Ici, une pause assez longue, pendant laquelle M. Roland prit lecture de la rédaction de son greffier.

« Vous étiez possesseur, poursuivit-il, d'un brassard d'acier damasquiné? »

Le brassard était sur la table du greffe, avec plusieurs clefs et la mécanique de la caisse Bancelle.

« Le voici, dis-je en le désignant, je le reconnais.

— Ce brassard a servi à la perpétration d'un crime.

— Je l'ai su.

— Comment l'avez-vous su?

— Je me trouvais par hasard à portée d'entendre une conversation qui a eu lieu chez mon voisin, le commissaire de police.

— Par hasard? » répéta M. Roland.

Je répétai, moi aussi :

« Par hasard. »

Il me fit signe que je pouvais parler, si j'avais une explication à fournir. J'exposai la situation des lieux et leurs conditions accoustiques. J'ajoutai :

« C'est par suite de ce que j'entendis que l'idée me vint de mettre ma femme à l'abri.

— Votre conscience vous criait de prendre garde?

— Ma conscience était tranquille, mais je voyais surgir des circonstances capables d'égarer la justice.

— Vous saviez que vous seriez arrêté ?

— Le commissaire l'avait dit en propres termes. »

M. Roland réfléchit encore une fois et murmura, comme s'il n'eût parlé que pour lui-même :

« Ce système de défense ne réussira pas, bien qu'il ne manque ni de convenance ni d'adresse : »

Puis il reprit :

« André Maynotte, vous paraissez bien décidé à ne faire aucun aveu ?

— Je suis décidé à dire la vérité tout entière.

— Quelqu'un vous a-t-il acheté ce brassard ?

— Non. Quand je me suis éveillé hier, je me croyais sûr de l'avoir dans ma montre.

— Alors vous allez dire qu'on vous l'a volé ?...

— Je le dis en effet et je l'affirme sous serment.

— Cela est tout naturel, quoiqu'il eût mieux valu ne point vous parjurer.... M. Bancelle ne vous avait-il pas fait le compte des valeurs que renfermait sa caisse ?

— J'ai déjà répondu oui.

— N'avait-il pas frayeur du brassard ?

— Il en avait frayeur.

— N'était-il pas sur le point d'acheter ce brassard ?

— Je devais le lui porter le lendemain.

— Il était donc opportun d'opérer cette nuit-là même.... Quels moyens avez-vous employés pour forcer la caisse ? »

C'était ici la première question impliquant brutalement ma culpabilité. M. Roland vit le rouge que l'indignation portait à mon visage, et son œil attentif exprima une sorte de surprise. Il ajouta :

« Vous avez le droit de ne pas répondre.

— Je répondrai ! m'écriai-je. Je n'ai pas ouvert la caisse de M. Bancelle ! Je suis un honnête homme, mari d'une honnête femme! Et si c'est assez dire pour moi, cela ne suffit pas pour elle. Ma femme....

— On assure qu'elle a des goûts de luxe au-dessus de son état, » m'interrompit-il.

Puis il me demanda, après avoir consulté sa montre :

« André Maynotte, refusez-vous de reconnaître ces fausses clefs ? »

Je refusai. Sur un signe, le greffier fit à haute voix lecture de l'interrogatoire que je signai. M. Roland se retira. Le greffier me dit :

« Elle aura de quoi s'acheter des fanfreluches et des perles aussi, là-bas ! »

Il n'y a qu'un pas du palais à la prison. Je fus écroué au secret.

Quand je me trouvai seul dans ma cellule, une sorte d'hébêtement me prit. Les événements de ces quarante-huit heures passèrent devant mes yeux comme un rêve extravagant et impossible. Je faisais effort pour m'éveiller. A chaque instant, il me semblait que j'allais entendre ta douce voix qui chassait loin de moi le cauchemar, cette saison où j'eus la fièvre lente. J'attendais ton cri secourable :

« André ! mon André ! je suis là ! »

Tu étais là; c'était ma maison. Mon premier regard tombait sur les rideaux blancs qui entouraient le petit berceau. Je sortais de je ne sais quels dangers horribles, mensonges de ma fièvre, pour rentrer avec délices dans la réalité qui était le bonheur.

Mais aujourd'hui, j'eus beau appeler le réveil, il ne vint pas, désirer ta voix, elle ne se fit pas entendre. Il n'y avait ni songe ni mensonge. J'étais ici à ma place tout au fond de mon désespoir.

Tu étais là, pourtant, toujours là, ange qui présides à mes douleurs comme à mes joies. Dans la nuit de mon découragement, la première lueur qui brilla, ce fut toi. Je me dis :

« A cette heure, elle est à Paris ! Elle est sauvée ! »

Et je me mis à bâtir un château dans l'avenir.

J'ai relaté mon premier interrogatoire tel qu'il fut et aussi complétement que mon souvenir me le rappelle, parce que je ne veux pas y revenir. Tous les autres furent à peu près semblables, sauf des détails que je noterai. Ce qui me resta de cet interrogatoire, ce fut le sentiment, la saveur, si j'osais m'exprimer ainsi, de ma perte. Mon affaire se posait sous un certain jour qui déplaçait si fatalement l'évidence, que tous mes efforts devaient être inutiles. J'avais conscience de cela ; je l'avais eue, du reste, avant la fuite et dès le premier moment. La ferme incrédulité de mon juge me sautait aux yeux avec une navrante énergie. Ce que je disais n'existait pas pour lui. Mes prétendus mensonges n'excitaient pas sa colère : j'étais dans mon rôle, mais ils allaient autour de son oreille comme un vain son.

J'avais attendu de sa part moins de mansuétude ; je le remerciais en moi-même de son calme en face du crime manifeste, car mon malheur était de sentir jusqu'à l'angoisse la force des indices accumulés contre moi. Il arrivait avec sa science de jurisconsulte, avec son expérience de magistrat, avec la certitude de sa méthode, servant d'auxiliaire à une très-notable faculté de pénétration naturelle. Il était sûr de lui-même. Il n'avait pas les défiances des faibles. Il entrait d'un pas solide et sans tâtonnements dans un ordre de faits qui excluait jusqu'au doute.

Son devoir était tracé : je mentais, il fallait me confondre.

Et cette tâche était si facile qu'elle n'excitait point sa verve ; il suivait sans passion la route trop battue, hors de laquelle, pour le jeter, il eût fallu un miracle.

Ce fut une soirée cruelle, une nuit lente. Dormais-tu ?

Vers trois heures après minuit, quelques instants après le passage de la dernière ronde, un bruit sourd commença de se faire quelque part autour de moi : je n'aurais pas su dire si c'était à droite, à gauche ou à l'étage inférieur. C'était, je crus le deviner, un travail de prisonnier minant la pierre de taille de sa cellule, œuvre lente et patiente. Cela s'arrêtait par intervalles, pour reprendre et s'arrêter encore.

J'écoutais ; ce bruit me berçait. Je m'endormis comme autrefois je m'éveillais ; j'allai à ta voix qui m'appelait ; ton sourire sortit de l'ombre et tout l'essaim de mes pauvres bonheurs voltigea autour de mon sommeil.

Louis m'apporta ma soupe : un garçon de bonne humeur qui sait toutes les chansons à boire et qui les chante sur des airs de psaumes. Il lui est défendu de me parler ; aussi m'a-t-il raconté une demi-douzaine d'histoires qui ont eu pour lieu de scène la cellule même où je suis. Cette cellule, selon lui, a logé bien des victimes innocentes : des guillotinés, des forçats, pauvres bibis ! c'est son mot. Il m'appelle Bibi et me chante : Remplis ton verre vide, sur l'air du *Magnificat*.

La cellule a aussi logé un personnage légendaire sur le compte de qui Louis ne s'explique pas. L'Habit-Noir, tel est le sobriquet que Louis donne à cet homme qui dépensait, dit-il, bien de l'argent dans son trou et qui fut acquitté, faute de preuves. Te souviens-tu qu'on nommait ainsi, chez nous : *Veste nere* — les-Habits-Noirs, — les faux moines du couvent de la Merci ?

La soupe était bonne.

« L'appétit n'est pas trop déchiré, mon Bibi? me dit Louis pour entrer en matière. Ça prouve qu'on est en paix avec sa petite conscience, pas vrai? Je parie un sou que nous sommes innocent comme l'enfant Jésus! »

Il n'y avait aucune espèce de méchanceté dans cette raillerie, et je ne m'en fâchai point.

« Tous innocents! reprit-il. Ah! mais! le monde est à l'envers, c'est sûr! Je n'ai jamais gardé que des saints.... Dites donc! il a fait beau cette nuit ; la petite femme doit être à Jersey, maintenant!... Bon! bon! qui est-ce qui vous demande vos secrets? Mais pour quant à ça, puisque vous aviez la clé des champs, ce n'était pas le cas de revenir chercher votre parapluie ou votre mouchoir de poche.... quoiqu'on est très-bien ici dedans, ce n'est pas l'embarras, surtout quand on a sauvé quelque petit argent pour se payer les douceurs de la vie, café, liqueurs, tabac et autres. Mais, mon état n'est pas de bavarder, pas vrai? A revoir, mon Bibi. L'ouvrage ne manque pas par ici.... L'Habit-Noir fumait des cigares de cinq et buvait du champagne! »

Il s'éloigna, non sans m'avoir adressé un bienveillant salut, et je l'entendis marcher dans le corridor en psalmodiant sur le plain-chant des vêpres : « Si je meurs, que l'on m'enterre dans la cave où est le vin.... »

Le café, les liqueurs et le tabac m'étaient positivement indifférents. Je n'avais pas osé encore lui demander ce qu'il fallait pour écrire, et c'était là pourtant la seule *douceur* qui pût me tenter.

Vers une heure après midi, je fus mandé au greffe, où m'attendait M. Roland. Quand je revins, j'entendis pendant quelques instants ce bruit mystérieux dont j'ai parlé. En mettant mon oreille contre les carreaux, puis contre le mur, il me sembla que le travail se faisait à la droite de mon lit et à l'étage même où j'étais.

A midi, j'avais eu mon second repas, à sept heures du soir j'eus le troisième. Je pensais qu'on me ferait prendre l'air sur quelque terrasse. Il n'en fut rien.

Le lendemain, ce fut de même, et aussi le surlendemain.

Sauf les visites chantantes de Louis et mes interrogatoires, je suis avec toi toujours. Il y a, cependant, une autre chose qui m'occupe : ce bruit de travail souterrain. Je l'entends plusieurs fois dans la journée et la nuit, toujours à la même heure, après le passage de la troisième ronde....

3 juillet. — Mon sommeil a été lourd et plein de rêves. Est-ce que tu souffres davantage, Julie ? Moi il me semble que j'étais plus fort les premiers jours. Il y a des instants où la marche de cette instruction me jette dans des colères véritablement folles. Puis je retombe à plat. Je n'ai plus ni vigueur ni ressort. En d'autres moments, j'attends avec une impatience d'enfant l'heure où je dois être mandé au greffe ; je souhaite la présence de M. Roland ; j'ai besoin d'entendre la voix d'un homme.

Les visites de Louis sont mes parties de plaisir.

J'ai sollicité quelques minutes de promenade dans le préau et M. Roland n'a opposé à mon désir aucune résistance. Seulement, on fait retirer tout le monde du préau quand j'y descends, et ce préau est plus triste que ma cellule elle-même.

Louis a laissé tomber ce matin quelques mots d'où j'ai conclu que, pour de l'argent, il se chargerait volontiers d'une lettre. Je n'ai pu cacher qu'une vingtaine de napoléons. Pour causer avec toi, Julie, comme je les donnerais joyeusement, et avec eux une palette de mon sang! Mais j'ai fait la sourde oreille. Je subirai jusqu'au bout ce supplice de Tantale. Une imprudence pourrait les mettre sur ta trace. — L'Habit-Noir entretenait une correspondance suivie avec des personnes comme il faut.

Mes interrogatoires roulent dans un cercle; M. Roland ne sort pas de la fiction qu'il a adoptée. Je ne dis pas qu'il l'ait créée, note bien cela, car mon estime pour son caractère grandit, et il est certain qu'il subit la fatale pression des apparences; il les groupe, il les consolide, il les appuie, et quand elles présentent quelques lacunes, il s'efforce de faire une reprise à ce tissu troué. Il y a des heures où je vois cela sans passion. Chaque art a son entraînement, et ceci est un art.

Il y a aussi des heures où je suis pris d'un amer dédain pour notre misérable nature. Qu'y a-t-il au monde de plus grand que la société elle-même, de plus haut montés que les hommes qui la gardent? Que respecter ici bas, si l'on découvre tout-à-coup des défaillances dans la loi? Dieu reste, il est vrai! Dieu! l'éternelle promesse, auprès de qui, hommes et choses ne sont que poussière....

Mais je suis triste, mais je prie mal; j'avais besoin de toi pour prier bien.

Ce n'est peut-être qu'un moment, et demain j'aurai mon courage.

5 *juillet*. — Je n'ai rien écrit hier. Je t'ai dit tout. Il n'y a de nouveau que ma fièvre. On m'a envoyé un médecin. Le médecin a commandé qu'on me donnât du vin de Bordeaux et des viandes rôties. Louis est jaloux de moi. Je n'ai ni soif ni faim.

Il a fait de la pluie, ce matin, et j'ai senti l'odeur lointaine des arbres mouillés, car c'est l'air libre qui entre par ma fenêtre grillée. Bonté du sauveur! tu aimais ce parfum et tu sortais sur la porte de notre maison pour voir les gouttelettes briller au feuillage des tilleuls. Pleut-il où tu es? et cela te fait-il penser à moi? Je souffre.

14 *juillet*. — Je ne crois pas avoir été en danger de mort, mais la maladie m'a cloué sur mon lit. Le médecin de la prison est venu me voir jusqu'à trois fois le jour. M. Roland m'a témoigné de l'intérêt. — Mais il me croit coupable. C'est désormais chez lui une foi robuste, comme celle du chrétien à la loi divine. Le doute lui semblerait monstrueux; il a peur de douter.

Je me suis levé aujourd'hui pour la première fois. Pendant ma fièvre, j'entendais mieux ce bruit sourd qui vient de la cellule voisine.

Il n'est pas difficile de faire parler ce bon Louis. L'hôte de la cellule voisine est le nommé Lambert, cabaretier, impasse Saint-Claude, qui est accusé d'assassinat et qui doit être jugé à la prochaine session, comme moi.

Je crois qu'il est de ces instants de fièvre où l'esprit est plus lucide. C'est là quelquefois, j'en suis sûr, ce que les spectateurs froids appellent le délire. Ce n'est pourtant pas la fièvre qui donne ces idées, mais elle les couve et les développe.

A la suite d'un de mes derniers interrogatoires, j'avais eu comme une vague perception de ce fait qu'un homme hardi pouvait exploiter cette fatalité judiciaire: *il faut un coupable*, résumée et complétée par l'axiome: *il ne faut qu'un coupable*. Je ne saurais me rappeler ni dire quelle parole de M. Roland avait fait naître en moi cette idée. — Si fait pourtant! M. Roland avait prononcé ces mots ou quelque chose d'analogue avec une dédaigneuse pitié:

« Pour admettre votre système de défense, il faudrait supposer un homme ou plutôt un démon, poussant la scélératesse jusqu'au génie et se préoccupant, au moment même où il commettait le crime, des moyens d'égarer la justice.

— Est-ce impossible? demandai-je, frappé aussitôt par cette idée.

— Non, me fut-il répondu. Le germe de cette préoccupation existe chez tout malfaiteur. Quiconque va fuir a, comme le gibier, l'instinctif besoin de cacher sa trace.... »

Et c'est étrange comme, en ce moment, la mémoire ses propres paroles du magistrat me revient précise et nette. Il ajouta :

« Mais ce sont là de pures spéculations, et dans l'espèce, on serait obligé de faire à l'impossible des concessions énormes. Ainsi le coupable de fantaisie aurait dû, non-seulement combiner ce plan de spoliation, ingénieux déjà jusqu'à paraître romanesque, mais encore choisir ses moyens, de telle sorte que l'instrument employé vous accusât précisément, vous, innocent, et qu'aussitôt l'accusation née, une réunion de vraisemblances accablantes.... »

Il s'arrêta et haussa les épaules.

« Et cependant, reprit-il en prévenant ma réplique, nous ne nous reconnaissons jamais le droit de mettre notre raison à la place de l'enquête. Nos investigations ont dès longtemps devancé vos soupçons. Il y avait deux hommes.... non pas dans la situation où vous êtes, pris en flagrant délit moral, si l'on peut ainsi s'exprimer, tant l'évidence vous étreint et vous terrasse.... mais enfin deux hommes qui pouvaient nous être suspects. Il n'y avait rien contre eux, sinon des coïncidences. Passant par dessus ce fait que votre culpabilité les absout et échappant à toute pétition de principe, nous avons tourné vers eux l'œil de la justice. L'un, le plus important, voyageur du commerce, qui a vendu la caisse à M. Bancelle, était absent de Caen à l'heure du crime ; M. le commissaire de police a connaissance personnelle de son alibi. L'autre, jeune homme nécessiteux, à la recherche d'une place, avait demandé asile pour la nuit à ce même fonctionnaire, ce qui exclut toute idée d'expédition nocturne ; l'autre.... Tenez, Andréa Maynotti, voyez la différence : pendant que votre femme se cache comme si la terre se fût ouverte pour nous la dérober, l'autre a repris sous son vrai nom, le chemin de Paris, où il vit, sous son vrai nom encore, dans une condition modeste et très-voisine de la gêne. Celui-là, je vous l'affirme, moi qui m'y connais, n'a pas emporté de chez nous quatre cent mille francs.... D'ailleurs, comprenez bien : nous ne sommes ni la cour ni le jury, nous sommes l'instruction : vous aurez des juges.

Ce fut tout. Et c'est de là que l'idée naquit, puis grandit, puis devint l'obsession de ma fièvre.

Ma fièvre donna un corps à l'idée : elle vit un homme, l'homme de l'alibi, — ou l'autre, le chercheur de places qui était à Paris, — entrer avec préméditation dans mon magasin, le soir du crime, et voler le brassard, non pas seulement comme instrument tout particulièrement propre à la perpétration du vol, mais aussi, mais surtout, comme arme défensive contre le châtiment.

Cet homme se glissait dans l'ombre de ma pauvre maison. Il souriait ; il était sûr de son fait ; il emportait de chez nous bien plus que le produit du crime, il emportait l'impunité.

Il ne faut qu'un coupable. Cet homme me garrottait

dans son forfait comme on lie un malheureux, surpris à l'heure du sommeil....

16 *juillet*. — Ma fièvre va tous les deux jours maintenant. Je sens la guérison venir. Je suis très-calme. Je comprends qu'il soit difficile d'admettre cet échafaudage de raisonnements, reposant sur une hypothèse. J'en suis toujours à mon idée, Julie, ma pauvre femme. Hier, c'était ma fièvre : l'idée était si nette à mes yeux que je ne concevais plus la possibilité du doute.

Mais fais donc réflexion : ils ont le coupable sous la main, tout paré des preuves qui le condamnent. Par quelle aberration, abandonnant sa proie pour l'ombre, la justice irait-elle poursuivre un feu follet, un démon comme dit M. Roland, un être invraisemblable et fantastique?

Et pourtant, tout est étrange dans cette cause. Cela devrait mettre en garde ces esprits pleins de clairvoyance et d'expérience. Puisque la combinaison même du crime est ingénieuse jusqu'au romanesque, selon les propres expressions du conseiller instructeur, pourquoi s'arrêter au beau milieu du roman? Celui qui a eu la pensée de laisser mon brassard dans les griffes de la machine a pu, a dû avoir aussi la pensée de me laisser moi-même entre les serres de la justice.

Ma tête est bien faible encore. Cette idée devient fixe et me rendra fou.

J'en ai parlé à Louis, qui m'a répondu : « J'ai ouï parler de ce *truc*-là. On disait que l'Habit-Noir en mangeait. »

Je ne l'ai donc pas inventé! C'est un *truc*, comme on dit au bagne et au théâtre, une formule mécanique, un procédé connu, employé....

Oh! que je suis seul, mon Dieu! Que tu me manques douloureusement, Julie! Il semble que je sois, au fond de cet abîme, devant un torrent qui me sépare du sault. Cette idée, qui est la vérité, cette révélation plutôt, car elle a l'autorité de ce qui vient d'en haut, cette idée est la planche à l'aide de laquelle je traverserais le gouffre. A nous deux, nous pourrions la soulever.

L'esprit s'effraye : c'est l'étude appliquée au mal, le perfectionnement scientifique de la perversité, la philosophie du crime. Et quoi de plus simple? C'est élémentaire comme toutes les grandes inventions. Deux coups au lieu d'un, voilà tout, et l'assurance contre la justice est instituée. Un coup en avant pour le profit, un coup en arrière pour la sécurité. La comptabilité criminelle a ainsi sa partie double, la victime d'un côté, le coupable de l'autre, l'avoir et le doit, le crédit et le débit. L'autre méthode était l'enfance de l'art.

J'ai conscience de raisonner froidement, mais tous les aliénés sont dans le même cas : voilà l'angoisse.

19 *juillet*. — M. Roland me regarde comme un scélérat très-habile. J'ai parlé, j'ai eu tort. Il m'applique à moi-même tout ce que je disais naguère des malfaiteurs philosophes.

Il y a un côté artiste dans le juge. Ceux qui sont connaisseurs ne peuvent manquer d'être amateurs. M. Roland a souri en me disant : c'est un système de défense très-curieux.

Il m'étudie avec un certain plaisir.

L'instruction ne pouvait être bien longue, en présence des éléments qu'elle possède. Le brassard tout seul peut passer pour une évidence, et j'ai lieu de croire qu'il y a contre moi des témoignages accablants. Aujourd'hui, M. Roland m'a dit que je serais jugé à la session qui va s'ouvrir dans quelques jours.

Demain ou après demain, je connaîtrai l'acte d'accusation et l'on introduira près de moi le défenseur, nommé d'office, qui doit m'assister devant la cour.

Je sais son nom, c'est M. Contentin de la Lourdeville, un jeune homme presque mûr, assez riche, apparenté solidement et qui veut se hisser.

Il n'a pas la réputation d'être aussi éloquent que Mirabeau. Mon ami Louis ricane en parlant de lui et l'appelle Ça-et-ça. C'est, à ce qu'il paraît, son sobriquet au palais. Le choix de mon défenseur m'importe peu. Moi seul pourrais plaider ma cause, si l'usage le permettait et si j'avais le don de la parole.

L'homme travaille toujours à côté de moi. Il ne sait pas qu'il a un confident.

20 *juillet*. — L'homme a fait des progrès depuis que je suis ici. On entend bien plus distinctement le bruit du métal qui gratte la pierre. Je ne sais pourquoi je m'intéresse à son œuvre avec tant de vivacité. C'est un vulgaire assassin; il a tué de sangfroid, pour quelques centaines de francs que le messager de Fécamp portait dans sa sacoche, mais si Louis est bien informé, voici une chose surprenante : ce malheureux, dont le cabaret sale et pauvre ne s'ouvrait qu'à des escrocs de bas étage, à de véritables mendiants, avait en sa possession une somme considérable en or et en billets de banque.

Je cherche l'affaire Bancelle partout. L'or et les billets de banque de la caisse Bancelle ont dû être cachés quelque part. Je voudrais voir cet homme.

22 *juillet*. — A trente pas en dehors de ma porte fermée j'ai reconnu M. Cotentin de la Lourdeville que je n'avais jamais vu. D'ordinaire, je distingue le pas de Louis à une bien plus grande distance; le pas de Louis est du peuple; avec le pas de Louis, il y avait aujourd'hui un pas pédant, solennel, dandiné, prétentieux. Les souliers avaient ce cri des canards de bois qu'on

donne aux petits enfants et qui posent sur un soufflet trompette.

Pendant que la clef de Louis tournait dans la serrure, j'entendais une voix zézéyante qui déclamait de cet accent coupé, avantageux et plein de sonorités balancées qu'on prend, quand on sait son état, pour porter le toast de Lafayette dans les banquets politiques.

« Ce sont, disait cette voix, des restes odieux de la barbarie féodale. Je possède la question sur le bout du doigt. Les murs sont trop épais, les fenêtres trop étroites, les corridors trop noirs, les clefs trop grosses, les serrures trop massives. Nous appartenons à un siècle qui verra de grandes choses.... et puis ça et ça : L'air malsain, les préjugés du moyen âge.... D'un autre côté, s'il fallait démolir toutes les prisons de France par sensiblerie.... Et puis à quoi servent toutes ces déclamations?... Les libéraux ont beau jeu à égarer l'opinion.... Jamais les prisonniers ne vécurent dans des conditions si favorables.... Et puis ça et ça.... En un mot, il y a deux thèses bien distinctes.

La porte s'ouvrit. Entra un petit bonhomme demi-chauve, bien chaussé, bien couvert, propre, rose, dodu, ayant un nez tapageur, des yeux incroyablement vifs, mais qui ne disaient rien, une bouche énorme, dessinée en plaie et de grandes oreilles sans ourlet. Le bruit de canard de carton que faisaient ses souliers quand il marchait semblait être un ramage naturel.

« Maître Cotentin, votre conseil, annonça l'ami Louis.

— Cotentin de la Lourdeville, rectifia mon joli défenseur. Une drôle d'affaire, à ce qu'il paraît! Entrons en matière, et sans préambule, s'il vous plaît. La journée n'a que vingt-quatre heures. Je vous dispense du soin de me dire que vous êtes innocent.... et ce qu'ils chantent tous, et puis ça et ça.... Avons-nous un alibi? »

J'ouvris la bouche pour répondre, mais il me la ferma d'un geste bienveillant :

« Alibi est un mot latin qui signifie *autre ici*, ou ailleurs, si vous le préférez. Vous avez tous des alibis: voyons le vôtre ou les vôtres.

— J'ai passé la nuit chez moi, » glissai-je pendant qu'il reprenait haleine.

Il examina ma couverture, l'épousseta légèrement de trois ou quatre coups de badine et s'assit sur le pied de mon lit.

« Farceur! murmura-t-il. En petit jeune homme bien tranquille!... Et qui prouvera que vous avez passé la nuit chez vous?

— C'est à l'accusation de prouver le contraire, ce me semble. »

Il enfla ses joues et assura ses lunettes d'un petit coup de doigt gracieux. Je n'avais pas d'abord remarqué ses lunettes, tant elles faisaient étroitement partie de lui-même.

« Farceur! farceur! répéta-t-il. Tous, les mêmes! Ils couchent avec leur Code!... Quant à l'accusation, elle se porte bien, vous savez? Si j'étais juré, moi je vous condamnerais les yeux bandés.

— Si telle est votre opinion.... commençai-je.

— Mon garçon, m'interrompit-il, l'avocat exerce un sacerdoce. La veuve et l'orphelin, vous savez? Ça et ça. Parlons raison. A votre âge, vous ne connaissez pas, dans toute la ville de Caen, quelque petite dame qui aurait été ou qui aurait pu être votre bonne amie et chez qui vous auriez pu passer la nuit en question?

— Non, » répondis-je seulement.

Il m'eût semblé mal séant de dire à ce gros petit homme tout l'amour que j'ai pour toi.

« Voilà des mœurs! grommela-t-il en levant les yeux au ciel. A votre âge! »

Puis, prenant un air régence qui lui allait à ravir :

« Ah ça ! cette belle petite Mme Maynotte avait donc bien bonne envie d'être une grande dame ?

— M. Cotentin de la Lourdeville, lui dis-je sèchement, il ne s'agit ici que de moi. Je suis innocent, comprenez bien cela, et de plus honnête homme. Je ne veux pas être défendu au moyen d'alibis boiteux ou autres demi-preuves. Il me faut pour appui la vérité, il ne me faut que la vérité. »

Il m'adressa en signe de tête protecteur et répondit :

« Eh bien ! mon brave garçon, déboutonnons-nous. Je ne serais pas fâché de savoir un peu comment vous entendez être défendu, dans votre petite idée. »

Je songe maintenant à des choses qui jamais ne s'étaient approchées de mon intelligence. La captivité a dû faire des philosophes. Hier encore, malgré les souvenirs de mon éducation chrétienne, je ne distinguais pas nettement la Providence de la fatalité. Aujourd'hui, la fatalité me fait peur et je tends mes deux mains jointes vers la Providence ; car, séparés que nous sommes, Julie, par l'espace et par l'erreur, elle nous réunit tous deux sous son regard éternel.

Et, cependant, je crois de plus en plus à cette fatalité qui m'effraye. La menace de ce terrible malheur a toujours été sur moi. Tout enfant, je frissonnais à la vue d'une prison ; ce que j'écoutais le mieux parmi les récits de mon père, c'était l'histoire de Martin Pietri, notre grand oncle maternel qui mourut à Bastia, sur l'échafaud, en prenant Dieu à témoin de son innocence. Quand il fut mort et bien mort, on trouva chez un vieux prêtre atteint de démence les vases sacrés qu'il était accusé d'avoir dérobés dans l'église de Sartène.

La légende de là Pie Voleuse a des milliers de variantes, et je ne sais pourquoi j'allais cherchant à savoir tout ce qu'on a écrit et dit, depuis le commencement du monde, sur les erreurs judiciaires.

Tu étais bien jeune, et pourtant tu dois te souvenir de cette belle tête blanche qu'avait le vieux Jean-Marie Maddalène, l'avocat des pauvres. C'est une grande et noble chose que la fonction de l'avocat. Mon défenseur, M. Cotentin, ne ressemble pas beaucoup à Jean-Marie Maddalène, mais ce n'est pas non plus un homme sans intelligence : c'est un petit homme.

Pouvais-je ne pas lui dire mon idée? Je la dis aux murs de ma prison. Il m'a écouté sans trop d'impatience, chantonnant parfois et se faisant les ongles avec des cartes de visite dont les angles lui servent à cela.

« Un coup de marteau! m'a-t-il répondu paisiblement; un petit coup de toc ! On pourra plaider la folie.

— Mais je ne suis pas fou! me suis-je écrié.

— Parbleu! l'histoire du brassard le prouve bien, mon garçon. Mais cette imagination du fantôme qui travaille à votre place, laissant tout sur votre dos, est bonne à noter. En somme, nous ne sommes pas trop malheureux: il y a de l'effet à faire dans tout ça. C'est original en diable ! Et la belle Maynotte met là-dedans le *quantum sufficit* de romanesque.... Nous dirons ça et ça, et puis ça.... »

Il a sauté sur ses pieds en se frottant les mains, et je pense qu'il court encore.

23 *juillet*. — Ça-et-ça vient de revenir. La session commence mercredi. Il prétend qu'on ferait un roman avec mon idée.

« Mais, ajoute-t-il, ce n'est pas un plaidoyer. Pour un plaidoyer, il faut des choses palpables, des faits : ça et ça ! »

Il est jaloux du ministère public et se voit prononçant le réquisitoire.

Mais tout est donné à la faveur ! L'avocat général est le neveu d'une dame qui a été en pension avec la cousine du professeur de piano d'une nièce de l'ami intime de M. Martignac. Ça et ça ! Allez donc contre ça ! et ça !

Je ne sais pourquoi l'approche de la session me donne une confiance extraordinaire. Tous les soirs, je m'endors en songeant au jury. Les jurés sont des hommes choisis parmi les meilleurs de la cité. Quelle admirable institution ! Je te reverrai, Julie.

25 juillet. — M. Cotentin de la Lourdeville essaye depuis dix ans d'entrer dans la magistrature. Il m'a confié que l'injustice du pouvoir allait le jeter dans l'opposition. Il le déplore. Aveugle pouvoir ! Et puis ça et ça ! Il vient de me communiquer la liste du jury pour nos récusations. J'ai un jury excellent : tous honnêtes gens, la plupart commerçants. Je ne vois pas une seule récusation à faire.

On dirait que le travail de mine de mon voisin l'assassin est dirigé du côté de ma cellule. Le mur doit être singulièrement aminci entre lui et moi, car je l'entends chanter maintenant. Son avocat est M. Cotentin de la Lourdeville. Il a un alibi.

28 juillet, mercredi. — La session est ouverte. M. Cotentin n'est pas venu : il plaide ; mon voisin n'a ni travaillé ni chanté ; il est au palais; son affaire ouvre la session. J'ai la fièvre. Je viens septième. Ce sera pour le 8 ou le 9 août.

Six heures du soir. — Le voisin rentre. Il chante.

29 juillet au soir. — Le voisin est condamné à mort.

1ᵉʳ *août*. — Il a travaillé cette nuit plus longtemps et plus fort qu'à l'ordinaire. Qu'espère-t-il? La prison a un cachot spécial pour les condamnés à mort.

M. Cotentin est venu me dire qu'il avait produit beaucoup d'effet dans cette affaire du cabaretier Lambert. Il interjette appel en cassation. Je suis plus abattu, et quand je te vois, Julie, tu n'as plus ton sourire. Je prie Dieu ardemment; il me semble que je devine les heures où tu pries toi-même, car je sens alors la chaleur qui revient à mon cœur.

J'ai donné à Louis des lettres pour toi. Elles sont adressées à Londres et ne te parviendront pas, mais il fallait égarer ses soupçons. Déjà, plusieurs fois, il m'avait demandé ce que je faisais de mon papier. Celle-ci, ma femme bien aimée, la vraie lettre, quand donc la mouilleras-tu de tes larmes?

Je fais de mon mieux pour qu'elle ne soit pas trop triste. Ah! s'ils voulaient m'acquitter, que de joie!

4 *août*. — Je suis seul! je suis seul! Louis a un congé: c'était presque un ami. M. Roland n'a plus affaire à moi: qui expliquera cela? je m'étais pris à l'aimer. Enfin, M. Cotentin n'est pas venu depuis trois jours. Je suis seul. J'écoute ce condamné qui travaille et qui chante. Il m'arrive de croire, tant son œuvre est sourde, qu'il use la pierre avec ses ongles. Serait-ce mon devoir de le dénoncer? En aurais-je seulement le droit? Je ne sais.

Je t'ai vue, cette nuit, dans le rayon de soleil qui passait entre les branches, là-bas, sous la futaie de Bourguebus. Pauvre dernier repas! Lequel était le plus beau de ton sourire ou de tes larmes?

Je suis avec toi toujours; mais la plume me tombe des mains. J'ai trop de tristesse.

6 août. — Courage! m'a dit M. Cotentin ; j'ai mes effets! ça et ça! ils ne s'attendent pas au moyen que j'ai trouvé. Ils éloignent de la magistrature les gens véritablement capables. Ils verront de quel bois on se chauffe!

J'ai voulu connaître ce fameux moyen qu'il a trouvé. Impossible!

Je me suis informé aussi pour mon voisin. On le laissera dans sa cellule actuelle, jusqu'à ce qu'il soit statué sur son recours en cassation.

C'est demain qu'on me juge. Courage, en effet, courage!

7 août, au soir. — Je sors de l'audience. Je ne suis pas malade. Tout s'est passé comme je l'avais prévu, exactement, rigoureusement. L'acte d'accusation est terrible par sa modération même. C'est dans cet acte qu'on voit bien l'homme, l'inconnu, le démon qui m'a choisi comme bouc émissaire, afin de donner le change à la justice. Oh! celui-là n'en doit pas être à son coup d'essai! Il est passé maître! Je dis qu'on le voit. Moi, du moins, je le vois, je le suis, je le touche. Chacune de ses ruses m'est apparente. Il me semble impossible que cette œuvre de mensonge ne se trahisse pas aux yeux de tous.

Mais c'est le contraire qui arrive. On ne croit plus au démon. Je suis là, pourquoi chercher plus loin? Il s'est mis dans ma peau, car je ne puis exprimer autrement ma pensée, et il m'a incarné dans son crime. Il est loin, je suis là. Personne ne voit que moi.

Je suis le fils de cette sombre terre où la vengeance est une religion. Chose singulière, jamais une pensée de vengeance n'était entrée en moi. Je portais une arme, là-bas, en Corse ; c'était pour te défendre. Pour te défendre, j'aurais tué, certain que j'étais de mon droit; mais, le danger passé, ma haine était morte.

Un soir, il y a de cela deux semaines, je sentis mon cœur battre. Comment dire cela? l'émotion qui me tenait, poignante et brûlante, me rappelait les premiers tressaillements de mon amour. Ici comme là, il y avait de l'angoisse et de la volupté. Mon idée naissait, l'idée fixe qui me montre notre ennemi préparant notre ruine. J'ai hésité avant de comparer ma haine et mon amour, mais c'est que tout mon amour est dans ma haine. Cet homme m'a séparé de toi.

Ce que j'appelle mon idée, Julie, c'est la vengeance de notre pays corse. Elle me tient ; elle n'a pas grandi depuis le premier moment, car elle emplissait déjà tout mon cœur. Mon cœur serait trop étroit pour deux amours ; il n'y faut que toi seule, et tu y gardes toute la place. La haine est entrée dans les pores de mon amour comme deux liqueurs se mêlent dans le même vase. C'est pour toi que ma justice à moi a jugé cet homme et l'a condamné.

Que ce soit demain ou dans vingt ans, la sentence sera exécutée.

Je le chercherai, je le trouverai, je l'écraserai.

8 *août*. — Ils ont témoigné contre moi. Aucun d'eux n'a menti. M. Schwartz, le commissaire de police, a dit qu'il nous avait rencontrés à onze heures du soir ; le père Bertrand, l'allumeur, a raconté l'histoire du banc ; M. Bancelle, lui-même, et si tu savais combien d'années le malheur de quelques jours peut accumuler sur la tête d'un homme ! M. Bancelle, que j'ai eu peine à reconnaître, a rapporté notre conversation au sujet du brassard.

Il est là, figure-toi, le brassard, et chacun le regarde ; il est là parmi les pièces de conviction. Les gens se le montrent du doigt et l'on chuchote. C'est la partie mystérieuse et curieuse de l'affaire. On chuchote :

« Quelle invention ! Il y a longtemps que la Cour d'assises n'avait été si divertissante ! »

Je le regarde, moi aussi. C'était lui qui complétait notre petite fortune ; c'était lui qui allait exaucer tes souhaits et te donner Paris....

On se bat à la porte pour entrer. Ce matin, tout l'auditoire a frémi et presque applaudi, quand M. Bancelle a murmuré de sa pauvre voix si changée :

« C'est peut-être moi qui lui ai donné l'idée du brassard ; je lui en ai proposé mille écus, parce que j'avais comme un pressentiment. Et c'est moi qui lui ai montré les quatre cent mille francs qui étaient dans ma caisse ! »

M. Bancelle était fier autrefois ; les gens de Caen ont été durs envers lui depuis sa chute, mais la Cour d'assises est le spectacle. Les crocodiles y pleurent. Le président a été obligé d'arrêter les malédictions qui tombaient sur moi de toutes parts.

Mme Bancelle a suivi son mari. Elle est enceinte. Elle fut bonne pour toi autrefois ; elle l'a rappelé. Tu as été maudite.

Toi, Julie ! Je te dis que cet homme a mérité la mort.

Il est venu cinquante-deux témoins. Chacun d'eux avait quelque chose de vrai à dire, et tout ce qu'ils ont dit est contre moi. Je cite un exemple : le mercier qui demeure en face de M. Bancelle a déclaré m'avoir vu, la veille du crime, regarder attentivement la fenêtre par où le voleur s'est introduit. Cette fenêtre est celle du boudoir de madame, et M. Bancelle m'avait chargé, le jour même, de lui trouver des vitraux pour l'orner.

J'ai répondu cela. L'auditoire a souri avec admiration. Je passe pour un scélérat bien habile !

9 *août*. — Aujourd'hui, j'ai souffert le martyre. J'ai entendu le réquisitoire et le plaidoyer de mon avocat.

Le réquisitoire a vivement impressionné le jury, dont la conviction me paraît faite. L'éloquence de l'avocat général a groupé les probabilités de telle façon qu'une certitude en jaillit : je suis perdu, je le sais ; mon espoir est ailleurs désormais.

M. Cotentin a fait de l'effet.

Dieu est avare de miracles, et il faudrait un miracle pour me sauver.

10 *août, au soir*. — Ce matin, Louis m'a annoncé que le pourvoi du voisin était rejeté.

A quatre heures j'ai été condamné.

Je suis comme si je rêvais. J'ai été condamné à vingt ans de travaux forcés.

Il est sept heures du soir. Voilà deux heures que je suis rentré et que j'essaye d'écrire cette ligne.

Ce qui m'empêche d'écrire, ce n'est point la souffrance. Je ne souffre pas plus aujourd'hui qu'hier. Mais j'ai comme un cauchemar. Je vois quelqu'un entre toi et moi. Si je devenais fou, ma folie serait de croire que notre ennemi t'aime.

Comme tout s'expliquerait, alors !...

Ce fut le dernier mot. La plume demeura immobile et suspendue au-dessus du papier. L'encre eut le temps d'y sécher.

André Maynotte, pâle, amaigri, défait, avait la tête penchée sur sa poitrine. Ses yeux ardents regardaient le vide. La lueur du couchant qui venait d'en haut par la lucarne frappait sa chevelure en désordre, éclairant parmi des masses d'un noir de jais quelques fils révoltés et crispés qui semblaient être de cristal.

Les bruits de la ville venaient avec la voix du vent qui jouait dans les peupliers de la plaine. On n'entendait que cela. Par intervalles, pourtant, un murmure sourd s'élevait, chant monotone et enroué qu'une sorte de frottement régulier semblait accompagner.

Le frottement était si voisin que le regard d'un étranger se fût porté involontairement vers la partie de la muraille qui était en face de la croisée ; si voisin, qu'après avoir examiné, on se fût étonné de voir intactes les larges pierres de taille du cachot.

Ainsi arrive-t-il souvent dans les vieilles maisons de campagne, quand on écoute le travail invisible d'une souris, cachée derrière un lambeau de tapisserie.

Mais ici, point de tapisserie. La pierre grise était nûe.

André Maynotte n'écoutait ni les murmures du dehors, ni ces bruits plus prochains qui semblaient sortir de la pierre. Sa méditation l'absorbait. Deux fois il mouilla sa plume et deux fois l'encre sécha.

L'horloge du Palais sonna huit heures.

André Maynotte poussa un long soupir et laissa tomber la plume.

« J'ai tout dit ! » prononça-t-il à voix basse, sans savoir qu'il parlait.

Il se leva et gagna son pauvre lit d'un pas plein de fatigue. Ces quelques jours l'avaient vieilli de dix ans.

Quand il se fut couché tout habillé, ses yeux restèrent grands ouverts et fixés dans le vague.

Neuf heures du soir sonnèrent ; la nuit était noire ; puis dix heures. André Maynotte dormait dans la position qu'il avait prise. Sans le souffle lent qui agitait faiblement sa poitrine, en aurait dit un mort.

A onze heures, le gardien ouvrit la porte et visita le cachot. André Maynotte ne s'éveilla point.

Le gardien sourit et dit:

« N'empêche que la petite femme a vingt mille livres de rentes, à présent! »

Le bruit qui sortait de la pierre avait cessé quelques minutes avant la venue du gardien; quelques minutes après son départ, il reprit.

Mais on ne chantait plus.

Et l'ouvrier semblait s'animer au travail.

Un rayon de lune passa par la lucarne, oblique d'abord et mince comme une lame; puis il tourna, dessinant carrément l'ombre des barreaux sur le mur.

La lucarne avait cinq barreaux, deux dans la largeur, trois dans la hauteur: de beaux gros vieux barreaux portant des traits de lime, en barbe, pour déchirer les mains qui eussent voulu les secouer.

Le rayon descendait en même temps qu'il tournait, parce que la lune pleine montait au ciel. Un instant vint où il glissa sur le front blême d'André Maynotte.

C'était un beau jeune homme, et Julie l'eût aimé plus chèrement dans son martyre. Toute la noble bonté de son âme était sur son visage.

Non, il n'avait pas tout dit. Il n'avait pas dit quel était le grand moyen de son avocat. Après avoir plaidé toutes sortes de choses, et puis ça et ça, M. Cotentin avait abordé tout à coup ce chapitre qui brûle, dit-on, en Normandie et ailleurs : les ruses des banqueroutiers. C'est là un vaste champ. On y peut semer toutes les fantaisies comme en cet autre clos où se cultivent les rouries du vol émérite. Les journaux judiciaires arrosent incessamment ces marais fertiles, exposition permanente des plus gros fruits et des plus belles fleurs du mal. Le grand moyen de Cotentin consistait à montrer M. Bancelle placé entre une échéance écrasante et une caisse vide. M. Bancelle avait accueilli froidement autrefois une demande de crédit qui eût mis Cotentin à même de contracter un joli mariage. Cotentin gardait rancune. On voit des assurés qui mettent le feu à leur maison pour avoir la prime : M. Bancelle avait dévalisé sa propre caisse !

Ça et ça ! comprenez bien ! Une pareille machination n'est pas partout invraisemblable. Cotentin avait un homme à sauver, en définitive....

André Maynotte se leva et affirma que les quatre cent mille francs étaient dans la caisse du banquier. Il les avait vus.

Cotentin avait compté là-dessus. Son effet était tout prêt : mais je ne sais qui prononça le mot : comédie.

Or, si la défiance, cette chère denrée, manque jamais au marché, là où vous serez, faites un tour en Normandie. L'effet rata, selon la propre expression de Mᵉ Cotentin de la Lourdeville.

Il resta acquis que l'avocat et l'accusé s'étaient entendus, les deux gaillards !

On leur en sut gré, au point de vue de l'art.

Mais quand, à la fin de son plaidoyer, l'avocat bas-normand, arrivant à l'émotion obligée, représenta son client comme un pauvre agneau, dominé, subjugué, mené par une femme ambitieuse et perverse, André Maynotte lui imposa silence avec tant d'énergie qu'un frisson monta de l'auditoire au banc des jurés. Autre effet manqué. Celui-là n'était pas un enfant qui se laisse conduire.

M. Cotentin put s'écrier dans le couloir :

« Je l'aurais sauvé s'il avait voulu ! Et sans alibi ! Rien qu'avec ça et ça ! »

André Maynotte avait vengé sa femme insultée.

Le rayon de lune, qui, maintenant, glissait sur son visage, allait frapper la muraille juste à l'endroit où s'entendait le travail mystérieux. Ces lueurs nocturnes sont immobiles en réalité, mais parfois, sous le regard, elles semblent vaciller. Il en était ainsi. On aurait dit, en ce moment, que la pierre de taille, large et carrée, sur laquelle tombait le rayon, remuait; bien plus, on aurait dit qu'une rainure quadrangulaire se creusait autour d'elle à chaque instant plus profonde. Cela faisait illusion.

Et le son produit par le travail invisible aidait à l'illusion. L'ouvrier ne grattait plus, il frappait. Chaque coup donnait un mouvement à la pierre.

Était-ce une illusion seulement? Sur la dalle, des graviers et des morceaux de ciment tombaient. La pierre chancelait; la dalle blanchissait.

La pierre bascula; ce n'était pas une illusion; puis la pierre versa en dedans, ouvrant soudain un large trou noir.

Et tout aussitôt une voix joyeuse s'écria:

« Salut, la lune! J'ai calculé juste; nous voilà dehors! »

XI

Une visite.

Une tête se montra dans le noir du trou et s'éclaira vivement, frappée en plein par la lune. C'était une grosse figure, colorée avec violence et accentuée brutalement. Elle exprimait à cette heure un contentement triomphant, mêlé à une curiosité avide. Ceci au premier instant, mais bientôt elle refléta une nuance de cauteleuse inquiétude.

Ces sauvages de notre civilisation sont prudents au milieu même de leur audace. Le cri de joie qui saluait la lune, c'est-à-dire le dehors, l'espace, la liberté, avait jailli de lui-même, mais ce fut l'affaire d'un instant. Notre homme n'était pas au bout de sa peine, il le savait, bien qu'il ne mesurât pas du premier coup toute la vanité de ses espoirs.

La tête avança avec précaution hors du trou et se pencha comme on fait pour sonder le vide. Évidemment, ce premier regard voulait mesurer une vaste profondeur ; il se heurta à la dalle éclairée et l'homme devint pâle.

Il releva les yeux ; il vit seulement alors qu'entre lui et la lune qui venait de l'éblouir, il y avait une fenêtre, fermée par des barreaux de fer.

Un blasphème sourd sortit de sa gorge. Le sang lui monta au visage.

« Chien de sort ! grommela-t-il ; je n'ai fait que changer de cage ! »

Les veines de son front se câblèrent, pris qu'il était d'une colère folle. Puis la pâleur revint plus terreuse à ses traits que le découragement affaissait.

« N, i, ni, c'est fini ! dit-il encore. D'ici deux heures, je n'ai pas le temps de percer l'autre muraille ! »

Il fit un mouvement pour se retirer. Sa face peignait l'angoisse de la bête fauve acculée. Au moment où il allait disparaître dans l'ombre du trou, l'homme sembla se raviser ; un effort brusque remit sa tête au niveau de l'ouverture, en pleine lumière, et ses yeux élargis s'attachèrent fixement sur les barreaux même de la lucarne.

L'espoir naissait, un grand et subit espoir ; sa bouche épaisse eut comme un sourire, et des gouttes de sueur brillèrent à ses tempes.

« Si c'était ici la case de l'Habit-Noir? prononça-t-il tout bas et d'une voix qui tremblait. Ce serait trop de chance! »

La tête passa hors du trou, puis les épaules, — péniblement, car l'homme avait une puissante carrure. Dès que les deux mains eurent touché le sol, l'homme se trouva debout. Nous eussions reconnu alors, malgré sa tête rase et la barbe touffue qui envahissait jusqu'à ses yeux, Étienne Lambert, le cabaretier-logeur du cul-de-sac Saint-Claude. Il portait en effet la houppelande courte, le gilet rouge et le pantalon de futaine que nous lui vîmes, dans la soirée du 14 juin, quand M. Lecoq vint le chercher dans son taudis.

Son regard fit le tour de la cellule. Le grabat où dormait André était dans le noir. Le rayon de lune qui passait au-dessus le laissait complétement invisible.

« Personne! » dit Lambert.

Il marcha jusqu'à la croisée dont la baie s'ouvrait à huit pieds du sol. Il pensait :

« L'Habit-Noir avait donné dix traits de lime; il y a ici trois barreaux dans la hauteur, deux dans la largeur. C'est juste le compte! »

C'était juste le compte : deux fois cinq : dix traits de lime. L'espoir, repoussé tout à l'heure, arrivait presque à la vraisemblance.

L'espoir marche vite, en avant ou en arrière. En une seconde, le malheureux qui se noie peut espérer et désespérer cent fois.

Étienne Lambert se noyait. Il avait reçu, la veille au soir, notification du rejet de son pourvoi, et le roi n'avait pas voulu lui faire grâce. Il savait les usages. On guillotine au petit jour; le jour est encore matinal au mois d'août, et il faut les préparatifs. L'aumônier des prisons lui avait fait une visite.

Il savait les usages. Vers deux heures après minuit, trois heures au plus tard, le digne prêtre allait revenir : terrible dévouement, qui parle des miséricordes divines à celui qui attend le couteau impitoyable! miraculeuse éloquence qui étouffe le blasphème aux lèvres du damné, qui fait mieux, qui parfois va chercher le cantique d'espérance au fin fond d'un cœur ulcéré, en frappant du crucifix cette chose plus dure que le roc d'où jaillit la source sous la verge de Moïse!

Après le prêtre, la toilette, puis cette caresse dérisoire qui accorde à l'agonie du bien portant un blanc de poulet rôti, un verre de bon vin et même un cigare de la Havane. Je ne sais rien de plus naïvement hideux que ces petits cadeaux.

Étienne Lambert se noyait. C'était un brutal coquin; la grâce ne l'avait pas encore touché; il eût étranglé vingt sauveteurs pour gagner la rive.

Quand il fut sous la croisée, il ramassa ses jambes musculeuses, et fit un bond de tigre pour se suspendre à l'appui, et voir.

Mais il était lourd. En prison, le jarret perd son ressort. Sa main crispée égratigna la pierre glissante et il retomba pesamment, sans avoir touché l'appui.

André dormait bien fort, car il ne s'éveilla pas.

Lambert jura et frappa du poing sa cuisse. Il chercha à tâtons; ses yeux s'habituaient et il voyait mieux, depuis qu'il était à contre-jour. Il trouva l'escabelle dont il se servit comme d'un marchepied. Ce n'était pas assez haut. Il voulut sauter encore, l'escabelle se brisa, cela fit du bruit; André, réveillé en sursaut, se mit sur ses pieds en disant :

« Qui va là? »

Lambert se releva d'un bond, et, tout étourdi qu'il

était de sa chute, il se rua sur le lit, d'instinct plutôt que par réflexion, furieux, et criant :

« Ah! tu es là, toi! tu faisais le mort! »

Ses deux mains, habituées à ce jeu, allèrent droit à la gorge d'André. Il était de force à étrangler un bœuf, et, en ce moment, où son va-tout était sur le tapis, la vie d'un homme n'eût pas pesé pour lui le poids d'un centime. Il y eut une lutte rapide comme l'éclair; André et lui roulèrent sur le carreau, puis André seul se redressa. Son pied écrasait la gorge de Lambert.

Celui-ci ne fit qu'un effort pour se dégager.

« Dégommé! gronda-t-il avec une résignation aussi soudaine que l'avait été sa colère. Après ça, ce n'est peut-être pas la case de l'Habit-Noir!

— Qui êtes-vous et que vous ai-je fait? demanda le jeune ciseleur.

— Je suis celui qui va la danser au point du jour, répondit le cabaretier presque gaiement. Petit, tu as une crâne poigne! J'ai été un peu vif, c'est que je n'avais pas de temps à perdre en politesses. Tu es plus fort que moi; c'est bon; si ça t'est égal de me lâcher, je serai sage. »

André retira son pied et dit froidement :

« C'est cela, soyez sage. »

Lambert se tâta, dès qu'il fut debout, et montra du doigt l'ouverture béante dont la lune éclairait encore la moitié.

« Mimi, dit-il, non sans une étrange bonne humeur, on a gratté assez longtemps à ta porte, avant d'entrer.

— Voilà, en effet, près d'un mois que je vous entends, répliqua André.

— Et tu ne m'as pas dénoncé pour avoir du tabac et des petits verres? C'est mignon de ta part. As-tu passé l'inspection?

— Qu'entendez-vous par là?

— Bon! tu ne connais donc pas ta langue, Bibi?

— Je crois, répondit André en souriant, que je ne connais pas la vôtre.

— Tant pis pour toi.... Alors, tu ne sais pas d'histoire de *Fera-t-il jour demain?* »

André hésita, comme si cette phrase, évidemment cabalistique, éveillait en lui un souvenir; mais, après réflexion, il répondit :

« Non.

— C'est drôle! fit le condamné avec défiance. Tu m'as pourtant donné le tour agréablement et comme un jeune homme qui aurait fait de bonnes études.... Si vous êtes un simple monsieur, est-ce que vous ne prendriez pas la clef des champs avec plaisir, citoyen?

— Je compte m'évader, repartit André sans hésiter.

— Ah! ah!... Et vos moyens vous le permettent?

— Je n'ai pas encore songé aux moyens. »

L'horloge du Palais tinta un coup.

« Minuit et demi, grommela le cabaretier. La porte est ouverte où elle ne l'est pas; nous avons le temps de bavarder dix minutes. Il n'y avait que moi pour jeux de mains jeux de vilain à la présente session, comme ils disent. Est-ce que j'ai l'air d'un assassin, jeunesse? J'avais eu des raisons avec le messager de Fécamp; il s'est péri pour me monter une niche; voilà l'authentique. Vous, vous êtes ici pour vol? »

André fit un signe d'affirmation.

« Et innocent comme moi, c'est sûr?

— Pas comme vous, repartit André avec calme.

— Oh! oh! gronda Lambert, on n'est donc pas un camarade, décidément!... »

Il s'interrompit, frappé par une idée soudaine, et

claqua ses deux grosses mains l'une contre l'autre en disant tout bas :

« Un franc que vous êtes l'agneau qui a payé pour l'Habit-Noir dans l'affaire de la caisse de sûreté?

— L'Habit-Noir!... » répéta André stupéfait.

Il avait peur de n'être pas bien éveillé. Il ne comprenait pas encore, et pourtant son esprit était comme ébloui par une lumière trop brusque et trop vive.

Sa folie était-elle raison? Son rêve était-il réalité! cet étrange sobriquet : l'*Habit-Noir*, désignait-il vraiment le démon qui avait enseveli dans le deuil les joies de sa jeunesse?

« Oui, oui, l'Habit-Noir, poursuivait Lambert en se parlant à lui-même. Et si j'avais pris plus tôt de ses leçons, je ne serais pas ici, Mimi. Celui-là se moque des juges.... Celui-là ou ceux-là, car Toulonnais-l'Amitié n'est encore qu'un écolier, et les maîtres sont à Paris. »

André mit ses deux mains au-devant de ses yeux comme si un éblouissement l'eût frappé.

« Il s'appelle Toulonnais-l'Amitié? » balbutia-t-il en faisant un effort violent pour garder son calme.

Le cabaretier se mit à rire.

« Il s'appelle! Il s'appelle! prononça-t-il par deux fois. Va-t-en voir à Pékin si j'y suis, Bibi!... Quoi! ça fait toujours d'une pierre quatre à cinq coups. J'ai bien ri de l'idée du brassard. *Primo*, d'abord, avec cet outil-là, il a eu les billets de banque; *secundo*, il vous a mis l'affaire sur le dos; *tertio*, il avait dit comme ça : « La petite marchande de ferrailles est drôlette.... »

André étreignait son cœur à deux mains. La petite marchande de ferrailles, c'était Julie.

« N'empêche, poursuivit Lambert dont la voix se fit sombre, qu'on ne parlait plus du messager de Fécamp depuis du temps. J'ai été dénoncé, j'en suis sûr. Et je connais assez leur truc pour savoir qu'ils balayent toujours la route derrière eux.... Ils m'ont envoyé un passe-port, c'est vrai, que le docteur m'a apporté dans sa poche sans le savoir.... Ah! pour habiles, ils sont habiles!... Et à propos, jeune homme, vous savez lire, vous!... Dites-moi, sans vous commander, quelle tournure j'ai là-dessus et comment je m'appelle. »

Il ouvrit sa chemise et mit un passe-port dans la main d'André.

André lut :

« Police générale. Passe-port à l'étranger, valable pour un an.... Au nom du roi, nous, préfet de police, etc., etc.... Antoine (Jean), marchand d'habits et colporteur, né à Paris, le 14 janvier 1801.... »

« Diable! fit Lambert, je n'ai que vingt-quatre ans là-dessus : c'est absurde!

— Taille : un mètre quatre-vingts centimètres, continua André.

« Cinq pieds cinq pouces! dit Lambert. Ils sont fous! »

Il avait trois bons pouces de moins que cela.

André poursuivait sa lecture :

« Cheveux bruns; front haut; sourcils bruns.... »

« Ah çà! tonnerre de Brest! s'écria le cabaretier, ils savent pourtant bien que je tire sur le roux!

— Nez grand....

— Gros, plutôt!

— Bouche moyenne; menton rond; visage ovale; teint clair....

— Et les signes particuliers?...

— Néant. »

La robuste main du cabaretier caressa une balafre très-apparente qu'il avait à la joue.

André pensait :

« A la rigueur, ce passe-port-là ferait mon affaire. »

Lambert le lui reprit d'un geste bourru et le remit dans son sein. Il était tout pensif.

« Bien obligé! dit-il tout à coup. Les gueux se sont moqués de moi. Ils comptent sur le bourreau pour m'empêcher d'aller jamais leur dire grand merci! Minute! Tout n'est pas encore réglé....

— Monsieur André Maynotte, s'interrompit-il en changeant de ton complétement, vous êtes un honnête homme et je suis un coquin; je ne vous propose pas d'association, mais je sais tout ce que vous avez besoin de savoir, et si nous sommes une fois libres, je pourrai vous donner des armes contre ceux qui vous ont mis dans la peine. »

Il y avait déjà du temps qu'André ne s'était entendu appeler honnête homme. De si bas que partît cette voix qui lui rendait justice, il fut ému jusqu'à sentir des larmes dans ses yeux. Sa main fit d'elle-même un mouvement pour chercher celle du cabaretier, mais une pensée vint à la traverse, et il répéta :

« Si nous sommes une fois libres!...

— C'est là le *hic*, pas vrai, Mimi? reprit Lambert avec une gaieté soudaine et forcée. J'ai reculé tant que j'ai pu, mais il faut bien savoir à la fin. Répondez comme s'il s'agissait de votre salut. Avez-vous quelquefois *sonné* les barreaux de votre cage?

— Jamais, répondit André. C'est depuis hier seulement que j'ai la volonté de fuir.

— Et Louis, a-t-il *sonné* les barreaux depuis que vous êtes ici? »

En termes de prison, *sonner* signifie éprouver les barreaux d'une cellule à l'aide d'un léger coup de marteau. Le fer intact rend une vibration pleine; mais si un invisible trait de lime a attaqué le métal, le son se fêle et le geôlier est averti.

Dans la règle, on doit sonner matin et soir les barreaux d'une fenêtre de prison; mais Dieu merci, la règle a beau dire.

Louis ne sonnait jamais les barreaux.

Au dehors, la fenêtre était à cinquante pieds du sol!

« Il faudrait monter, » dit le cabaretier.

D'un saut et sans effort, la main d'André saisit l'appui de la lucarne.

« Ah! la jeunesse! » soupira Lambert.

Puis il tendit à André un petit morceau de fer pointu, en ajoutant :

« Ça m'a servi à couper la pierre de taille. Toquez le barreau tout doucement. »

Il avait aux tempes des gouttes de sueur grosses comme des pois.

André donna au premier barreau transversal un petit coup sec. Le cabaretier chancela sur ses jambes.

André frappa l'un des barreaux scellés debout. Le cabaretier joignit ses mains qui tremblaient.

« Sciés tous deux! prononça-t-il à voix basse. C'est la case de l'Habit-Noir! »

Il se laissa tomber sur le pied du lit. André n'avait entendu que ce dernier mot.

« L'Habit-Noir a occupé cette cellule, en effet, dit-il. Est-ce l'homme qui a volé M. Bancelle?

— Non. C'est le Père-à-tous.... Celui qui tua la dame anglaise ici, à Caen, répondit Lambert. Ils sont plusieurs; ils sont beaucoup. Vous saurez tout cela.... et d'autres choses.... »

André se souvenait de cet assassinat dont on parlait encore lors de son arrivée à Caen, et qui l'avait frappé surtout à cause de ce fait que l'assassin venait de Corse.

Il y avait bien des mystères autour de l'enfance de Julie et de la jeunesse d'André.

Et Julie aurait su expliquer l'émotion causée à André tout à l'heure par cette cabalistique alliance de mots : *Fera-t-il jour demain ?*

« Hé ! Bibi ! s'interrompit le cabaretier en cabriolant comme un enfant, car il était fou de joie, j'ai donc de la chance une fois en ma vie ! Arrache-moi tout ça ! Les barreaux ne tiennent pas et j'ai une corde autour des reins, sous ma chemise ! »

André secoua d'un effort puissant l'un des barreaux et l'ébranla sensiblement, mais sans le faire céder.

« Je n'ai pas de force, dit-il, je suis trop gêné. »

Lambert déchirait déjà à toute volée un des draps du lit et le cordait.

« Attache cela aux barreaux, commanda-t-il, et descends.... Foi d'homme, je vas t'emmener en Angleterre et tu sauras où trouver Toulonnais-l'Amitié, le gueux d'enfer.... Hé ! Bibi ? Ça fait du bien, l'idée de se venger !

— Vous êtes bien sûr que c'est lui ? demanda André, occupé à passer le drap dans les barreaux, — lui qui s'est servi du brassard ?

— Parbleu ! répliqua le cabaretier.

— Vous pourrez le prouver ?

— Parbleu ! »

Et il ajouta, comme André retombait près de lui, sa besogne étant finie :

« Il fallait être deux pour forcer la caisse.... une fine serrure. J'ai travaillé autant que lui.

— Vous ! » s'écria André qui recula.

Un instant ils restèrent en face l'un de l'autre.

« Tirons dur ! dit enfin Lambert. On s'expliquera après. »

Le drap roulé en câble était engagé à la partie supérieure des barreaux. Le cabaretier saisit les deux bouts pendants avec un frémissement d'espoir; il les tordit pour leur donner plus de force, et, confiant en sa vigueur, il hâla un coup tout seul. Le jeune ciseleur restait comme absorbé.

« Ah! murmurait-il sans savoir qu'il parlait, vous en étiez! »

Les barreaux cédèrent sensiblement sous la puissante traction opérée par Lambert, mais le grillage entier, après avoir plié, revint à son point de départ.

« Il y en a au moins un que l'Habit-Noir n'a pas touché, grommela Lambert. Allons, Bibi, à nous deux!

— Je veux savoir le nom de votre complice, déclara André.

— Le roi dit : nous voulons, et nous serons mieux pour causer de l'autre côté du mur.... Appelez-vous ça un complice, monsieur Maynotte, un homme qui fait une affaire de quatre cent mille francs et qui jette à son aide un os de mille écus!... Je pourrais bien vous amuser en lui donnant le premier nom venu, pas vrai! et sans mentir, encore, car, en fait de noms, il en a à choisir; mais c'est long ce que j'ai à vous conter. Le nom d'une anguille ne sert à rien; c'est la manière de la prendre qu'il faut avoir.... A nous deux, Bibi! comme pour du pain! »

A son tour, André prit le drap à deux mains; il avait confiance. D'ailleurs, l'espoir de la liberté prochaine s'emparait violemment de son esprit.

« Tiens bon! ordonna le cabaretier. Vous n'avez jamais viré au cabestan, monsieur Maynotte? En mesure, sans vous commander.... Y es-tu?... Hé là! ho!... Hé là! ho!... Hé là! ho!...

XII

Fera-t-il jour demain?

Par trois fois, leur effort combiné, suivant la cadence des travailleurs du bagne, pesa sur le grillage, qui ouvrit avec le plan du mur, par trois fois aussi, un angle considérable, à la façon d'une porte tournant sur ses gonds; mais la robuste élasticité du fer, dès que leur effort cessait, ramenait la fermeture entière à la position verticale.

« Halte! » fit Lambert qui lâcha le drap.

Il passa le revers de sa main sur son front et lança de côté une volée de sueur.

« C'est mal engagé, monsieur Maynotte, reprit-il. Quand on est dans la chose, on sait comme cela bien des petits détails. L'Habit-Noir fut donc détenu ici, le vrai, le maître à tous. Il avait scié les barreaux pour le cas où il serait condamné, vous comprenez? Mais jamais on ne peut le condamner : c'est arrangé à la papa, toute leur mécanique.... Et voyez-vous, je fis l'affaire du messager de Fécamp avant d'être avec eux; sans ça, je serais blanc comme neige.... Il avait donc tout coupé, excepté les deux barreaux, à gauche.... et comme il fut acquitté, il laissa la besogne aux trois quarts faite. Montez voir encore, toujours sans vous commander; ça pèse de travers.... Attachez le drap aux barreaux, à droite, et la grille va s'ouvrir comme une tabatière. »

Comme la première fois, André sauta et se prit à l'appui de la fenêtre.

Le cabaretier continuait :

« J'étais chargé de tenir le cheval tout prêt pour l'évasion, à droite en sortant par la route de Pont-l'Évêque. L'homme devait me dire : *Fera-t-il jour demain?...* Censé pour se faire reconnaître. Quoi! ça ne servit pas, puisqu'il sortit blanc comme neige, à l'ordinaire.... mais la connaissance était faite avec l'Habit-Noir n° 2.... le vôtre, monsieur Maynotte.... y sommes-nous? »

André venait de retomber.

« Et vous attend-on aujourd'hui, demanda-t-il, sur la route de Pont-l'Évêque?

— Parbleu! répliqua le cabaretier. Aujourd'hui ou jamais. »

Il ajouta avec un gros rire quelque peu contraint :

« Dites-donc, l'enflé, demain il serait un peu tard.... A nous deux! »

Comme André saisissait le drap, une heure du matin sonna.

« Tonnerre de Brest! gronda Lambert d'une voix altérée, comme ça marche, ces horloges!... Tiens bon! »

Mais, au lieu d'obéir lui-même à ce commandement, il s'arrêta, la tête inclinée et l'oreille tendue.

Un bruit venait du dehors et s'entendait distinctement parmi le silence de la nuit.

C'était le choc des maillets frappant le bois. Un tremblement agita les membres du cabaretier.

« Qu'est-ce que cela? demanda André. Depuis que je suis en prison, je n'ai jamais rien entendu de pareil.

— On ne guillotine pas tous les jours, » répondit Lambert qui tâchait de rire.

Il ajouta, prenant décidément le dessus, et d'un air fanfaron :

« C'est l'échafaud qu'on dresse pour le roi de Prusse ! »

André eut froid dans les veines.

« Compagnon, s'écria-t-il, à la besogne ! »

Le drap, empoigné par une quadruple étreinte, se raidit, et Lambert, dirigeant le mouvement, chanta :

« Appuie, matelot !... Hé là ! ho !... Hé là ! ho !... Hé là ! oh !... »

Au troisième effort, un des deux barreaux qui restaient intacts se rompit au ras de la pierre et l'autre céda aussitôt. Selon l'expression du cabaretier, le grillage s'ouvrit comme une tabatière.

La lune qui tournait prenait la fenêtre obliquement et montrait le passage que rien ne défendait désormais. Lambert fit un bond de joie.

« Oui, oui ! s'écria-t-il dans l'exaltation de son triomphe, il fera jour demain, ou que le diable m'emporte ! Le cheval sur la route de Pont-l'Évêque, le chasse-marée à l'embouchure de la Dive ! Allez, les agneaux ! Le cap sur Jersey et nage partout ! »

André avait déjà poussé son grabat sous la fenêtre. Son intention de fuir était parfaitement arrêtée, mais l'instinct de sa bonté native plaçait en première ligne l'homme qui était menacé de mort. Il aida Lambert à monter jusqu'à l'appui de la croisée.

Lambert prit sous sa chemise une corde de soie qui s'enroulait à nu autour de ses reins.

« C'est mince, dit le jeune ciseleur avec doute.

— Ça porterait trois hommes, répliqua le cabaretier. Nous pourrions descendre ensemble si nous voulions, ma minette, mais ma mère n'en fait plus ; il faut de la prudence.... Regardez voir comment on souque un nœud marin ! »

Il fit au bout de sa corde ce lac doublement contrarié

que les pêcheurs de saumon passent trois fois autour de leur hameçon sans tête, et le fixa au tronçon du barreau cassé. Ce point d'appui, donnant un très-court bras de levier, était solide comme la pierre elle-même.

« Voilà! poursuivit-il, c'est paré! Le vent est d'amont, bonne brise. Nous coucherons ce soir chez les goddams.... Dites donc, monsieur Maynotte, est-ce que votre petite femme n'est pas quelque part par là, du côté de l'Angleterre? »

André ne répondit pas. Il faisait ses préparatifs de départ. Lambert, qui était assis commodément sur l'appui de la lucarne, les jambes pendantes au dehors, tourna la tête et dit:

« Ça m'amusera tout de même, monsieur Maynotte, de vous lancer dans les jambes de Toulonnais-l'Amitié! »

André comptait sur cette bonne rancune, et ne se pressait plus d'interroger. Les renseignements devaient venir à leur temps. Le cabaretier cependant avait lancé sa corde au dehors pour sonder la distance à parcourir, car un bourrelet de la muraille, régnant à six pieds au-dessous de la lucarne, empêchait de voir le sol où la lune n'arrivait point, arrêtée qu'elle était par des constructions diverses et les arbres du préau. La sonde toucha terre; le cabaretier avait encore plusieurs pieds de corde dans la main. C'était bien. Il examina une dernière fois son nœud, et se lança résolûment dans le vide.

André ne s'était pas encore aperçu de son départ qu'il était déjà debout sur le bourrelet inférieur.

« A tout à l'heure, monsieur Maynotte! » prononça-t-il avec précaution.

Et comme le jeune ciseleur n'entendait pas, il siffla doucement et ajouta:

« Hé! Bibi! veille au chicot du barreau, que la corde ne glisse pas. »

André sauta aussitôt sur l'appui de la croisée. Il venait de plier bagage. Tout ce qu'il possédait au monde, y compris la longue lettre écrite à Julie, tenait dans les poches de sa veste.

Le cabaretier était encore sur le bourrelet.

« Hein! fit-il gaiement, s'en donnent-ils là-bas avec leurs mailloches et leurs chevilles! Les gens de Caen vont se déranger pour rien.... Nage, Fifi, vous allez voir comme on s'y prend pour voltiger, monsieur Maynotte, quand on entend clouer les planches de son propre échafaud! »

Ses deux pieds à la fois abandonnèrent le bourrelet; il se prit à descendre avec adresse et résolution, mais très-lentement, parce que la moindre hâte eût fait glisser ses mains sur la corde de soie. André veillait au tronçon du barreau. Une fois, il toucha la corde, qui rendit un son de luth, violemment tendue qu'elle était sur le renflement qui servait de chevalet. Les secondes lui semblaient si terriblement longues qu'il ne put s'empêcher de regarder, se tenant d'une main à la muraille et le corps incliné au-dessus de la saillie. Il ne vit rien que ce mince fil, un cheveu, en vérité, qui allait se perdre dans le noir inconnu.

Lambert ne parlait plus. La corde était immobile, car tout mouvement s'arrêtait au bourrelet. André entendit un petit bruit sec au tronçon du barreau, un bruit imperceptible et semblable au petillement d'une bougie dont la mèche est humide. Il se leva et regarda. Le barreau ne bougeait pas, mais son arête supérieure tranchait un à un, tout doucement, les fils de la corde, qui éclataient en produisant ce petit bruit.

La sueur froide vint sous les cheveux d'André. La

lune éclairait vivement le barreau, dont la cassure scintillait comme si elle eût été faite de petits diamants. André aurait pu compter ces fils de soie qui se rompaient l'un après l'autre, formant déjà deux petites franges....

Il se frotta les yeux et regarda de plus près. L'arête supérieure du tronçon était vive et nette : elle coupait.

« Plus vite ! prononça-t-il d'une voix étranglée, descendez plus vite, au nom de Dieu ! »

On ricana dans le noir et la voix de Lambert monta, disant :

« Tu es pressé, Bibi ? Pourtant, cet échafaud-là ne t'est de rien ! »

André cria encore, répétant le même avertissement. La voix répondit :

« Je n'ai plus que deux étages. Tu prendras le tour. »

Les deux franges s'épaississaient, formées de fils de soie ébouriffés et crispés. Les derniers mots d'André s'étranglèrent dans sa gorge. Il regardait l'arête où la lune mettait un long reflet blanc comme à la lame d'un couteau. Il était fasciné. Pour lui, ces houppes de soie dégageaient des aigrettes électriques qui piquaient ses yeux éblouis. La corde, horriblement amincie, se tendait et s'allongeait comme un cheveu qui va rompre....

Cet homme qui pendait là-bas, au bout de la corde, était un misérable assassin, mais c'était un homme ; entre lui et André, une sorte de communauté existait. Naguère, André comptait se servir de lui comme d'un instrument, mais il ne songeait plus à cela. Il n'y avait plus rien en lui qu'un impérieux besoin de sauver cette créature entraînée vers la mort : un besoin aussi vif, le même besoin que s'il se fût agi d'un saint ou d'une personne aimée.

Ces choses, que le récit fait durer, sont, en réalité, rapides comme l'éclair. Si André avait eu le temps d'obéir à l'instinct qui porta ses deux mains en avant pour saisir la corde au-dessous du tronçon, il eût été précipité en avant, la tête la première.

Mais il y eut une petite détonation sèche, presque rien : la corde disparut avec une prestigieuse vitesse, et il ne resta au barreau qu'une houppe de soie révoltée.

En bas, la terre sonna sourdement. Un cri court, et qu'on eût dit coupé en deux, monta.

André s'était rejeté violemment en arrière.

Il écouta. Le vent murmurait dans les arbres du préau. Il appela. Répondit-on ? André ne savait pas. Il ne pouvait faire taire le bruit de ces maillets attaquant le bois de l'échafaud.

Il se pencha en avant. Des voix venaient avec le tapage des charpentiers. Les charpentiers chantaient.

« Lambert! appelait André, Lambert ! »

Le chien qui gardait la cour intérieure hurla.

Ce fut comme un memento. André avait oublié qu'il était prisonnier et condamné.

La pensée de lui-même lui revint avec la pensée de Julie, qui était la meilleure moitié de son propre cœur. On aurait beau exagérer, nulle folie de langage ne saurait exprimer ce que dure une minute en ces instants suprêmes.

En une minute, l'affaissement d'André devint fièvre, et son cerveau franchit tous les degrés qui séparent l'anéantissement de l'exaltation.

La liberté l'appelait. A l'aide du drap qui avait tordu le grillage, il se laissa glisser sur le bourrelet. C'était six pieds de gagnés. A l'aide du drap encore, il put se pencher et surplomber le vide.

Il réfléchissait. De deux choses l'une : ou Lambert avait trahi, fuyant tout seul à cette heure et déjà loin, ou il était là, en bas, écrasé par sa chute et très-probablement mort.

Impossible de voir. On ne distinguait rien, sinon la cime rabougrie des arbres du préau, dont les feuillages moutonnaient vaguement dans la nuit. Cela pouvait du moins servir à mesurer la distance qui séparait le bourrelet du sol. Il y avait plus de vingt pieds du bourrelet à la tête des arbres.

Le sang monta au visage d'André, ses tempes se prirent à battre. On ne saurait dire si l'idée de tenter ce saut extravagant était née en lui au moment où il avait quitté la fenêtre. Il voulait voir d'abord, et la vue du gouffre sombre pouvait l'arrêter. Mais le vertige était là désormais, autour de lui, devant lui surtout, le vertige qui sollicite l'homme comme l'aimant attire le fer. Des flammes passaient devant ses yeux, ses oreilles chantaient, une force irrésistible le poussait.

Ce n'était plus la liberté, ce n'était plus même Julie, c'était le vertige. Il lui fallait plonger dans ce vide aussi nécessairement que la pierre détachée doit tomber tout au fond de l'abîme. Rien ne le retenait plus, sinon le vague et impuissant effort de sa conscience expirante. Il avait déjà la sensation de celui qui est précipité ; ses mains, crispées en vain, allaient lâcher le drap....

Il avait une volonté robuste, une vraie vaillance ; il était homme dans toute la beauté du mot.

Ce qu'on peut demander à un homme, en effet, tout ce qu'on peut demander, c'est de rester homme et de regarder son destin en face, comme le chrétien se tenait droit et doux, les yeux grands ouverts, au milieu des bêtes lancées par le belluaire. Le destin est un lion qui parfois reconnaît son maître et respecte l'héroïsme du fort.

André lâcha le drap qui seul le défendait contre les entraînements du gouffre; mais ce fut pour se redresser, non pour tomber. Un instant, il se tint en équilibre, préparant son cœur contre la défaillance de la terrible traversée, assouplissant ses muscles contre la violence du choc. Il eut le temps de faire le signe de la croix.

Ce n'était pas un suicide.

Il ne s'affaissa point, il sauta, délibérément, l'esprit présent, les membres libres, la conscience gardant un espoir.

On dit que ceux qui sont ainsi précipités de haut meurent avant de toucher le sol. Quand un désespéré enjambe, par exemple, la balustrade de Notre-Dame, ce n'est plus qu'un cadavre qui fend l'air et qui vient se broyer contre le pavé.

On dit cela. On dit beaucoup de choses, et la science aime à ratiociner gravement, assise sur ce fauteuil aux quatre pieds d'argile qu'on nomme l'hypothèse.

J'ai connu, quand j'étais enfant, un noble et beau vieillard, compagnon de La Rochejaquelein : j'entends le La Rochejaquelein d'autrefois, qui disait : « Si je recule, tuez-moi. » Il se nommait le comte du Plessis de Grénédan. Au temps de sa jeunesse, il s'était trouvé une fois, lui troisième, prisonnier de la république au château de Saumur, un fier donjon dont les créneaux sont à quatre-vingts pieds de l'herbe.

Une nuit, les trois prisonniers tirèrent au sort à qui sauterait le premier. Le comte du Plessis de Grénédan eut le numéro deux. Le premier sauta et se tua raide;

le comte du Plessis sauta le second; le troisième ne sauta pas et fut passé par les armes le lendemain matin.

Quarante ans après cette aventure, le comte du Plessis de Grénédan nous la racontait volontiers au dessert, ce qui prouve à tout le moins qu'il n'était pas mort entre ciel et terre.

André, lancé comme une bombe à une assez grande distance du mur, traversa un tilleul aux rameaux duquel il laissa des lambeaux de son vêtement et de sa peau; puis le coup d'une énorme massue le laissa foudroyé : c'était le baiser de la terre. Son évanouissement dut être court, car il faisait nuit encore quand il fut éveillé par les aboiements furieux d'un chien qui hurlait de l'autre côté du mur. Il se retrouva à demi-enfoui dans un tas d'herbages et de feuilles sèches amoncelées sous le tilleul et qui attendaient le tombereau. Le souvenir lui revint tout de suite. Le nom de Julie jaillit de son cœur et monta vers Dieu avec d'ardentes actions de grâces; beaucoup d'honnêtes gens prennent encore la liberté de dire : « Merci, mon Dieu, » tout au fond de leur âme, malgré l'injurieux abus du mélodrame.

Sans trop de peine, André se mit sur ses pieds; il n'avait aucune blessure. Les aboiements du chien provoquaient déjà un certain mouvement de mauvais augure dans la cour voisine; mais un silence complet régnait dans cette partie des bâtiments que couronnait son ancienne cellule. Son premier souci fut de fuir; il fit un pas vers le mur de clôture; la pensée du cabaretier le ramena en arrière.

Il ne chercha pas longtemps; à une toise tout au plus de l'endroit où il était tombé, une masse sombre tachait le pavé gris qui bordait le préau. Cela était informe ; André, pourtant, n'eut pas même un doute : ce devait être le malheureux Lambert.

Lambert était là, en effet, représentant vaguement la posture d'un homme accroupi ; sa tête pendait en avant et si bas que sa nuque formait le sommet de son corps. Ses deux mains crispées tenaient la corde. Un de ses pieds s'enfonçait en terre profondément, tandis que l'autre, qui avait rencontré le rebord des pavés, était littéralement broyé.

Évidemment, Lambert n'avait pas bougé depuis sa chute. La mort avait dû être instantanée.

André lui tâta les poignets pour chercher son pouls ; les deux mains étaient déjà rigides ; il tâta le cœur qui ne battait plus.

En cherchant le cœur, sa main rencontra un papier, le passeport. Il le prit.

Il y avait un arbre dont les branches touchaient le mur. André nous l'a dit une fois : il ne connaissait bien ni son agilité, ni sa force. Quelques minutes après, il marchait dans la rue, d'un pas paisible et tranquille. Il avait franchi deux enceintes.

La prison, cependant, s'emplissait de tumulte. Deux heures de nuit avaient sonné depuis longtemps, et les acteurs du drame funèbre avaient enfin fait leur entrée dans la cellule du condamné à mort. L'évasion était découverte.

Dans la rue, malgré l'heure matinale, des passants circulaient déjà, la plupart venant de la campagne. Ceux-là ne s'étaient pas couchés pour avoir de bonnes places autour de la guillotine. Ceux qui avaient été assez heureux pour voir déjà la guillotine la décrivaient à leurs compagnons plus jeunes. Il y avait des charrettes qui venaient de très-loin, des bidets tout boiteux de fatigue, des piétons sincèrement harassés. L'espoir de la guillotine soutenait tous les courages. Les vrais musulmans ne sentent pas la fatigue tant que dure le pèlerinage de la Mecque.

Tout le long de son chemin, André n'entendait que ce mot : guillotine, guillotine, guillotine. En Normandie, nous avons une façon amoureuse de prononcer cela; nous disons: *gueillotaine*, c'est joyeux et caressant.

Peut-on penser sans chagrin à la déception qui attendait tant de vertueux villageois? Tel bon père amenait sa jeune famille par six lieues de bas chemins; tel jeune métayer bien épris voiturait sa métayère en exécution d'une promesse faite le jour du mariage.

Et le cadeau de noces allait manquer! Et ces enfants allaient verser des larmes devant un mécompte immérité. Injuste sort! Tant de chemin gaspillé; et quand, désormais, reverrait-on fleurir la guillotine?

A mesure qu'il s'éloignait du quartier de la prison, André hâtait le pas. Un grand trouble était maintenant dans son esprit. Il n'avait point préparé cette aventure; tout plan lui faisait défaut; il essayait de mettre de l'ordre dans ses idées et ne pouvait pas.

Sans savoir, il s'était dirigé d'abord vers la ville basse et le pont de Vaucelles; c'était par là, d'ordinaire, qu'autrefois il sortait de Caen pour promener Julie, de l'autre côté de l'Orne, en face des prairies de Louvigny; mais il se souvint vaguement de l'itinéraire tracé par le cabaretier : la route de Pont-l'Évêque.

Il rebroussa chemin d'instinct en ayant soin de faire un large circuit autour du Palais, et gagna les abords de l'église Saint-Pierre. Il était dans la peau de Lambert, il sentait cela d'une façon confuse, mais persistante. La protection occulte qui entourait l'assassin, affilié à de mystérieuses confréries, lui appartenait au moins pour une nuit.

On dit que certains objets sautent aux yeux; il y a des choses qui sautent à la mémoire. Au détour de la rue Froide, la mémoire d'André lui cria tout à coup ces banales paroles qui avaient l'importance d'une formule cabalistique :

« *Fera-t-il jour demain?* »

Lambert lui avait promis l'histoire de *Fera-t-il jour demain?* histoire que lui, André, pouvait rattacher déjà à la plus importante de ses aventures de jeunesse, au fait qui lui avait laissé les plus vivants souvenirs. Mais Lambert n'avait pas eu le temps de la lui raconter.

Lambert lui avait promis bien d'autres choses.

Je ne peux pas dire comme André regrettait Lambert.

Car son idée fixe se réveillait en lui violemment dès ce premier quart d'heure de liberté; il devinait que ce serait la passion de toute sa vie, à voir comme elle se mêlait étroitement, cette idée, au seul sentiment qu'il eût dans le cœur : son amour pour Julie.

Lambert s'était chargé de faire la lumière sur cette route, au bout de laquelle était son démon, l'homme qui ne laissait rien derrière lui, l'homme qui passait toujours impuni en jetant une proie à la justice, l'inventeur machiavélique d'une assurance contre les dangers du vol et du meurtre,—le sauvage, habile à cacher sa trace comme un Huron des forêts vierges, au beau milieu de notre civilisation,—l'Habit-Noir,—Toulonnais-l'Amitié....

Un sobriquet appartenant à plusieurs, un faux nom appartenant à celui qui avait des douzaines de noms!

Rien, en un mot, ou presque rien! Et le cabaretier Lambert était mort, emportant son secret tout entier!

André s'arrêta en face de l'église Saint-Pierre. Ici,

une rue conduisait à la route de Paris, l'autre à la route de Pont-l'Évêque. On pouvait aller à droite ou à gauche.

A droite, c'était Julie et un danger presque inévitable.

A gauche, c'était l'exil, l'inconnu, et je ne sais quelle chance de se venger.

André prit la gauche et se mit à courir.

Quand il dépassa les dernières maisons de Caen, l'aube blanchissait une mince bande de l'horizon.

Sous le premier arbre de la route, il y avait un homme avec un cheval. L'homme le vit venir et ne bougea pas.

« Holà ! garçon ! cria résolûment le jeune ciseleur, fera-t-il jour demain, que tu saches ?

— Hié ! Bijou ! » fit le rustre en détachant son cheval. Puis il répondit :

« Demain, pour sûr, not' maître, et aujourd'hui aussi.... C'est-il vous qu'êtes monsieur Antoine ?

— Parbleu ! » répliqua André.

Le paysan avait un bon bonnet de coton blanc ramené sur ses yeux.

« Faut bien savoir, reprit-il paisiblement. Demander n'est pas offenser. »

Il ôta son bonnet, ce qui ne le décoiffa point, car il en avait deux l'un sur l'autre ; il ôta sa blouse, ce qui ne montra point sa chemise, la blouse étant double comme le bonnet. Il tendit le tout à André avec un pantalon de toile brune, qu'il portait roulé sous le bras.

En un clin d'œil, André eut dépouillé son costume de prisonnier et fait sa toilette.

Le paysan le regardait en bâillant.

« C'est de remettre Bijou à Dives, chez Guillaume

Menu, dit-il en tendant la bride à André qui sauta en selle. La marée est à neuf heures ; la barque sera là au bon de l'eau. Y a-t-il pour boire ? »

André lui jeta une pièce d'argent, et le paysan ôta son second bonnet en disant :

« Bon voyage, not' maître ! »

Ce matin, les gendarmes à cheval galopèrent sur toutes les routes des environs de Caen. Ils ne trouvèrent rien, sinon les populations en deuil qui revenaient sans avoir vu la guillotine.

Bijou était un rude bidet. A neuf heures, il mangeait l'herbée au ratelier de Guillaume Menu, à Dives. Le vent d'amont soufflait toujours. Une barque de pêche courait déjà grand largue au delà des grèves, et gouvernait à ranger les rochers du Calvados. André s'asseyait à l'arrière ; il était là chez lui, parce qu'il avait demandé au patron de la barque : *Fera-t-il jour demain ?*

XIII

André à Julie.

Jersey, Saint-Hélier, 25 décembre 1825.

Bonne année, Julie, voici la Noël. Le petit a-t-il mis ses souliers dans la cheminée hier au soir ? Et quels joujoux Jésus lui a-t-il apportés ?

Moi, j'ai mes étrennes, Julie ; Noël m'a donné ce que je cherchais depuis si longtemps, un messager sûr qui te remettra le gros paquet de mes lettres. Je me tins à quatre, en quittant la France, au mois d'août dernier, pour ne pas confier mon journal de prisonnier au brave paysan qui me fournit une monture. Mais je fis bien de résister à la tentation. De près ou de loin, ce paysan appartenait à une confrérie dont mes lettres te parlent bien souvent. Il était là, ce paysan, par les ordres de l'homme qui fut notre perte et qui m'a ainsi sauvé sans le savoir.

Depuis une semaine, je cherchais avec plus d'ardeur encore qu'à l'ordinaire le messager qui doit mettre un baume sur la blessure de ton pauvre cœur. Dimanche dernier, en effet, il m'est tombé sous la main un journal français du mois de septembre. Je lis avec avidité tout ce qui vient de France ; tout ce qui vient de France me parle de toi.

Juge, cependant, ce que j'ai éprouvé en lisant mon nom, notre nom à tous deux, imprimé dans cette feuille qui se publie à Paris. J'ai eu comme un éblouissement. Les malheureux sont fous ; incessamment ils espèrent ; j'ai cru à quelque miracle, à une révélation, à une réhabilitation. Puisqu'on parlait de nous, c'était sans doute pour dire que le bandeau était tombé des yeux de nos juges.

La France, l'Europe, le monde entier n'auraient-ils pas intérêt à écouter ce cri qui proclamerait l'innocence d'un condamné? Un fait pareil, connu et publié largement, ne devrait-il pas remuer le grand cœur de l'humanité?

Une âme qui remonte des profondeurs de l'enfer? n'est-ce donc pas une belle fête?

Ma pauvre chère femme, ce n'était pas notre réhabilitation ; je dis *notre*, car tu étais accusée comme moi, et comme moi tu as été condamnée. C'était tout uniment l'annonce de ma mort.

Un *fait-divers*, comme on appelle cela.

Et j'ai songé tout de suite que tu avais pu lire ce fait-divers, que tu avais dû le lire au moment où le journal s'imprima, c'est-à-dire au mois de septembre, et que, depuis plus de trois mois, tu me crois mort peut-être.

Si j'avais su.... Mais peut-être aussi les autres journaux n'ont-ils pas répété cette nouvelle insignifiante. Peut-être la bonté de Dieu t'a-t-elle gardé ta pauvre tranquillité.

Peut-être. En attendant, je souffrais le martyre, et si je n'eusse pas trouvé le messager qu'il me fallait, je crois que je serais parti pour Paris, au risque de tout perdre.

Car il y a des craintes qui sont en moi et que je ne t'ai dites qu'à demi. Lambert, ce malheureux qui fut un instant mon compagnon, m'avait fait une demi-révélation. Notre bourreau te connaissait; il t'avait vue souriant à notre petit endormi; il te trouvait belle....

Mais que je te dise, car je ne veux pas rester sur une pensée qui me rend fou, que je te dise ce qu'il y avait dans le journal français du mois de septembre.

Ce démon, Julie, je le connais. C'est celui qui.... Mais le reconnaîtrais-tu, cet insulteur de nuit?... Il pourrait, à Paris, s'approcher de toi sans exciter ta défiance. Le malheur est sur nous. J'ai fait un rêve horrible.

Ah! nous avions bien deviné! la distance est longue de Caen à Sartènes, mais le malheur a des ailes!

Et voilà que je parle encore de ce que je voudrais taire! C'est du journal qu'il s'agit. Le journal raconte la double tentative d'évasion, dont tu trouveras la vraie relation dans mes lettres. Il rapporte les faits à sa manière, selon la physionomie du résultat, et après avoir constaté que le cabaretier Lambert devait être exécuté le lendemain, il ajoute :

« Selon les apparences, les deux condamnés avaient

pu s'entendre à travers la muraille qui séparait leurs cachots. Chacun avait son rôle. L'assassin Lambert s'était chargé de percer le mur en pierre de taille et de fournir la corde; le voleur Maynotte avait scié les barreaux de sa fenêtre donnant sur le préau n° 2.

« On s'étonne que de tels faits aient pu se produire sous la surveillance des gardiens. Une enquête administrative est ouverte, et justice sera sévèrement rendue. Le nommé Louis, employé à la geôle et gardien d'André Maynotte, a été mis sous clef, le lendemain de l'évasion.

« Selon toute apparence, André Maynotte, plus jeune et plus dispos, tenta le premier la descente. Il parvint sans encombre jusqu'au sol du préau et put franchir les deux enceintes; Lambert, beaucoup plus lourd, se suspendit le second à la corde, déjà fatiguée; le poids de son corps la rompit au ras de la fenêtre, et le malheureux fut précipité d'une hauteur sans doute énorme, car on trouva le lendemain son corps littéralement écrasé.

« Quant à Maynotte, toutes les recherches de la police ont été vaines pendant plusieurs jours; le succès de son évasion semblait être un fait accompli, lorsqu'une dépêche du maire de Dives, arrivée à Caen samedi soir, est venue prouver une fois de plus l'action directe de la Providence.

« On avait des raisons de croire que Maynotte avait pris la route de la mer pour tenter le passage en Angleterre. Des détachements de gendarmerie avaient été dirigés sans résultat aux embouchures de l'Orne et de la Dive, et, chaque jour, les abords de la côte étaient fouillés avec un soin minutieux. On apprit ainsi qu'un homme à cheval était parti de Caen, le matin de l'évasion, et que le bidet avait été remisé chez Guillaume Menu, métayer au bourg de Dives.

1—11

« L'homme avait un pantalon de toile brune, une blouse grise et un bonnet de coton blanc.

« Or, sur les grèves de la Divette, samedi matin, un cadavre a été trouvé, la figure mangée, il est vrai, et le corps terriblement mutilé (les marsouins sont en troupes le long de la côte, cette année), mais revêtu de lambeaux qui avaient été un pantalon brun, une blouse grise et un bonnet de coton blanc.

« Tout porte à croire que Maynotte (André), le hardi malfaiteur, avait détaché quelque barque aux environs et qu'il a trouvé la mort en essayant de passer en Angleterre. »

Julie, ceci peut être un bien, car on ne poursuit pas les morts.

Mais qu'as-tu pensé, toi, ma femme chérie? Oh! si tu as vu cela, que de larmes! car tu m'aimes, j'en suis sûr! C'est mon dernier bien que cette certitude. Je me souviens de tes adieux.

Depuis dimanche, je ne vis pas. Il faut que je te parle, il faut que tu m'entendes. Béni soit Dieu qui m'a envoyé enfin un homme en qui je puis avoir confiance!

Il a nom Schwartz et ce nom d'abord m'a fait peur,— mais plaisir aussi, car il me rappelait notre chère maison de la place des Acacias. La première fois qu'il entra chez mon patron (je suis ouvrier chez un arquebusier), ce fut pour acheter une paire de pistolets. Un débiteur qu'il vient poursuivre jusqu'ici avait annoncé de mauvaises intentions contre sa personne. Tout cela ne me plut pas. Ces grandes peines que l'on se donne pour un peu d'argent m'étonnent toujours.

Te souviens-tu? Il y avait aussi un Schwartz sur l'impériale de la diligence, le soir de ton départ. Un pauvre voyageur avec un tout maigre paquet? Mais on trouve tant de ces Schwartz! Et ce ne peut être le même, car celui-ci affirme qu'il n'a jamais été à Caen et il est riche.

Je ne sais pourquoi je pense à ce voyageur au maigre paquet. Il était venu la veille chez notre voisin, le commissaire de police. Si petits qu'ils soient, tous les événements de cette journée me paraissent énormes. Je les ai mis tous ensemble dans ma mémoire ; je les y garde en tas, mais je les rangerai ; une heure viendra où je me pencherai sur une piste pour la suivre ardemment et jusqu'au bout ; je sens cela, j'ai du sang corse plein les veines.

Et figure-toi que l'idée m'était venue une fois que ce pauvre voyageur de l'impériale, ce Schwartz, pouvait bien être l'Habit-Noir.

Toutes les idées du monde me sont venues tour à tour. Je cherche !

Mais voici une circonstance qui m'a réconcilié avec ce brave M. Schwartz ; s'il veut de l'argent, c'est pour épouser une femme qu'il aime.

Il a fait la connaissance du patron et je les entends causer. Il aime, il veut tout l'or de la terre pour la reine de son cœur !

Je ne lui ai encore rien demandé ; mais je compte sur lui, car je le prendrai par son amour. Il part demain matin, je lui parlerai ce soir.

Je préférerais de beaucoup t'envoyer tout mon cœur sans que le messager sût ton nom. Il ignorera en tous cas le lien qui nous unit, et j'ai encore jusqu'à ce soir pour résoudre mon problème. Tu trouverais cela en te jouant, toi, Julie.

En attendant, adieu. Je joins ici mon adresse. Je t'embrasse mille et mille fois. Viens, si tu veux, avec le petit : j'ai des bras, vous ne manquerez de rien.

Et réponds-moi surtout, réponds-moi bien vite. Je vais compter les heures. Encore mille baisers. Je t'aime bien plus qu'autrefois. Bonne année!

Saint-Hélier, Jersey, 30 *janvier* 1826. — Ma chère femme, j'ai compté les jours, trente-quatre longs jours. Deux fois, trois fois le temps de recevoir ma lettre et de me répondre! Je t'ai envoyé tout ce que j'avais écrit depuis six mois; tout ce que j'avais pensé, tout ce que j'avais souffert. N'as-tu donc pas reçu le paquet? Ce M. Schwartz avait bien promis pourtant!

Il y a peut-être de ma faute. J'ai hésité la moitié d'une année avant de t'adresser une ligne, et quand il ne m'a plus été possible de résister à la passion que j'avais de te parler enfin, après un si long silence, j'ai frémi jusqu'au fond de mon cœur. Tu es condamnée; la moindre imprudence pourrait te coûter la liberté. Et, mon Dieu! pour te conserver la liberté, j'ai si cruellement souffert!

Aussi, je n'ai pas osé aller franchement. Je ne me défiais plus de ce M. Schwartz, qui semble être un bon jeune homme; mais quand il s'agit de toi, je ne ferais pas fond sur mon propre frère!

J'ai pris des biais. Je ne crois pas que je sois bien habile. J'ai multiplié les obstacles. M. Schwartz ne sait pas à qui il porte les lettres. J'avais inventé une mystérieuse combinaison, qui serait trop longue à t'expliquer et que je trouve absurde maintenant, plus absurde de jour en jour, à mesure que le temps s'écoule et que je ne vois point la réponse venir.

Fallait-il t'exposer, cependant? Je ne sais pas si j'étais aussi malheureux que cela dans ma cellule de la prison de Caen!

J'aurais dû aller tout de suite à Paris. Paris est grand;

on s'y cache mieux que partout ailleurs. Je t'aurais retrouvée, nous serions réunis.

Qu'est devenue ma lettre? Ce Schwartz est-il un galant homme? Ne t'a-t-il point trouvée? Car jamais, oh! jamais, dans mes heures de désespoir et de folie, je ne vais jusqu'à te soupçonner, ma femme!

J'ai foi en toi, c'est mon dernier refuge.

L'idée que tu as reçu mes lettres et que tu aurais négligé de me répondre ne me vient même pas. Elle me tuerait, si elle venait.

Voilà deux jours que je garde la chambre. Je n'ai pas de maladie déclarée, mais je suis très-malade. La peur me prend de mourir sans te revoir.

Mon patron a de grandes bontés pour moi. Si je voulais, il me prêterait bien l'argent qu'il faut pour aller en France.

14 *juin* 1826. — Rien de toi, Julie. J'ai été bien près de la mort. Je m'éveille après un sommeil qui a duré des mois. Que ne suis-je mort dans cette fièvre où j'oubliais! Ah! Je t'ai revue et je t'ai eue encore entre mes bras.

Rien de France! Rien! rien! Me voilà si faible que je ne peux même plus songer à entreprendre un voyage.

J'ai peine à me convaincre : c'était il y a un an ; nous sommes à l'anniversaire de notre malheur. Un an! Que fais-tu? Qu'es-tu devenue?

Parfois, je te vois morte. Que Dieu me donne donc la force de partir!

3 *juillet*. — Julie, la maladie m'a repris. Ces trois ou quatre mots que je viens d'écrire ont épuisé ma force. Viens, oh! viens. Je t'aime.

8 *septembre*. — Rien de toi! Je suis debout. J'ai pu marcher hier jusqu'au rivage. Mon regard cherchait la

côte de France. J'ai là toutes mes lettres sur mon cœur. Je les écris pour te les envoyer, mais ce serait te perdre. Les lettres ne valent rien ; elles amusent tout au plus mon angoisse. J'irai.

12 *septembre*. — Que Dieu soit avec moi, Julie, je pars. Dans quelques jours tu seras dans mes bras !

Oh ! que la mer est joyeusement belle ! Je pars, j'espère, je t'aime ! Voici la première heure que je vis depuis douze mois ?

XIV

En France.

C'était dans la seconde moitié du mois de septembre. L'aube se levait sur la place des Acacias, dont les tilleuls jaunis avaient déjà leur toilette d'automne. Un brouillard léger se jouait au ras du sol, et jetait comme une gaze au-devant du regard ; mais le ciel bleu, irisé de nuages nacrés, promettait une belle journée.

Toutes les maisons dormaient à l'entrée de la place solitaire. Parmi le crépuscule douteux, le père Bertrand allait éteignant les réverbères.

Il y avait un homme assis sur le dernier banc de la place des Acacias, à quelques pas de la dernière lanterne allumée. La tête de cet homme se cachait sous un large chapeau de paille et une balle de colporteur était auprès de lui.

« Eh ! l'ami, dit le père Bertrand, ça coûte moins cher ici qu'à l'auberge ? »

L'homme ne répondit point.

« Quand vous êtes arrivé, poursuivit Bertrand, bavard comme tous les solitaires, les auberges étaient peut-être fermées ? D'ailleurs, il n'y a pas d'affront, l'ami. Dans une heure les cabarets vont ouvrir. »

Ce disant, il posa l'éteignoir sur la mèche de la lanterne. La place resta éclairée par une lueur grise et uniforme. Le brouillard s'épaississait et montait.

Bertrand s'appuya sur sa perche.

« Chaque fois que j'allume ici ou que j'éteins, reprit-il, ça me fait quelque chose. Dans cent ans d'ici, c'est sûr, si je vivais, je me souviendrais de ce que j'ai vu sur ce banc-là. »

Bien souvent déjà le père Bertrand avait débité cette manière de préface qui amenait, d'ordinaire, la question obligée :

« Qu'avez-vous donc vu sur ce banc-là, père Bertrand ? »

Mais le porte-balle n'était pas curieux, selon toute apparence, car il ne fit point de question.

Aussi, le père Bertrand fut-il obligé de s'écrier :

« Ah ! ah ! vous avez bonne envie de savoir ce que j'ai vu, l'homme, pas vrai ? Ça n'est pas un secret. Je peux bien vous le dire, quoique je ne vous connaisse ni d'Ève ni d'Adam, non. Comme quoi l'assassin Maynotte et sa femelle étaient assis là, la nuit du vol : je dis à la place même où vous êtes. Deux beaux brins, quoique ça : l'homme dans les vingt-cinq ans, la femme toute jeune et qui faisait courir les écervelés de la localité, faut être juste. Comme quoi, pour lors, je m'avançai, pensant bien que c'était une machine d'amourette, et que dans ce cas-là le mâle donne la pièce pour pas qu'on parle.... Dites donc !... Ah ! ouiche !... qu'il s'agissait d'argent et pas d'amour !... Ils comptaient des billets de banque, qu'il y en avait autant que de pages pour faire un livre, et que l'effrontée ne se gênait pas pour dire : C'est les quatre cent mille francs de la caisse Bancelle.... »

Il s'interrompit pour juger l'effet produit par son récit. Le porte-balle était immobile comme une pierre.

« Comme quoi, poursuivit le père Bertrand avec une certaine rancune, vous n'êtes pas du pays, puisque ça ne vous émoustille pas plus que ça. La caisse valait cher ; elle venait de Paris. Il y avait une attrape pour pincer les voleurs ; justement le brassard de chez les Maynotte fut trouvé pris dans l'attrape.... dites donc ! Il m'avait fait la politesse d'une chopine de vin, mais ça ne m'empêcha pas de parler.... Comme quoi je suis l'auteur que la justice a pu venger la société ! »

Ici, le père Bertrand, toujours appuyé sur sa perche, se redressa avec un légitime orgueil.

« Vous n'êtes pas du pays, l'homme, continua-t-il, ça se voit. Vous m'auriez crié tout de suite : Vous êtes donc le papa Bertrand, vous ! étant connu comme le loup blanc, depuis le rôle important que j'ai joué dans l'affaire. Vingt ans de travaux forcés, rien que ça, j'entends pour les Maynotte, dont la donzelle était.... je ne sais plus le mot, mais ça veut dire qu'on s'est poussé de l'air.... et l'argent aussi était dans ce pays-là... Comme quoi, rasés net, les Bancelle !... Ah ! mais, dans le temps, ils avaient hôtel à la ville, château à la campagne et carrosse, s'il vous plaît.... C'est bien fait.... Et qu'on dit qu'ils cherchent leur pain, à présent.... Qu'est-ce que vous avez là dans votre paquet, l'ami, hein ? »

Au nom de Bancelle, la tête du porte-balle s'était inclinée sur sa poitrine. Il répondit ainsi à la dernière question du père Bertrand :

« *I don't speak french, sir.* (Je ne parle pas français, monsieur.) »

Le bonhomme ferma les poings et enfla ses joues.

« Angliche ! s'écria-t-il. Savoyard d'Angliche ! il m'a laissé aller jusqu'au bout et j'ai causé pour le roi de Prusse ! »

Il s'éloigna tout en colère.

L'étranger resta seul sur la place, toujours immobile et la tête penchée.

Le jour qui se faisait peu à peu passa sous les vastes bords de son chapeau, éclairant une figure pâle et tristement fatiguée. Il y avait beaucoup de gens dans la bonne ville de Caen qui, à l'aspect de cette figure, se fussent demandé : Où donc l'avons-nous vue déjà ? Mais à cette question bien peu auraient pu répondre, car chacun eût perdu son temps à interroger des souvenirs lointains, négligeant la mémoire d'hier où était justement le mot de l'énigme.

On est habitué à mesurer le temps par les transformations qu'il opère ; c'est là un instrument précis, qui trompe rarement. Quand la transformation est trop vite opérée, au gré de l'expérience commune, les gens s'étonnent et ne savent plus.

D'ailleurs, André Maynotte était mort noyé ; on avait retrouvé son corps sur les grèves de la Divette.

L'étranger tenait ses genoux dans ses deux mains jointes. Il regardait droit devant lui.

Les derniers tilleuls de la place se perdaient pour lui dans la brume, qui voilait presque complétement les maisons. C'était sur ces maisons, pourtant, que se fixait le regard de l'étranger, sur l'une au moins ; on eût dit qu'il la voyait au travers du brouillard.

Il songeait profondément, et parfois ses lèvres blêmes s'agitaient avec lenteur, prononçant des paroles qui n'appartenaient pas à la langue anglaise.

Il disait : C'était là ! mon Dieu ! mon Dieu !

Vers six heures, quelques rares passants commencèrent à traverser la place des Acacias; un rayon de soleil levant perça la brume et dessina l'humble façade de la maison.

Un sourire mélancolique vint aux lèvres de l'étranger.

Le loueur de chevaux Granger ouvrit le premier sa devanture, puis les volets du premier étage battirent avec fracas, et Mme Schwartz, en cornette du matin, s'accouda au balcon avec Éliacin.

L'étranger attendit jusqu'à sept heures, mais l'autre boutique, sur l'enseigne de laquelle on pouvait lire encore le nom de Maynotte, ne s'ouvrit pas.

A sept heures et demie, l'étranger remit sa balle sur son dos, et s'éloigna dans la direction de la basse-ville. En route, il n'essaya point de débiter sa marchandise, et fit comme s'il était venu à Caen uniquement pour s'asseoir sur ce banc de la place des Acacias et contempler de loin cette boutique aux contrevents fermés qui portait sur son enseigne le nom de Maynotte.

Il s'arrêta pourtant une fois entre le quartier Saint-Martin et le pont de Vaucelles. Ce fut aux abords de la préfecture, devant une maison isolée aux abords d'un jardin. Deux enfants criaient et jouaient dans l'herbe, derrière les lilas. L'étranger s'approcha de la modeste grille et regarda. Pendant que les enfants jouaient, leur père, assis sur une chaise rustique, feuilletait des papiers judiciaires, et la jeune mère brodait en surveillant les petits. Chez le conseiller Roland, on était matinal.

Le visage pâle de l'étranger eut un bon sourire. Malgré lui, sa main fit un geste qui ressemblait à une bénédiction.

Et il passa.

Au delà du pont de Vaucelles, son œil rêveur suivit la route de Vire qui montait tortueusement la pente douce et dominait les grasses prairies de l'Orne. Il dit encore d'une voix tremblante :

« Ce fut par là.... »

Un tilbury franchit le pont, le tilbury de M. Granger, attelé d'un cheval noir qui galopait comme un tourbillon. Le tilbury contenait un jeune couple : des amoureux ; l'étranger tourna court et se perdit dans un nuage de poussière sur la route de Vire.

Il s'assit et appuya sa tête contre ses mains.

« Black ! » murmura-t-il.

Deux larmes roulèrent sur ses joues.

A une lieue et demie de Caen, dans les terres, sur la droite de la route d'Alençon, il y avait un petit bien, enclavé entre les territoires de deux ou trois puissantes métairies.

La maison exiguë, mais proprette, ouvrait sa porte toute grande sur le chemin vicinal, dont elle n'était séparée que par une haie d'aubépine, ébréchée largement. A droite et à gauche, le jardin montrait ses carrés de légumes bien cultivés, derrière un rideau éclatant de roses trémières en pleine fleur. Par derrière, on voyait les pommiers trapus du verger qui pliaient sous les riches faix de leurs fruits.

Deux pieds de vigne et un rosier, tous trois à haute tige, décoraient la façade de la maison, protégés avec soin par un vêtement de planchettes, depuis le sol jusqu'au toit. Le rosier formait un gros bouquet entre les deux fenêtres, et chacun des pieds de vigne supportait une véritable guirlande de verjus aux grappes énormes.

C'était le logis de Madeleine, la nourrice. En Normandie, le paysan qui possède un bien, si petit qu'il soit, est riche, pourvu que son étoile lui ait donné une bonne ménagère, et Madeleine était une ménagère modèle. Mieux vaut ne pas trop fêter le cidre, assurément ;

mais l'homme qui a une bonne ménagère peut s'endormir, de temps en temps, *chaud de boire*, sans que sa fortune perde l'équilibre. Tout l'argent des journées est pour l'épargne ; on vit presque du petit coin de terre, cultivé par la femme, et l'on vit même assez bien.

Madeleine était au champ, derrière le verger, à piocher ses pommes de terre ; le mari travaillait pour quelque métayer voisin ; la vieille mère filait son rouet en surveillant la marmite, et le petit jouait dans la poussière devant la pierre du seuil.

Des deux côtés de la brèche, deux chevaux de gendarmes étaient attachés, broutant gravement les jeunes pousses.

Car tout cheval qui a l'honneur d'appartenir à la gendarmerie prend incontinent les allures paisibles et fières qui distinguent cette arme d'élite. J'ai reconnu à la charrue d'anciens chevaux de gendarmes ; ils traçaient plus droit que les autres ; dès qu'ils ne tiraient plus, ils portaient haut, et leur regard convaincu semblait dire au rustaud dont ils exécutaient les ordres avec une digne courtoisie : Brigadier, vous avez raison.

Le brigadier et son gendarme, assis à la table, buvaient voluptueusement une écuellée d'honnête cidre. Le gendarme écoutait ; le brigadier racontait des choses curieuses.

« Le coupable, disait-il, non sans élégance, le coupable il se cache parfois momentanément sous les divers déguisements de l'innocence, colporteur ou bourgeois, voyageant pour son plaisir ou pour ses propres affaires, qu'il fait dans l'intérêt de sa famille. Il m'est arrivé dans l'aurore de ma carrière, n'étant pas encore gradé comme depuis lors, de croiser le malfaiteur face à face sans qu'il m'inspirât le moindre soupçon contraire à ma sécurité. Postérieurement, j'ai acquis peu à peu le fil de l'expérience qu'il serait difficile, malgré toutes les ruses qu'ils inventent, de me faire croire que les nues sont de peau de veau. La partie demande que vous êtes attentif et toujours l'œil américain, fixé sur les circonstances les plus insignifiantes. L'honnête homme ne s'affronte jamais que vous lui exigez ses papiers avec politesse, sauf la conjecture où il peut se trouver en rupture de ban ou des positions qui ne sont pas régulières, auquel cas particulier....

— Brigadier, interrompit le gendarme, en voilà un de particulier qui va à travers champs, là-bas, sous le déguisement du colporteur. »

Notre homme de la place des Acacias venait en effet par la traverse. Il s'arrêta de l'autre côté de la route, sur le talus du champ de blé qui la bordait et jeta un long regard à l'enfant.

« Etant nouveau avec moi, dit le brigadier à son subordonné, je ne serai pas fâché que vous me fournissiez une preuve palpable de votre capacité, Manigot. Allez au commandement. »

Quand l'étranger vit Manigot sur le pas de la porte, il descendit le revers du talus et demanda :

« N'est-ce point ici la maison de Madeleine Brebant? »

En parlant, il regardait toujours l'enfant. L'enfant leva la tête au son de sa voix, montrant de grands yeux bleus, qui souriaient sous sa chevelure blonde ; mais la vue de l'étranger ne l'intéressa point, et il se reprit à remuer des cailloux dans la poussière.

Le gendarme Manigot fit quelques pas en avant et d'un ton plein d'aménité :

« On cherche comme ça, dit-il, dans le canton, un quelqu'un de vagabond qui a commis le crime d'incendie en communiquant le feu volontairement, par suite de malveillance, aux meules de Jean Poisson, commune de Coville, ici près. Faites-moi l'amitié de m'exhiber vos papiers, dans votre intérêt de la sûreté publique. »

L'étranger atteignit aussitôt son portefeuille et mit entre les mains du gendarme un passeport au nom de Antoine Jean, colporteur, visé tout récemment à la mairie de Cherbourg.

« Laissez aller, commanda de loin le brigadier qui avait écouté le signalement épelé à haute voix. C'est conforme. »

L'étranger était tout auprès de l'enfant qui le regarda encore et dit :

« Celui-là marche sur mes pierres. »

La voix de l'enfant fit monter le rouge au front de l'étranger, mais sa pâleur revint plus mate. Il passa le seuil et demanda où était la femme Madeleine. La vieille mère lui indiqua la porte du clos.

Madeleine travaillait au grand soleil, la tête enveloppée d'un mouchoir, elle avait bonne santé, bonne conscience, elle chantait à toute gorge un refrain du pays. Quand elle vit le porte-balle sortir du verger pour entrer dans le champ, elle s'écria :

« Vous avez perdu votre peine, l'ami, j'ai des aiguilles, du fil et de la toile. »

L'étranger avançait sans répondre. A force de le regarder, Madeleine pâlit.

« Malheureux homme, est-ce vous ? » balbutia-t-elle en laissant aller sa piochette.

Puis, reculant de plusieurs pas et faisant le signe de la croix :

« M. Maynotte est mort pourtant, oui bien ! ajouta-t-elle avec un superstitieux effroi. Tout le monde dit ça, et ceux qui savent lire l'ont vu moulé sur les journaux ! »

Le porte-balle avançait toujours. Madeleine mit ses deux mains au-devant de ses yeux.

« S'il faut des messes.... » commença-t-elle d'une voix qui devenait tremblante.

Car c'était une courageuse femme, mais qui n'avait de vaillance que contre les vivants.

« Madeleine, lui dit André qui ne s'arrêta qu'auprès d'elle, je ne suis pas mort. Vous pouvez me toucher si vous voulez....

— Moi, vous toucher ! s'écria-t-elle avec une sorte d'horreur.

— Madeleine, reprit André d'un accent doux et résigné, je ne mérite pas de faire ainsi horreur aux bonnes gens. Sur la passion de Notre-Seigneur Jésus-Christ, je suis innocent, je vous le jure !

— Elle l'affirme aussi, » pensa tout haut Madeleine qui laissa son regard glisser entre ses doigts disjoints.

Et après tout, il faisait beau soleil. Les frayeurs ne tiennent pas par le grand jour. Madeleine murmura :

« Je ne suis pas juge, monsieur Maynotte. Que le bon Dieu ait compassion de vous ! »

Puis, saisie d'une autre terreur contre laquelle ne pouvait rien le beau soleil :

« Mais, malheureux homme, malheureux homme ! s'écria-t-elle. On cherche l'incendier des meules à Poisson. Il y a des gendarmes plein le pays ! S'ils vous rencontraient....

— Les gendarmes sont chez vous, Madeleine. Je viens de leur parler.

— Ah !... fit la nourrice, qui resta bouche béante, chez nous ! les gendarmes ! Et vous leur avez parlé !... Prenez par là pour vous en retourner, monsieur Maynotte (elle montrait les derrières de son clos), car ils demandent les papiers de tout le monde.

— Ils m'ont demandé mes papiers, Madeleine.

— Ah! Dieu de bonté, s'ils vous avaient arrêté dans ma maison!

— Il faut que vous sachiez cela, Madeleine, pour ne plus m'appeler M. Maynotte. J'ai pris un autre nom....

— Ah!... fit pour la troisième fois la nourrice. Elle aussi! Elle aussi! »

Elle détourna les yeux.

« Vous êtes bien changé, reprit-elle.

— Oui, prononça tout bas André, bien changé! Mon petit ne m'a pas reconnu. »

Sa paupière était mouillée. Le bon cœur de Madeleine se serra.

« Est-elle venue? demanda André après un silence.

— Oui, répondit la bonne femme, elle est venue trois fois.

— Rien que trois fois! murmura André.

— Paris est loin et l'affaire n'est pas oubliée dans le pays.

— N'a-t-elle jamais montré l'envie d'emmener l'enfant?

— Jamais. Elle sait que l'enfant est bien chez nous.

— Bonne Madeleine, que Dieu vous récompense! »

André sembla hésiter, puis il demanda d'une voix altérée :

« Vous a-t-elle parlé de moi?

— Jamais, » répondit encore la nourrice.

André chancela et fut obligé de s'asseoir sur le sac aux pommes de terre. La nourrice eut pitié.

« Mais, ajouta-t-elle, son vêtement parle pour elle. Elle est en grand noir.

— Merci, balbutia André. Je suis bien las, mais il

faut que je reprenne ma route. Je veux voir Julie. J'ai fait bien des lieues pour cela. »

Nous l'avons dit : Madeleine avait pitié. Mais elle était de Normandie.

« Est-ce que l'argent est avec elle à Paris ? » demanda-t-elle.

Une expression de véritable désespoir parla dans les yeux d'André Maynotte, qui répliqua en un gémissement :

« Et pourtant, vous nous connaissiez bien, Madeleine !

— Comment qu'ils nommaient cette machine de fer ? grommela celle-ci. Le brassard ? Il y aurait eu cent témoins pour dire : M. Maynotte a fait le coup, j'aurais répondu : savoir ! savoir !... Mais le brassard !... Aussi bien, tout ça ne me regarde pas, car l'enfant n'est pas cause, le cher innocent ! »

XV

A Paris.

André se leva.

« Je suis venu pour savoir où je trouverai ma femme, prononça-t-il d'un accent ferme et triste. Je ne vous en veux point, Madeleine ; les apparences étaient contre moi.

— L'adresse est à la maison, dans mon livre d'heures, répondit la bonne femme ; le nom de la rue à la première page, le numéro à la dernière. Vous trouverez le livre sur la fenêtre. Bon voyage, monsieur Maynotte.... et si vous avez de l'argent de trop, on dit que la veuve et les enfants de M. Bancelle demandent la charité, à l'heure qu'il est, dans Paris. »

André s'éloigna lentement, et la bonne femme se remit à piocher ses pommes de terre. En travaillant, elle pensait :

« Non, non, je n'aurais pas cru cela de lui dans le temps.... Et tout de même il est devenu à rien !... Et si pâle !... Tout comme elle !... Bien mal acquis ne profite pas, c'est sûr.... J'aime mieux qu'il ne revienne pas.... ni elle non plus.... quoique l'enfant n'est pas cause. »

Le brigadier et son gendarme étaient partis à la recherche de l'*incendier* des meules à Poisson. André trouva le livre d'heures sur la fenêtre. Il le prit sous prétexte de montrer l'image du commencement au petit. A la première page, il y avait rue de la Sourdière, à la dernière se lisait n° 21.

André cacha une larme pendant qu'il embrassait le petit et partit, sa balle sur le dos.

A deux jours de là, vers dix heures du matin, à Paris, André, plus pâle encore et marchant avec peine, sortait de la cour des messageries et demandait la rue de la Sourdière au commissionnaire du coin.

C'était une belle journée de la fin de l'été. Paris vaquait à ses affaires matinales et semblait une ruche en travail. Étourdi, au milieu de ce mouvement inconnu, André allait le long de la rue Saint-Honoré, suivant les indications de l'Auvergnat; il dépassa l'église Saint-Roch, dont le cadran bleu marquait dix heures et demie; à l'angle d'une voie droite, étroite, solitaire, triste, il lut cet écriteau : *Rue de la Sourdière*.

Il s'arrêta. Une main d'acier lui serrait le cœur.

Et quelle était donc cette angoisse qui pouvait le saisir ainsi au moment de retrouver Julie?

Il y avait alors à Paris, et bien près de là, des quartiers infects, des quartiers infâmes; il y a encore à Paris des zones lugubres où la misère couvre le crime. Et, certes, cette rue de la Sourdière, où je n'ai jamais pu passer sans avoir le frisson, n'est ni infâme, ni précisément infecte, ni misérable, ni criminelle. Elle est terrible tout uniment, terrible de froid, d'abandon, de silence. C'est comme une oasis de la mort, au milieu des exubérantes vitalités qui l'entourent. Il y a là de très-beaux hôtels perclus, des jardins qui moisissent; le soleil passe au-dessus sans y entrer, et chaque fois qu'une voiture égarée cahote sur son pavé, qui a cent ans, et qui est tout neuf, des créatures étranges, penchées à de mélancoliques balcons, regardent avec des étonnements chinois cette chose qui se meut et qui fait du bruit. La voiture passée, les fenêtres se referment; il y en a pour longtemps; les araignées savent cela et raccommodent, pleines de confiance, leurs toiles, qui ne seront pas dérangées avant six mois.

Son nom lui va bien; elle est muette et sourde. Elle ne vient de nulle part, elle ne mène à rien. Entre les deux rangs de ses maisons mornes, le ciel lui-même est en deuil et s'ennuie.

André n'était pas de Paris. Cette prodigieuse désolation n'est bien sentie que par les Parisiens. Ce ne fut donc pas le désespérant aspect de cette nécropole qui le fit reculer, mais il recula. Il eût fallu un peu de calme, c'est vrai, mais de calme riant, pour lui donner courage.

Il recula et se replongea tout peureux dans les fracas de la rue Saint-Honoré.

Il n'osait plus. Son malaise avait désormais un nom dans sa conscience et s'appelait pressentiment. Il voyait grandir en lui un effroi qui était déjà de la folie et sentait sur sa tête la menace d'un affreux malheur.

Quel malheur? N'était-il pas meurtri assez par les coups du sort? Que pouvait-il craindre et quelle souffrance nouvelle pouvait s'ajouter à son martyre?

Quand onze heures sonnèrent à l'horloge de Saint-Roch, il les compta machinalement des marches de l'autel de la vierge, où il s'agenouillait. Il était entré sans trop savoir; sans trop savoir, il avait remonté toute la nef, de la grand'porte à l'abside, et il était là, priant, et peut-être ne savait-il pas bien qu'il priait.

Ce fut un réveil; il joignit ses deux mains, et son cœur s'éleva vers Dieu ardemment. La prière des enfants, l'admirable prière, plus grande que l'homme, la prière contenant ces mots, adressés à *Notre Père qui est aux Cieux :* « Pardonnez-nous nos offenses comme nous pardonnons à ceux qui nous ont offensés, » tomba de ses lèvres.

Et quand il eut prononcé ces mots, il ne pria plus, il réfléchit.

Il y avait un homme à qui il ne pouvait pas pardonner.

Un inconnu, c'est vrai ; mais il avait juré en lui-même d'employer, s'il le fallait, sa vie entière à le connaître.

Pourquoi?, pour se venger.

Cette prière miraculeuse n'admet pas la vengeance. Elle se retourne contre ceux qui veulent se venger. Ceux qui veulent se venger prononcent, en la récitant, leur propre condamnation. André, agenouillé, la tête entre ses deux mains, songeait ainsi.

Et il y avait en lui quelque chose de plus fort encore que la vengeance, c'était l'amour.

André avait une frayeur, faut-il dire superstitieuse ? de cette condamnation prononcée par sa propre bouche contre ceux qui haïssent. Sa haine était juste, sa vengeance était légitime ; mais devant Dieu, auteur de la prière, il n'y a point de juste haine ni de légitime vengeance.

Selon la loi de Dieu, le pardon est un rigoureux devoir.

André s'interrogeait. Il avait demandé au ciel le talion ; il avait dit : « Ayez la même pitié que moi. » Et quelle pitié, si par hasard il eût trouvé en sortant, sur les degrés de l'église, l'homme qui avait pris tout son bonheur ?

Si l'Habit-Noir, si Toulonnais-l'Amitié, car il n'avait que ces bizarres dénominations pour désigner l'objet de sa haine, s'était présenté à lui tout à coup et qu'une voix révélatrice eût crié à son oreille : « Le voilà ! »

Il n'est personne parmi les chrétiens croyants, et André avait apporté de Corse un fond de foi robuste, il n'est personne qui n'ait parlementé ainsi une fois en sa vie avec la Providence, discuté, marchandé pour ainsi dire et posé ses conditions. En Bretagne, les naïfs pèlerins disent à la bonne sainte Anne d'Auray : « Si tu fais ceci, je ferai cela. » C'est un marché. Pourquoi non ? Dieu, plus clément que la philosophie, ne va pas chercher l'impiété dans ces simplesses du cœur.

André Maynotte, profondément absorbé dans sa méditation, docile aux conseils de la prière, mais plaidant pour son droit humain, n'était pas un impie. Il écoutait Dieu avec la candeur de la force, et sa passion soutenait ce débat. Jacob aussi lutta contre le Seigneur.

Son front était mouillé, sa joue pâle ; il ne voyait rien de ce qui était autour de lui. Dieu le tenait, si l'on peut ainsi dire, et la question mystique se posait en sa conscience avec une extraordinaire netteté. Il y avait d'un côté sa haine, de l'autre son amour. Au point de vue humain, ces deux sentiments se seraient confondus, car c'était pour l'amour de sa femme qu'André haïssait surtout le ténébreux agent de sa chute : cet homme était l'assassin de toutes ses belles joies d'amour ; cet homme avait arraché aux yeux de Julie leurs premières larmes ; cet homme, pour les deux époux-amants, s'appelait la séparation et l'exil. Mais, au point de vue religieux, ces subtils mélanges n'existent pas ; il y a le mal et il y a le bien, séparés profondément, parce que l'égoïsme ne leur sert plus de trait d'union. Il faut choisir.

Et André choisissait, laborieusement, douloureusement.

L'espoir de se venger avait en lui déjà de terribles racines ; c'était une part de sa vie : pardonner lui sembla d'abord quelque chose d'impossible et d'impie.

Mais la prière lui criait comme la voix d'un maître : foule aux pieds ta haine, Dieu te rendra ton amour !

L'église, tout à l'heure déserte, s'emplissait cependant. Il y avait un grand mouvement du côté de la sacristie, et les cierges s'allumaient à l'autel.

André ne prenait pas garde.

La fatigue des jours précédents l'affaissait. Il croyait méditer encore, et déjà un voile flottait autour de sa pensée.

Le travail de la réflexion se faisait rêve peu à peu.

Il voyait la tête charmante de Julie, dont les beaux yeux souriants l'appelaient. C'était bien son amour. Entre elle et lui, un abîme se creusait qui était sa haine.

Ainsi se symbolisait la loi de la prière. Il implorait

pitié : la prière restait implacable : « Je te pardonnerai tes offenses comme tu pardonneras à ceux qui t'ont offensé ! »

Des bruits couraient dans la nef où la foule curieuse s'entassait. L'orgue frappa un long accord. Tout cela, dans le rêve d'André, voix de la foule et sons de l'orgue, disait l'arrêt de la prière.

Ce n'était pas jour de dimanche, pourtant, ni fête publique. Pourquoi ces cierges à midi ? cette musique ? cette foule ? André ne savait pas, et que lui importait ? Rêvant ou pensant, il se débattait à la fois contre sa passion et contre Dieu.

Non loin de lui, entre la sacristie et le calvaire, dans l'un des bas côtés de la chapelle de la Vierge, un homme se tenait debout, dirigeant ses regards curieux vers la nef principale. Il y a longtemps que nous n'avons rencontré M. Lecoq, le commis-voyageur en coffres-forts, qui avait fait un si beau cadeau à notre J.-B. Schwartz ; nous l'eussions néanmoins reconnu tout de suite à sa figure ouverte et crânement effrontée. Son costume de voyage était remplacé par une très-élégante toilette de ville aux couleurs un peu hasardées. Il était là en curieux, évidemment, et il semblait guetter l'arrivée de quelqu'un.

De l'endroit où il était, il pouvait voir le milieu de la nef et surtout les abords de la sacristie, où les assistants commençaient à former une double haie au-devant de la porte.

La porte de la sacristie s'ouvrit à deux battants : une sorte de procession passa, puis la foule s'agita tout à coup immodérément ; un couple suivait les prêtres : des mariés, l'épousée en robe blanche, coiffée de la couronne de fleurs d'oranger, le fiancé en habit noir. Malgré la présence imposante du suisse, on monta sur les chaises. M. Locoq ne put glisser qu'un coup d'œil au travers de la cohue. Ce fut assez, car sa prunelle brilla et ses lèvres eurent un singulier sourire.

L'orgue chantait. C'était une noce : une noce riche.

Paris, le vieil enfant, a beau être la capitale du monde intelligent, il garde toute la curiosité du village.

Paris veut voir la mariée; Paris qu'on dit si chargé de besogne! Il cesse de s'occuper des destinées de l'univers dès qu'un chien habillé passe dans la rue, et, si attachant que soit ce spectacle, il détournera les yeux de la girouette révolutionnaire, si vous lui montrez une charretée de singes.

Pour voir la duchesse ou la banquière entrer au bal, Paris bravera la fluxion de poitrine ; pour contempler la mariée, il grimpera sur les chaises de l'église. Au fond, pourquoi pas? Il ne veut pas de mal au bon Dieu.

Dès que la noce fut placée, les deux haies se replièrent le long des bas-côtés, afin de regarder mieux. M. Lecoq, qu'il ne nous est pas permis de confondre avec les simples badauds, ne changea point de place et garda son sourire gaillard. Un instant, il resta immobile, les mains croisées derrière le dos, et sa large bouche ébaucha un bâillement; mais, à cet instant même, ses yeux, tournés par hasard vers la chapelle de la Vierge, qui était vide, tombèrent sur André, agenouillé devant l'autel. Il tressaillit; le rouge lui monta au visage, et, d'un mouvement instinctif, il fit deux pas pour se mettre à l'abri d'un pilier.

De là, il glissa vers André un second regard cauteleux et rapide. Sa joue changea une seconde fois de couleur.

« De par tous les diables! murmura-t-il avec un étonnement profond, c'est lui! c'est bien lui! Voilà une aventure! »

Les précautions qu'il prenait étaient tout à fait superflues, car André n'était plus de ce monde et ne se rendait aucun compte de ce qui se passait autour de lui. La lutte qui avait lieu dans son cœur ne pouvait être incertaine ; sa haine était robuste et tenace, parce qu'il s'y mêlait une juste volonté de châtiment ; mais son amour était son être tout entier : son amour devait vaincre.

Noyé qu'il était dans ce rêve extatique qui n'était pas le sommeil, et d'où cependant la froide raison humaine semblait exclue, il revint tout à coup à la pensée de sa présence à Paris, sans que les objets extérieurs fussent pour rien dans ce réveil. Le but de son voyage, Julie, l'appela et chassa ses dernières incertitudes. Il joignit les mains dans une passionnée ferveur et dit à Dieu :

« J'oublierai celui qui m'a fait tant de mal. Je ne chercherai ni à savoir son nom ni à connaître son visage. Je ne me vengerai pas. Je promets cela et je le jure, afin de retrouver ma Julie, afin qu'elle m'aime toujours et que nous soyons heureux ! »

Il se releva, le cœur plein d'un calme extraordinaire. Que le fait semble ou non puéril, le pacte était conclu. Toutes les inquiétudes, toutes les angoisses qui avaient agité André pendant son voyage et depuis son arrivée à Paris disparaissaient. Littéralement, il venait d'acheter son bonheur.

Et, sa nature étant donnée, il avait payé un haut prix.

En se retournant, après avoir fait le signe de la croix, il vit l'heure, au cadran de la grand'porte, à travers les colonnes du maître-autel. L'horloge marquait midi et demi. Il s'étonna du long espace de temps écoulé et n'eut plus d'autre désir que de quitter l'église pour se rendre enfin à la maison de Julie.

1—12

La route était toute tracée pour quelqu'un qui ne connaissait pas les particularités de Saint-Roch. La porte latérale, située auprès de la sacristie, ne semble nullement communiquer avec le dehors. André se dirigea vers la grand'porte donnant sur la rue Saint-Honoré.

Dès les premiers pas, lui qui naguère était entré dans une église déserte, il s'arrêta étonné à la vue de la foule qui emplissait les bas côtés. M. Lecoq avait fait le tour du pilier pour ne se point montrer à lui et le regardait désormais par derrière avec une avide curiosité. Il avait autour des lèvres ce sourire narquois qui semble dire : « Nous allons avoir la comédie ! »

André était à cent lieues de croire qu'on l'observait, à cent lieues aussi de penser que, le long de ces bas côtés encombrés, un événement l'attendait qui pût exciter la curiosité d'autrui.

Les gens qui étaient là debout ne priaient point ; ils causaient, et André traversa les premiers rangs sans prêter la moindre attention aux propos croisés qui bourdonnaient autour de ses oreilles. La première chose qu'il entendit fut ce mot :

« Pas le sou, monsieur Jonas, pas le sou ! »

Le mot était prononcé en forme de vigoureuse affirmation par une grosse femme sanguine, plaidant contre un homme doux et blême. La grosse femme ajouta, pendant qu'André essayait de faire le tour de sa rotondité :

« Et venue sous un chou, c'est certain ! Ni parents ni famille ! Leçons de guitare au cachet, quoi ! ça dit tout ! »

M. Jonas, homme maigre, occupant une de ces boutiques de marchandes à la toilette qui abondent dans le quartier de Saint-Roch, répondit :

« Sage comme une image, aussi, faut dire. Il en est

assez entré chez nous pour nous demander ci et ça sur son compte. Elle aurait gagné ce qu'elle aurait voulu, plaisant aux hommes et se tenant roide. »

Mme Coutant, la grosse femme rouge, haussa les épaules.

« Affaire de cacher son jeu ! grommela-t-elle. Pour jolie fille, ça y est. Mais la vertu ! une femme en *a* et en *i*, qui n'est ni propriétaire, ni rentière, ni marchande. Vas-y voir ! »

André parvint à dépasser Mme Coutant, qui lui dit avec aigreur :

« On ne pousse pas dans les églises ! Et qu'il y en a plus d'un, ajouta-t-elle, qui viennent là pour s'approcher des dames !

— Ou pour entrer dans les poches, appuya M. Jonas.

— Elle est splendide ! » déclara un jeune commis, guindé sur la pointe de ses pieds pour apercevoir la mariée.

Un homme sérieux et bien couvert, parlant au nom de la saine morale, édicta :

« Dans les affaires, il n'est jamais maladroit d'épouser une très-belle femme.

— Farceur ! » répliqua un sans-gêne.

André n'avait pas encore tourné la tête du côté de la nef. Le sens de tous ces bavardages glissait sur sa préoccupation. Il avait gagné un mètre ou deux péniblement, et se trouvait à la hauteur du maître-autel.

Deux paroles se croisèrent à droite et à gauche de lui, un chiffre et un nom. Il se sentit frissonner.

A sa droite, on disait :

« C'est un homme de quatre cent mille francs ! »

A sa gauche :

« Vous ne connaissez donc pas M. Schwartz ? »

La gaieté lugubre du proverbe défend de parler de

corde devant les pendus. Quand la dent du malheur a mordu profondément un homme, il est une foule de mots, d'alliances de mots, de noms, de dates, de chiffres, qui sont pour lui ce qu'est la corde au pendu du proverbe.

Les Schwartz pullulent, et vingt fois par heure le chiffre quatre cent mille peut revenir dans l'entretien de deux financiers. Néanmoins, André s'arrêta pour regarder son voisin de droite et son voisin de gauche. Le nom le frappait deux fois, le chiffre faisait renaître une heure d'angoisse; le nom et le chiffre réunis, supprimant Paris et les jours écoulés, le ramenaient à Caen et recommençaient son martyre.

Le voisin de droite lui était inconnu aussi bien que le voisin de gauche. Comme il restait tout ébranlé, un troisième assistant dit derrière lui :

« L'Alsacien en tenait ! Si la belle Giovanna l'avait refusé, il se serait fait sauter la cervelle ! »

Un nuage passa devant les yeux d'André.

Julie aussi avait nom Giovanna. Quelqu'un avait dit tout à l'heure : « Une demoiselle en *a* et en *i*. » Le vrai nom de Julie, sa femme, qu'elle avait dû reprendre sur sa propre injonction, était Giovanna-Maria Reni.

Peut-on dire que ce fut une crainte ou un soupçon ? Quelle apparence ? André eut un rire d'enfant à qui l'on fait un conte impossible.

Et pourtant il tourna les yeux vers la nef, pris, pour la première fois, par l'envie de voir. Entre lui et l'autel où s'agenouillaient les mariés, un large pilier s'interposait.

Schwartz ! quatre cent mille francs ! La somme exacte renfermée dans la caisse de M. Bancelle !

« Écoutez ! disait-on dans la cohue, écoutez ! »

Un silence se fit, en effet, parce que le suisse paraissait à la porte de la sacristie et frappait contre le pavé la hampe de sa pacifique hallebarde. Le prêtre prononçait son allocution.

Schwartz! On avait dit Schwartz! — L'homme qu'il avait chargé de ses lettres, à Jersey, s'appelait aussi Schwartz.

« Ils s'écrivaient déjà, quand il a fait son voyage à Jersey, » reprit le dernier interlocuteur.

André regarda celui-là d'un air hébété.

« Écoutez! écoutez donc! fit-on parmi cette foule qui était au spectacle; il a dit oui! »

André n'entendit pas ce *oui* du fiancé; mais, par contre, une autre voix, si faible pourtant qu'elle n'arriva pas jusqu'à ses voisins, frappa violemment son oreille. Sa tête plia entre ses deux épaules comme si un poids écrasant l'eût opprimée tout à coup. Il jeta un regard fou sur ceux qui l'entouraient, et se rua en avant, d'un élan furieux, pour arriver jusqu'à la grille, entre deux piliers.

Là, on pouvait voir.

En repoussant à droite et à gauche avec une irrésistible brutalité les hommes et les femmes qui lui barraient la route, André, l'œil sanglant et la lèvre blanche, disait d'une voix étranglée :

« Ce n'est pas elle! vous mentez! vous mentez! »

Paris a grand peur des attaques d'épilepsie; néanmoins, il s'attroupe volontiers à les regarder. C'est toujours un peu de comédie gratis, donnée en dehors des fêtes nationales. Il se fit autour d'André, instantanément, un cercle, composé d'un seul rang de corps au-dessus desquels pendait une quadruple couronne de têtes.

On constata qu'il écumait. Le suisse se mit en marche d'un pas processionnel pour sauvegarder le bon ordre. Mme Coutant dit à M. Jonas :

« L'an dernier, au bal de Tivoli, un Anglais enragé en a mordu trois comme ça: deux modistes et une levrette. »

Mais bien longtemps avant que le suisse eût percé la foule, André avait atteint la grille. Ses deux mains crispées en saisirent les barreaux, et il dirigea un regard aigu, plein d'angoisse et d'espoir, vers la balustrade au-devant de laquelle les deux nouveaux époux s'agenouillaient.

Il ne vit que l'homme, qui était bien J. B. Schwartz. Un râle s'échappa de sa poitrine. Le prêtre était entre lui et la femme.

Il répéta encore une fois :

« Ce n'est pas elle ! »

Ce fut l'affaire d'une seconde. Le prêtre, ayant changé de position, cessa de masquer l'épousée, dont le visage mélancolique et merveilleusement beau sauta aux yeux d'André, comme un éblouissement, sous sa couronne de fleurs d'oranger.

Les deux mains d'André lâchèrent prise. Un cri déchirant s'étrangla dans sa gorge, et il tomba foudroyé.

XVI

Mlle Fanchette.

A ce cri, Julie Maynotte, Giovanna-Maria Reni, — ou Mme Schwartz, car ce dernier nom lui appartenait désormais, leva la tête et regarda la place d'où le bruit venait.

Il y avait une tristesse profonde, mais tranquille,

dans l'admirable langueur de ses grands yeux. Elle était belle comme autrefois. Plus belle.

J. B. Schwartz, lui, le fiancé, car c'était bien notre pauvre Alsacien des premières pages de cette histoire, qui avait quatre cent mille francs et qui prenait pour femme cette merveilleuse créature, J. B. Schwartz eut deux regards : l'un, rapide et jaloux, qui enveloppa sa fiancée ; l'autre, inquiet, qui glissa vers la grille.

J. B. Schwartz avait peu changé. Ses traits gardaient leur dessin aigu et pauvre. Il avait pris, cependant, un peu de teint et de corps.

Sa femme et lui ne virent rien, sinon un flux de têtes agitées. André, en effet, gisait inanimé sur les dalles.

L'épousée inclina de nouveau sa tête charmante sur son livre de mariage, et J. B. Schwartz, croyant à un vulgaire accident, reprit la pose digne commandée par la circonstance.

C'était une noce riche. Rien de ce que peut fournir la magnificence cérémoniale n'y manquait. Tous les cierges étaient allumés, le clergé avait ses ornements les plus pompeux, l'orgue soufflait dans ses plus bruyants tuyaux. La nef, cependant, ne contenait pas une assistance très-nombreuse ; la foule était surtout dans les bas-côtés, refuge des curieux. Encore, les gens qui garnissaient la nef n'avaient-ils pas physionomie de famille.

On peut voir souvent des mariages moins fastueux et mieux entourés.

Un Schwartz, devenu homme de quatre cent mille francs, ne manque pas de parents, assurément, ni d'amis non plus ; mais ces parents et ces amis sont d'espèce particulière.

Quant à la belle fiancée, elle n'avait point d'entourage. Son nom de Giovanna Reni disait sa position d'étrangère. En somme, pour un Schwartz, notre Alsacien pointu osait là une alliance lamentablement romanesque. Il aurait pu épouser une famille commerçante et un demi-million, pour le moins. On se le disait.

La cérémonie continua paisiblement, pendant que le suisse, aidé de quelques personnes obligeantes, relevait André pour le porter à la sacristie. M. Lecoq suivait à cinq ou six pas de distance, et semblait laborieusement se consulter.

Il avait eu la comédie espérée, violente dès sa première scène. Que voulait-il maintenant, et quelles pensées roulaient dans cette effrontée cervelle?

La plupart des curieux s'arrêtèrent à la porte de la sacristie. M. Lecoq en franchit le seuil. Dans toute l'église, où il y avait pourtant, vu la circonstance, bon nombre de notables commerçants et de personnes bien posées, vous n'eussiez pas trouvé une physionomie plus solvable que la sienne. M. Lecoq, portant haut sa figure ouverte et calme, vêtu avec une solide élégance et repoussant de côté d'un geste doux les gens qui lui barraient le passage, était aujourd'hui un de ces hommes comme il faut, qui charment les chiens à la chaîne et conjurent l'hypocondrie malfaisante des concierges.

Il entra, marchant droit au groupe qui entourait le malade. Dans ce groupe, composé des plus humbles fonctionnaires de la sacristie, on bavardait :

« C'est la boisson!

— C'est le haut mal!

— Des fois, le besoin.... » commença un serpent charitable.

Mais le suisse, sentimental et clément comme tous les guerriers de grande taille :

« Sans compter qu'on en voit fréquemment qui succombent par les peines de cœur, les jours de noce. »

M. Lecoq lui toucha le bras par derrière et dit :

« Permettez ! »

On s'écarta, car c'était un ordre. M. Lecoq prit le poignet d'André et lui tâta le pouls.

« C'est un médecin ! fut-il chuchoté.

— Non, mes amis, répliqua M. Lecoq avec un bon sourire, je ne suis pas un médecin. »

Il tira sa bourse et mit une pièce d'argent dans la main du suisse.

« Ce malheureux jeune homme est mon parent, ajouta-t-il. Une terrible maladie ! Une voiture, je vous prie, et sur-le-champ ! »

Un des valets de la sacristie s'ébranla pour obéir. M. Lecoq ajouta :

« Je demeure ici près, rue Gaillon. Prenez une des voitures de la noce ; elle sera de retour avant la fin de la cérémonie. »

Pendant l'absence du valet, M. Lecoq donna quelques renseignements bien sentis sur « la terrible maladie, » et s'assura une popularité. Incidemment, il laissa tomber son nom et sa qualité d'associé de la maison Berthier et Cie, célèbre, entre toutes, pour la fabrication des coffres-forts.

La voiture venue, chacun aida à transporter André, toujours privé de sentiment. M. Lecoq avait déclaré que tous les moyens ordinaires seraient impuissants, et qu'il avait chez lui le médicament spécial. Il paya, remercia et partit.

Quelques minutes après, André était couché tout habillé sur le propre lit de M. Lecoq, dans une chambre assez vaste, meublée avec un certain luxe, mais fort en désordre.

Ce M. Lecoq avait des côtés artistes; on rencontrait chez lui une grande variété de pipes et beaucoup de poussière. S'il possédait le médicament spécial pour les syncopes de son prétendu cousin, il est vrai de dire qu'il ne se hâtait point d'en user.

Un soin plus pressant l'occupait. Il faisait l'inventaire des poches d'André : pauvre inventaire! André ne possédait au monde que le passeport au nom d'Antoine et une vieille bourse, contenant trois pièces d'or.

M. Lecoq ne cherchait peut-être pas autre chose. A la vue du passeport, il eût un sourire pensif et tomba dans une profonde rêverie. Cuvier devait sourire ainsi quand il reconstruisait tout un squelette antédiluvien à l'aide de quelques bribes d'ossements pétrifiés.

Pendant dix bonnes minutes, M. Lecoq réfléchit, puis il prit son chapeau et sortit, pensant tout haut :

« Il faut consulter le père à tous ! »

André avait l'air d'un mort sur son lit. Le père à tous, cependant, était-il un médecin?

Tant mieux, si le père à tous était un médecin, car la syncope d'André durait déjà depuis une longue demi-heure.

M. Lecoq, marchant d'un bon pas, comme un gaillard bien portant qu'il était, mais sans courir, atteignit un fort beau logis de la rue Thérèse qui avait physionomie d'hôtel. La rue Thérèse est un petit morceau de faubourg Saint-Germain, enclavé dans ce quartier hybride, si riche et si pauvre, qu'on nomme la Butte-des-Moulins. M. Lecoq entra en habitué dans cette maison admirablement propre et bien tenue; il n'obéit point à l'écriteau qui criait : Parlez au concierge; il laissa sur sa droite un perron triste, montant à une porte close, et entra par une sorte de poterne bourgeoise, accédant à l'escalier de service.

Un valet, moisi vénérablement, dont la tournure était presque monacale, lui fit un accueil grave et lui dit :

« Le colonel déjeune, monsieur Toulonnais. »

Le père à tous était un colonel.

M. Lecoq monta.

Dans cette maison, il n'y avait aucun bruit. L'air y flairait énergiquement le renfermé. Sur le palier du premier étage, un petit corridor s'ouvrait qui conduisait au maître-escalier, large et noblement balustré de fer. M. Lecoq prit le petit corridor. Le valet, qui ressemblait à un frère convers, ne l'avait point suivi. Dans la vaste et belle cage du grand escalier, désert du haut en bas, la saveur de solitude devenait si forte qu'on eût dit un logis abandonné depuis cent ans.

M. Lecoq, ayant traversé le palier, losangé de blanc et de noir, prenait le bouton de la seule porte qui fût pourvue d'une natte, lorsqu'un projectile d'espèce bizarre, partant de l'étage supérieur, décrivit une savante parabole et vint écraser son chapeau qui vola du coup à quatre pas. En même temps, un éclat de rire strident et court trancha le silence.

« Fanchette! Enragé lutin! gronda M. Lecoq en colère, vous me payerez cela! »

Un second éclat de rire fit explosion. Une tête d'enfant, pâle et terriblement intelligente, apparut au travers des paraphes de fer forgé, dans un cadre énorme de cheveux noirs.

« Je me moque de toi, L'Amitié, dit une voix claire, piquante comme la pointe d'un canif; grand-papa te renverra, si tu m'ennuies! »

Le projectile était un gros vilain bouquet de fleurs passées, alourdi par l'eau qui le saturait. M. Lecoq avait peur de l'enfant, car il lui envoya un baiser.

L'enfant pouvait avoir dix à douze ans; c'était une fille. Elle était petite, mais formée, et sa blouse de toile grise, violemment soutachée de rouge, dessinait une adorable taille de femme en miniature. Ses traits aussi avaient seize ans, pour le moins. Ils étaient délicats, gracieux et hardis.

Ce qui frappait surtout, c'était l'audace de deux yeux démesurément grands et brillants, illuminant la pâleur mate de cet étrange visage.

Au baiser envoyé, Fanchette répondit par un de ces gestes provoquants dont abuse l'espièglerie des gamins de Paris.

« J'ai un autre bouquet, dit-elle, gare à toi quand tu vas sortir! »

Elle disparut. M. Lecoq poussa la porte.

Un vieillard sec, maigre, et dont le visage jauni eût réjoui le regard d'un amateur d'ivoires antiques, était seul dans une très-vaste salle à manger. Il trempait avec sensualité de minces mouillettes de pain bis dans un œuf à la coque. Il n'y avait que cela sur la table, couverte d'un tapis de toile cirée.

« Bonjour, colonel, dit M. Lecoq en entrant.

— Ma belle nièce est mariée? demanda le vieillard au lieu de saluer.

—Le mariage est fait et parfait, » répliqua M. Lecoq.

Le colonel hocha la tête en signe de satisfaction.

« Joli jeune homme! murmura-t-il. Et nous le tenons bien, hé! L'Amitié?

— Il y a du nouveau, dit M. Lecoq. Avez-vous fini votre déjeuner? »

Le vieillard repoussa son coquetier.

« J'ai donné ma démission, répliqua-t-il en prenant un air de défiance. Si c'est pour affaires, adresse-toi au bureau. »

M. Lecoq mit devant lui, sur la table, le passe-port au nom d'Antoine (Jean).

« Bah!... » fit le colonel, avec un étonnement profond.

Puis, après un silence :

« Est-ce que ce bêta de Lambert est ressuscité?

— Pas lui, patron, mais André Maynotte, l'armurier de Sartène, l'homme au brassard, le mari de votre belle nièce qui vient d'épouser J. B. Schwartz en secondes noces. »

Le vieillard se leva tout inquiet. Il était de grande taille, et son corps étique ballottait dans son costume complétement noir.

« Celui qui habitait, à la prison de Caen, poursuivit tranquillement M. Lecoq, la cellule dont vous aviez scié les barreaux dans le temps, celui qui doit avoir reçu les dernières confidences de Lambert, celui qui sait tout.

— Tout? » répéta le colonel, dont la taille se voûta de nouveau.

Il souriait.

Il avait les traits aquilins jusqu'à présenter des courbes crochues, le front étroit, mais haut; le crâne fortement développé par derrière. Sa bouche, déformée par l'absence de dents, donnait cette ligne sénile qui ressemble à une cicatrice. Ses paupières, longues et molles, recouvraient presque entièrement ses yeux, où brillait encore une vivace intelligence. Les vieux soldats sont faciles à reconnaître : il n'y avait rien en lui qui expliquât ce titre de colonel.

« J'ai été cinquante-deux ans dans les affaires, déclara-t-il avec dignité, sans compter les histoires d'Italie, au bon temps. La justice ne m'a cherché querelle qu'une fois, et encore a-t-elle mis les pouces. Les barreaux peuvent avoir été limés par celui-ci ou celui-là : ce sont des enfantillages.

— Lambert connaissait la mécanique, » prononça tout bas M. Lecoq.

Les longues paupières du vieillard se fermèrent tout à fait.

« On a déjà vendu la mécanique aux juges plus d'une fois, répliqua-t-il. Les juges ne veulent pas croire. Le Code est un outil dont ils pensent avoir le monopole. Et, après tout, si ce garçon nous gêne, il est déjà mort une fois. »

Ceci fut dit d'un ton d'humeur.

« Ai-je bien compris? demanda M. Lecoq après un silence. Vous avez dit : « Ce garçon est déjà mort une fois. »

— Qui s'inquiéterait de sa disparition? murmura le colonel. Le décès d'André Maynotte a eu lieu à Dives; tous les journaux l'ont constaté.

— Et il y a bien de la différence, n'est-ce pas, patron, entre commettre un meurtre ou laisser agir la nature? Si personne ne se mêle de ses affaires, ce Maynotte dort pour ne jamais s'éveiller : j'en réponds. »

Le colonel se prit à parcourir la chambre d'un pas ferme.

« Schwartz est du bois dont on fait les grands financiers, pensa-t-il tout haut. Il est mon parent maintenant. Il ne faut rien qui le gêne. »

Puis, s'arrêtant tout à coup devant M. Lecoq, il ajouta :

« Où est ce Maynotte?

— Chez moi.

— Endormi?... Tu as dit cela, ce me semble?

— Non. Évanoui.

— Par quel hasard ? »

En deux mots, M. Lecoq raconta la scène de Saint-Roch.

Le colonel prit sur le dos d'un meuble une ample douillette de soie qu'il tendit à Lecoq. Celui-ci lui en passa les manches.

« Il ne faut rien qui gêne Schwartz, répéta le vieillard encore une fois. Je compte plus sur ceux que je tiens à leur insu que sur ceux qui sont avec moi. Nous tenons Schwartz ; ce sera un grand financier. Je le garde pour ma dernière affaire. »

M. Lecoq, qui était derrière lui, faisant office de valet de chambre, eut un sourire silencieux.

« Alors vous ferez encore une affaire, patron ? murmura-t-il.

— Ai-je dit cela? gronda le colonel avec humeur. Allons voir ton mort. »

Comme ils se dirigeaient vers la porte, un bruit léger se fit sur le carré. M. Lecoq ouvrit la porte ; l'escalier était vide. Sous le vestibule, le vieux valet à tournure de frère convers vint coiffer son maître d'un chapeau à larges bords, et lui mettre aux pieds des socques.

Dans la cour, il y avait maintenant un cocher qui lançait des seaux d'eau à travers les roues d'une voiture de bon style. On entendait les chevaux battre du pied dans l'écurie.

Le colonel et M. Lecoq sortirent à pied. Outre ses socques, le colonel avait un parapluie.

Une minute après qu'ils eurent franchi la porte cochère, un tourbillon traversa la cour et s'élança dehors.

« Fanchette! Mademoiselle Fanchette! » cria le concierge.

Il fut répondu :

« Je porte la visière de grand-papa. »

En effet, le tourbillon rieur et tapageur courait après le colonel en agitant un vaste abat-jour de soie verte.

Mais, au détour de la rue Thérèse, le tourbillon s'arrêta.

Il est certain qu'un abat-jour, un parapluie et des socques ajoutent au respect qui se doit à la vieillesse. Le colonel était connu dans le quartier. Les gens de boutique le saluaient au passage.

Mlle Fanchette avait pris un air grave et suivait de loin, les yeux baissés.

Aux regards interrogateurs des boutiquiers, elle répondait modestement :

« Je porte l'abat-jour de grand-papa. »

La chambre de M. Lecoq était telle qu'il l'avait laissée ; il avait emporté sa clé. Une seconde demi-heure s'était écoulée. André Maynotte, étendu sur le lit, n'avait pas bougé.

Le colonel lui tâta le pouls.

« Beau mâle ! murmura-t-il. Le jour où je lui vendis le brassard dans un lot de ferraille, il me dit : « Avec « deux semaines de travail, j'en tirerai mille écus.... » Pauvre diable ! »

Il lâcha le bras d'André qui retomba comme une chose morte, et dit avec un sourire de vieil enfant :

« C'était stylé, cette affaire du brassard !... montée de longueur.... et bien attachée, hein, L'Amitié ?

— On n'en fait plus comme vous, patron, » répondit M. Lecoq avec conviction.

Puis, prenant le bras d'André à son tour :

« Pensez-vous qu'il en revienne ?

— Pas tout seul, » repartit le colonel froidement.

Il y eut un silence.

« Combien de temps lui donnez-vous? » demanda encore M. Lecoq.

Le vieillard consulta une montre épaisse qui devait dater du règne de Louis XVI.

« Le docteur est venu ce matin à la maison, dit-il avec lenteur; et il met du temps à guérir mon asthme, le cher homme! En sortant de chez moi, il a pris la poste pour Fontainebleau, où M. de Villèle l'a fait appeler pour sa coqueluche.... Tu vas aller chez lui, L'Amitié; tu le demanderas, tu feras du bruit, tu feras même du scandale. Tu l'attendras jusqu'à son retour; à son retour, tu l'amèneras à bride abattue....

— Il sera trop tard? murmura M. Lecoq, qui perdait un peu de ses belles couleurs.

— Hélas, oui! répondit paisiblement le colonel. Allons-nous-en.

— Mais, objecta M. Lecoq, il faudra constater le décès.

— Puisque tu auras le docteur.

— Mais l'état civil? »

Le colonel eut un sourire content.

« Quand je ne serai plus là, mes pauvres enfants, comment ferez-vous? dit-il. Vous passez votre vie à vous noyer dans des crachats. Te voilà bien embarrassé, hein, L'Amitié? Console-toi; je me charge encore une fois de tout : ce sera ma dernière affaire. »

Ainsi fut décidé le sort d'André Maynotte.

Ils s'éloignaient du lit, le colonel appuyé au bras de M. Lecoq, quand celui-ci s'arrêta, tout blême, et dit :

« Écoutez ! »

Une chaise venait de tomber avec bruit sur le carreau de l'antichambre.

La longue paupière du colonel vibra; son œil morne

eut une étincelle, et il prononça très-haut, avec un accent de charitable émotion :

« Chez le docteur, mon garçon, et tout de suite ! Dieu veuille qu'il soit temps encore ! »

Ceci était pour les écouteurs. M. Lecoq, très-inquiet, demanda :

« Qui est là ? »

Un éclat de rire fut la réponse, ce même éclat de rire aigu et strident que nous avons entendu déjà une fois dans l'escalier de la rue Thérèse. Lecoq fronça le sourcil ; le colonel recula d'un pas et resta bouche béante.

Le même nom était venu à leurs lèvres :

« Fanchette ! »

La porte de l'antichambre s'ouvrit brusquement. La petite fille parut sur le seuil, l'œil hardi et curieux, la tête haute et mutine. Son regard tourna autour de la pièce.

« Bon papa, dit-elle avec un singulier mélange de douceur moqueuse et d'effrontée espièglerie, c'est la visière verte que j'apporte. »

Puis, franchissant le seuil d'un bond, elle ajouta crânement :

« Moi, je n'ai jamais vu de mort.... Dis ! tu veux bien me montrer le mort, bon papa ? »

XVII

La dernière affaire du colonel.

Le colonel était de ces hommes qui ne s'étonnent de rien. Il avait bravé en sa vie tous les dangers, excepté peut-être ceux qu'on rencontre sur le chemin de la gloire. Dans une confrérie de gens résolus froidement et absolument, il passait à bon droit pour le plus résolu de tous. Ce sang-froid l'avait fait chef d'un clan mystérieux qui vivait de guerre et qui vivait bien.

Mais on n'est pas parfait, dit le proverbe. Ce conquérant, dont la ténébreuse puissance tenait en échec la police de la Restauration, ce légitime successeur du grand Coësre, du roi de Thunes, de l'archiduc d'argot et de tous les Pharaons qui, depuis Clopin Trouillefou, ont gouverné le fantastique royaume de Bohème, — car si les apparences et les noms sont changés, croyez-le bien, la chose reste ; la cour des Miracles est comme le temple de Jérusalem dont la destruction a donné l'univers aux Juifs ; tant que le monde sera monde, l'immense commandite du pillage existera et florira ; — ce souverain, disons-nous, ce pape de la religion des bagnes, ce demi-dieu, fort par lui-même et par l'association énorme dont il résumait en lui les forces, devenait faible comme un enfant devant Mlle Fanchette, petite fille de dix ans, dont il était l'aïeul.

Il se tourna vers M. Lecoq, et, le voyant blême d'effroi et de colère, il sourit avec triomphe :

« Hein, L'Amitié?... murmura-t-il. Quel démon ! Par où a-t-elle passé? Y en a-t-il deux comme cela dans Paris? »

M. Lecoq haussa les épaules.

Fanchette les regardait en face tour à tour. Ses grands yeux hardis brillaient étrangement parmi la pâleur de son visage.

« Range-toi, dit-elle à Lecoq, pour que je voie le mort.

— Cela ne se peut pas.... commença notre commis-voyageur.

— Je le veux ! » l'interrompit-elle.

Et sa petite taille se redressa si raide que le grand-père eut un sourire d'orgueil.

« Quel démon ! répéta-t-il.

— Range-toi ! » ordonna pour la seconde fois Mlle Fanchette.

Comme Lecoq n'obéissait pas assez vite, les yeux de l'enfant brûlèrent, et sa voix trembla pendant qu'elle disait :

« Grand-père est le maître, et tu n'es qu'un valet, toi, L'Amitié. Range-toi ! »

En même temps, elle l'écarta d'un geste de reine et passa.

Lecoq fit un mouvement pour la retenir, mais le colonel joignit les mains, disant avec la naïve admiration des grands papas :

« Où nous mènera-t-elle ? Ah ! quel démon ! quel démon ! »

La fillette était déjà en contemplation devant le mort.

Au premier aspect, on eût pu croire que la vue du mort éveillait en elle un souvenir. Elle le considéra longtemps en silence, mais sans autre émotion apparente que la surprise.

« C'est drôle ! » dit-elle enfin.

Puis expliquant aussitôt sa pensée :

« Ça ressemble à ceux qui dorment.

— As-tu fini, Fanchette ? demanda le colonel.

— Non, répondit-elle. Explique-moi : celui-là ne dort donc pas ?

— Si fait, chérie, repartit le vieillard dont la voix était grave malgré lui ; seulement, il ne s'éveillera plus jamais.

— Ah ! fit-elle. Plus jamais ! »

Sa tête s'inclina sur sa poitrine. Autour de son front et dans ses yeux il y avait des pensées au-dessus de son âge, mais sa parole était d'un enfant.

Involontairement, les deux spectateurs de cette scène suivaient sur son visage la marche de ses impressions.

« Il était tout jeune, reprit-elle. Je trouve qu'il était bien beau. »

Là-dedans, aucun symptôme de sensibilité ne se montrait. C'était purement une opinion exprimée.

Et, pourtant, le caractère de sa physionomie changeait. Son regard, moins mutin, trahissait de vagues rêveries.

« Oui, oui, dit le colonel; le pauvre diable était assez joli garçon. »

Elle se tourna vers lui, puis elle poursuivit son examen.

« Sortons, insinua M. Lecoq.

— Pas encore, fit-elle. Je ne me figurais pas que la mort était comme cela.

— Quel raisonnement pour son âge! admira le grand-père.

— Il y a des cheveux blancs parmi ses cheveux noirs, reprit la fillette avec étonnement. Est-ce que les jeunes gens ont des cheveux blancs quelquefois?

— Quand ils ont éprouvé beaucoup de chagrin.... commença le colonel.

— Ah! s'écria-t-elle en relevant la tête avec une soudaine colère, on lui a donc fait beaucoup de chagrin?

— Allons! trésor, allons! ordonna le vieillard. Tu l'as regardé assez.

— Non, répliqua fermement Fanchette. J'ai ouï dire qu'on mourait de chagrin.

— Qu'est-ce que cela te fait? » voulut objecter M. Lecoq dont la mauvaise humeur augmentait.

Les yeux énormes de l'enfant se fixèrent sur lui.

« C'est toi qui lui as fait du chagrin ! » prononça-t-elle tout bas avec un étrange accent de menace.

L'embarras naissait dans la contenance du colonel.

Fanchette reporta ses regards sur le mort.

« Je suis fâchée d'être venue, murmura-t-elle d'une voix tremblante. Je n'ai jamais été si triste de ma vie.

— C'est pour cela qu'il faut t'en venir, dirent ensemble ses deux compagnons.

— Non.... je ne veux pas m'en aller.... quelque chose me retient.... Es-tu bien sûr, père, qu'on ne pourrait pas l'éveiller ?

— Quelle idée ! » s'écria M. Lecoq.

Et le vieillard, plus calme :

« Très-sûr, petite fille. »

Fanchette soupira.

« Si j'essayais, pensa-t-elle tout haut. En lui faisant mal.... bien mal !...

— On ne fait pas mal à une pierre, » dit M. Lecoq.

La fillette lui jeta un regard de rancune et demanda en s'adressant à son aïeul :

« C'est vrai que les morts sont comme des pierres ?

— Tout comme, » répliqua le vieillard.

Fanchette saisit le bras d'André. Ce contact lui donna un frémissement. Pourtant, elle murmura :

« Non, ce n'est pas tout comme ! Les pierres sont froides et dures. »

Son teint s'était animé légèrement. Elle souleva le bras d'André à deux ou trois reprises ; la troisième fois, le bras d'André lui échappa et retomba inerte. Elle recula de plusieurs pas. Lecoq venait de dire au colonel, tout bas :

« S'il s'éveillait.... »

Le colonel, en sa vie, tel que vous le voyez, avait

soulevé des montagnes. Dans le ténébreux pays où il était roi, la faveur n'existe pas et le népotisme est inconnu. Chaque coquin vaut juste sa valeur vraie, et nous saurons bien quelque jour ce que valait au juste l'Habit-Noir, ce bandit déguisé en bon bourgeois.

Quoi qu'il en fût, cependant, et quoi qu'il pût faire, le colonel n'était pas capable d'emmener la petite Fanchette malgré elle.

C'est ainsi dans ce bas monde : les choses microscopiques jouent contre les grandes choses je ne sais quelle étrange partie et souvent la gagnent. La paille imperceptible fait éclater la lourde enclume, et tel vil coquillage, insecte des abîmes sous-marins, va ronger la cuirasse du vaisseau de guerre que le canon rayé n'a pu mordre.

Dans l'ordre moral, qui pourrait nier cela? Les drames les plus larges sont chevillés par des hasards menus, et telle royale tragédie eut pour pivôt un enfantillage.

Dès que Fanchette se fut éloignée du lit, M. Lecoq et le colonel s'emparèrent d'elle, disant :

« Voilà ce que c'est que de toucher aux morts! »

Ils l'entraînèrent vers la porte. Fanchette se laissa faire sans mot dire. Les longs cils de sa paupière voilaient son regard incertain. Nul n'aurait su deviner quelles réflexions passaient dans cette petite tête qui jamais n'avait remué que des pensées d'espièglerie ou de caprice.

A deux pas du seuil, elle s'arrêta et repoussa brusquement la main de M. Lecoq.

« Toi, s'écria-t-elle, je te déteste! »

Et sautant au cou du colonel :

« Bon papa, bon papa, je suis sûre qu'en le battant, on l'éveillerait!

— Chère follette! balbutia le vieillard, » ému par cette caresse.

Fanchette n'en abusait pas, et, pour un baiser d'elle, le colonel aurait fait des extravagances.

Elle se redressa, grandie et cambrant la gracieuse hardiesse de sa petite taille.

« Je veux essayer! » déclara-t-elle.

Lecoq et le colonel firent le même mouvement pour la retenir, mais elle glissa entre leurs mains comme une anguille. Quand ils purent la rejoindre auprès du lit, sa fantaisie était satisfaite. Par deux fois et avec une incroyable violence, sa petite main crispée convulsivement avait frappé le mort au visage.

Le colonel arriva juste à temps pour la recevoir entre ses bras où elle tomba, demi-pâmée.

Sur la joue livide d'André Maynotte, deux marques bleuâtres ressortaient, dessinant deux fois les cinq petits doigts de Fanchette.

Elle fixa ses grands yeux désolés sur ces marques. Tout son sang lui monta d'un coup au visage pour céder bientôt la place à une pâleur plus mate. Ses larmes jaillirent abondamment, et un spasme, fait de sanglots, souleva sa poitrine.

« Je l'ai blessé! Tu vois bien! cria-t-elle d'une voix entrecoupée, tu vois bien que je l'ai blessé! »

Ses deux compagnons restaient muets d'étonnement. M. Lecoq serra le bras du colonel. Une imperceptible contraction venait de crisper les lèvres d'André Maynotte.

Il fallait brusquer le dénoûment. M. Lecoq enleva Fanchette dans ses bras et s'élança vers la porte. D'instinct, Fanchette eût résisté, mais l'émotion la brisait. M. Lecoq disait :

« Tu as beau me détester, fillette, je ne veux pas que tu te rendes malade! »

Le colonel approuvait, secouant sa vénérable tête blanche. C'était plausible, et rien dans cette paternelle violence qu'on lui faisait n'excitait la défiance de Fanchette. M. Lecoq touchait déjà le seuil, quand il la sentit tressaillir. Il voulut passer outre, mais les deux mains de l'enfant, qui tout à coup reprenait sa précoce énergie, s'accrochèrent au montant de la porte.

« Il remue! cria-t-elle, folle qu'elle était de joie; il remue! il n'est plus mort! je savais bien que j'allais l'éveiller! »

M. Lecoq se retourna. Il déposa Fanchette assez brutalement sur le carreau et croisa ses bras sur sa poitrine en regardant le colonel.

« Voilà de la jolie besogne, » dit-il.

André s'agitait sur sa couche. Les deux empreintes laissées par les doigts de Fanchette tranchaient maintenant en pâleur au milieu de sa joue, où remontait un peu de sang. Le colonel piqua M. Lecoq d'un seul coup d'œil qui valait de longues phrases; puis, appelant sur sa physionomie docile un air de profond contentement, il s'écria :

« Un médecin, L'Amitié, sur-le-champ! Vos jambes à votre cou, s'il vous plaît! L'enfance a de ces inspirations! Notre petite Fanchette a produit un miracle! »

Fanchette riait et pleurait.

« Va-t-il parler? » demandait-elle.

Puis elle répétait dans son triomphe délirant :

« Je savais bien! Je savais bien! »

Elle s'enfuit tout à coup comme un trait.

« Suis-la! ordonna le colonel.

— Qu'elle aille au diable! gronda Lecoq. Où tout cela va-t-il nous mener? »

Les yeux d'André Maynotte essayaient de s'ouvrir. Le colonel mit un doigt sur sa bouche et s'approcha du lit.

Si les paupières d'André se fussent soulevées en ce moment, il aurait vu un apôtre à son chevet. Mais la comédie était prématurée. André devait mettre plus de temps que cela à s'éveiller.

« L'Amitié, dit le colonel d'un ton impérieux et froid, quand il eut constaté l'état du malade, il n'y a plus rien ici qui soit de votre compétence. La chose devient difficile et, par conséquent, me regarde. Ce sera ma dernière affaire. J'entends ma petite Fanchette : quel trésor ! Réflexions faites, L'Amitié, ce garçon-là pourra nous être utile un jour ou l'autre. Si M. Schwartz gagnait trop de millions et s'il devenait trop puissant...

— A-t-il parlé ? » s'écria Fanchette qui bondit, toute rouge de sa course, au milieu de la chambre.

Le colonel avait près du lit la posture d'un homme occupé à donner des soins. Fanchette lui sauta au cou.

« J'ai envoyé prévenir un médecin, dit-elle, n'importe lequel, et j'ai été chercher une voiture.

— Quelle enfant ! chanta l'aïeul.

— Et pourquoi une voiture ? demanda aigrement M. Lecoq.

— Parce qu'il est à moi, répondit Fanchette d'un ton péremptoire, parce que, sans moi, il serait encore mort, parce que je l'aime bien.... autant que je te déteste, entends-tu, L'Amitié ?... parce qu'il va venir chez nous, n'est-ce pas, père, et que je lui donnerai tout ce que j'ai pour l'amuser !

— Tout va pour le mieux ! » dit M. Lecoq en ricanant.

Et le colonel avec admiration :

« Il n'y a pas deux enfants comme cela dans l'univers ! »

André Maynotte fut transporté à l'hôtel de la rue

Thérèse et soigné par le célèbre docteur qui guérissait M. de Villèle. Fanchette le veilla pendant trois jours comme une grande personne. Pendant ces trois jours, elle ne joua pas une seule fois, et ne dit pas à L'Amitié une seule injure.

Ce fut seulement le soir du troisième jour qu'André Maynotte recouvra la parole. Il avait été en sérieux danger de mort. A son chevet était assis un vieillard à physionomie austère et patriarcale. Sur les genoux du vieillard s'appuyait une pâle tête d'enfant, bizarrement belle avec sa forêt de cheveux touffus et ses yeux trop grands.

Il voulut ouvrir la bouche, l'enfant la ferma de sa petite main et lui dit :

« Pas encore. »

Le docteur vint. Il se rendait aux Tuileries et portait ses croix. André crut rêver.

Il rêvait, en effet, car la conscience de son malheur n'était pas en lui. Un voile restait sur sa mémoire.

Le lendemain matin, André pleura. On fut obligé d'emmener Fanchette, qui pleurait plus haut que lui. Le vieillard a mine de patriarche dit avec une grande simplicité :

« Mon fils, vous êtes ici chez de bonnes gens. Voilà trois fois vingt-quatre heures que vous avez été recueilli, évanoui, dans l'église Saint-Roch. Nous avons fait de notre mieux. »

André fut deux semaines avant de se lever. Son hôte lui inspirait une reconnaissance mêlée de vénération, et les gaietés de Fanchette amenaient parfois un sourire jusqu'à ses lèvres. Fanchette et lui avaient ensemble de longs entretiens ; il semblait qu'un commun souvenir fût entre eux, mais Fanchette, malgré son âge, savait garder un secret.

Pendant son séjour à l'hôtel de la rue Thérèse, André ne vit pas M. Lecoq une seule fois. Celui-ci venait pourtant chaque matin et chaque soir, mais il était reçu dans le cabinet du colonel.

Il y avait souvent du vague dans les idées d'André, car c'était un coup de massue qui avait frappé sa tête et son cœur. A ces heures-là, sa passion de punir l'entraînait dans des voies étranges. On eût dit alors qu'il cherchait un secret derrière le calme qui brillait sur le vénérable visage de son hôte.

Au bout d'un mois, il parla de son départ.

« Je vous remercie, dit-il au vieillard, de votre généreuse et noble hospitalité. Vous ne m'avez point demandé qui je suis.

— Je le savais, » interrompit le colonel avec son bienveillant sourire.

André baissa les yeux.

Le colonel reprit doucement :

« Votre femme n'est pas coupable ; elle a été trompée.

— Qui vous l'a dit ?

— Elle-même. Je suis l'ami et l'allié de sa famille. J'ai aidé au mariage.... on vous croyait mort.... et peut-être eût-il mieux valu pour elle....

— C'est vrai, interrompit André. Cela eût mieux valu. »

Le colonel lui tendit la main.

« Écoutez-moi, monsieur Maynotte, reprit-il. J'ai bien de l'âge. La fatalité vous a frappé ; vous appartenez à la loi, mais la vie et l'honneur de Mme Schwartz sont entre vos mains.

— Mme Schwartz ! répéta André en un gémissement.

— C'est son nom désormais. Et c'est ce nom seul qui la sauvegarde contre la loi qui vous tient tous les deux.

— Cet homme.... M. Schwartz, sait-il?... prononça André péniblement et tout bas.

— Non, répondit le vieilllard. Il ne doit jamais savoir.

— Et elle.... pour ce qui me regarde.... est-elle instruite? »

Le colonel répondit encore, mais d'un accent qui disait sa douloureuse sympathie :

« Non. »

Puis il ajouta :

« A quoi bon? Ce qui est fait est fait.

— Est-elle heureuse?... balbutia André d'une voix pleine de larmes.

— Oui, » repartit solennellement le vieillard.

La nuit tombait quand André se mit à faire ses paquets. Fanchette se jeta à son cou et lui dit :

« Bon ami, veux-tu que j'aille avec toi? »

Comme il la repoussait en souriant, elle ajouta :

« Je serai riche, bien riche, et belle aussi, quand je serai grande. Ne te marie pas, je deviendrai ta femme, et nous nous vengerons de tes ennemis. »

Ses grands yeux brillaient tout humides de larmes.

A neuf heures du soir, en cachette d'elle, André sortit de la maison. Il avait accepté, à titre d'emprunt, une petite somme des mains de son hôte.

M. Lecoq et le colonel, abrités derrière les rideaux du cabinet de ce dernier, le regardèrent traverser la cour.

« On ne pouvait pas contrarier l'enfant, dit le colonel; mais sois tranquille, je me charge de tout : ce sera ma dernière affaire. »

André acheta un couteau-poignard et gagna la place Louvois où les nouveaux mariés avaient leur demeure. Ses renseignements étaient pris à l'avance. La place

Louvois était alors encombrée de matériaux, destinés au monument expiatoire du duc de Berry. Les jambes d'André faiblissaient; il s'assit sur une pierre de taille, en face du logis de J.-B. Schwartz.

Et il attendit. L'idée de tuer n'était pas en lui, nous pouvons l'affirmer, et cependant c'était par un machinal instinct de vengeance qu'il avait acheté le couteau.

Il avait quitté la maison de la rue Thérèse pour prendre la diligence de Caen, départ du soir, mais il ne songeait plus à cela.

Il attendait. Une douleur sourde, profonde, immense, lui engourdissait le cœur.

Il savait à quel étage les Scharwtz demeuraient. Ses yeux restaient cloués sur les fenêtres du second où nulle lumière ne brillait.

Les Schwartz! Cela faisait un tout : l'homme et la femme. On disait autrefois : les Maynotte....

En vérité, il n'est pas besoin que l'idée de tuer se formule explicitement. Cette sombre fièvre ne prémédite pas, elle frappe, soit que son acte s'appelle le meurtre, soit qu'il ait nom le suicide.

Il faisait beau. Vers minuit, un homme et une femme tournèrent l'angle de la rue Richelieu. Ils étaient jeunes tous deux et avaient cette élégance qui, d'ordinaire, ne va pas à pied, la nuit, dans Paris.

Le cœur d'André lui fit mal. Il serra le manche de son couteau-poignard.

La jeune femme parla. André lâcha le couteau pour joindre ses deux mains frémissantes.

Il voulut se lever, mais il était de pierre.

Le couple passa sans voir André. Julie causait comme autrefois le soir, quand ils traversaient la place des Acacias, tous deux aussi, elle et André, les époux amoureux. C'était la même voix, pénétrante et douce; peut-être étaient-ce les mêmes paroles.

La porte cochère s'ouvrit, puis se referma. André était seul.

Il tomba sur ses genoux, rugissant de colère et de douleur : « Julie! Julie! »

Comme pour répondre à ce cri d'angoisse qui râlait dans la gorge d'André, les fenêtres du second étage s'éclairèrent. Une ombre gracieuse se dessina sur les rideaux; le chapeau jeté au loin, laissa libre une chevelure mobile et bouclée.

Puis une autre ombre vint, et la mousseline indiscrète groupa les deux silhouettes en un long baiser.

Les mains d'André déchirèrent sa poitrine.

Quand la lumière s'éteignit, il poussa un gémissement qui était encore le nom de Julie.

Un instant, il eut espoir de mourir. Il s'affaissa sur lui-même et resta, le visage contre terre, comme un cadavre, longtemps.

Au matin, un passant charitable le secoua du pied pour l'éveiller et s'éloigna en radotant la phrase sacramentelle de la prudhommie parisienne :

« La boisson! si on peut se mettre dans des états pareils! »

André quitta la place Louvois sans se retourner pour regarder la maison maudite.

Ses premiers pas furent chancelants, puis il se raffermit, et nul n'aurait pu désormais le prendre pour un homme ivre. Il se dirigea vers la rue Saint-Honoré; les portes de l'église Saint-Roch s'ouvraient; il fut le premier à en franchir le seuil.

Il prit ce même bas-côté par où il avait gagné, un mois auparavant, la chapelle de la Vierge. En passant devant le maître-autel, il tressaillit parce qu'il reconnut la place où il avait vu les mariés, mais il ne s'arrêta pas.

Il ne s'arrêta qu'à la place où il avait déjà parlé à Dieu.

Il regarda en face le crucifix et dit au-dedans de lui-même :

« Les hommes m'ont frappé innocent; Dieu m'a brisé à l'heure où j'accomplissais la loi de pardon. Ce qui me reste de cœur est à l'enfant sans mère, mais ce qui me reste de force appartient à la vengeance. Je n'espère plus, je ne crois plus. L'enfant sera riche par moi; par moi, l'assassin de mon bonheur sera puni : je le jure!

André partit de Paris ce jour-là.

Le surlendemain, à la brune, un homme pénétra dans le logis de Madeleine, la nourrice, et enleva l'enfant de Julie Maynotte.

André passa le détroit à la fin de cette même semaine et gagna Londres, la ville libre par excellence. Là, il était bien sûr de n'être point inquiété.

André croyait qu'à Londres un ouvrier habile peut faire fortune. Pour accomplir le projet qui désormais était son but dans la vie, il fallait de l'argent. André se mit au travail avec ardeur.

Au bout du mois, il avait conquis une place de premier ordre dans le premier atelier du Strand. Tout allait bien. Un jour qu'il traversait la rue, il crut reconnaître, derrière les portières fermées d'un équipage, les vénérables cheveux blancs du colonel et les grands yeux de Mlle Fanchette, tout chargés d'étincelles.

Le lendemain de ce jour, au moment où il rentrait chez lui, un constable l'arrêta sur le pas de sa porte, au nom du roi.

La nuit précédente, un vol avait été commis chez l'armurier du Strand.

Comme André protestait de son innocence, le chef constable lui dit en ricanant du gosier :

« Je donnerais une guinée pour savoir vos rubriques à vous autres Habits-Noirs.... et surtout votre histoire, là-bas, à Caen. Vous nous étiez recommandé par un riche gentleman de France, qui a le foreign-office dans sa poche, et nous savons que vous êtes un gaillard de talent ! »

Perquisition ayant été faite dans l'humble logis d'André, quatre paires de pistolets de prix furent trouvées entre le matelas et la paillasse de son lit.

Le colonel avait fait sa dernière affaire.

« Diable de garçon ! dit le chef constable. Avant d'être pendu, vous aurez bien le temps de nous conter l'histoire du brassard ! »

DEUXIÈME PARTIE

TROIS-PATTES

DEUXIÈME PARTIE.

TROIS-PATTES.

I

L'Aigle de Meaux, n° 2.

Derrière la basilique de Saint-Denis, grand trait qui est toute la physionomie de la plaine, les nuages tumultueux s'amassaient pour former le lit d'or, de pourpre et d'émeraude, où se couche notre soleil d'été. Tout ce brocart violent donnait au ciel, du côté du sud-ouest, des tons étranges et faux, dont la splendeur hardie encadrait les profils de Montmartre. Au loin, Paris s'enveloppait déjà d'une vapeur laiteuse au-dessus de laquelle apparaissait encore le dôme du Panthéon, qui semblait assis dans une gloire argentée.

Vers le nord, la campagne plate et laide étendait au loin ses marais, coupés par de longues avenues d'ormes au feuillage mélancolique et poudreux. Çà et là, parmi la verdure déteinte, un village montrait son clocher; çà et là, une usine déployait au vent la noire chevelure de sa cheminée. Tel se présentait le décor : à droite, la tristesse morne des coteaux calcaires de Noisy; à gauche, l'avenue d'Aubervilliers, le Bourget tout nu dans son champ de légumes, et entre deux, à perte de vue, la ligne sombre de la forêt de Bondy qui fermait l'horizon.

C'était le dernier dimanche du mois de septembre, en l'année 1842. Il faisait chaud, mais les deux berges du canal de l'Ourcq, mouillées par une récente averse, brillaient aux rayons obliques du soleil et semblaient chargées de paillettes. Le vent du nord-ouest emportait vers les hauteurs de Romainville les perfides parfums de Pantin, et à la station de Bondy où nous touchons, sans avoir encore le grand bon air de la vraie campagne, on ne subissait déjà plus qu'à moitié l'influence délétère de Paris.

J'ai dit la station de Bondy, non qu'il y eût alors un chemin de fer dans ces parages, mais parce que, du bassin de La Villette à Meaux, le service des bateaux-poste venait d'être organisé, excitant une joie folle et des espérances exagérées sur les deux rives de l'Ourcq, qui aspirait sérieusement à devenir un fleuve. Entre toutes les idées industrielles que nous avons vues fleurir et se faner depuis quelque vingt ans, celle-ci était une des plus charmantes; elle vint seulement un peu trop tard, et la terrible concurrence de la vapeur l'étrangla dès son jeune âge : c'est pourquoi l'Ourcq est resté un cours d'eau moins considérable que le Danube.

Six heures du soir sonnaient au lourd clocher de Bondy; *l'Aigle de Meaux* n° 2, filait entre deux plates-bandes de gazon, à cinquante pas de son fougueux attelage. Il y avait des curieux sur les rives pour le regarder passer, mais son pont, hélas! était presque désert. Le *capitaine*, revêtu pourtant d'un galant uniforme, riche et guerrier, avait compté trois fois son personnel payant, avec mélancolie. Ses rêves n'étaient pas couleur de rose, et il ne faut point s'étonner de la distraction qui l'empêcha de répondre à l'un de ses voyageurs, demandant à quelle distance on était encore du château de Boisrenaud.

Ce voyageur n'était pas, il faut le dire, de ceux dont le costume et la tournure imposent. Il eût peut-être attiré le regard d'un observateur, mais l'observation n'est pas le fort des capitaines de vaisseau qui montent et redescendent le canal. C'était un homme de trente ans ou à peu près, de taille moyenne, maigre dans la partie supérieure de son corps, mais possédant une paire de mollets admirables qu'il mettait en évidence avec une naïve fierté. Sa physionomie, peu accentuée et très-douce, exprimait sur toutes choses le contentement de soi-même. Il portait, malgré la chaleur, un paletot de peluche frisée, de nuance tendre, usé aux coudes et trop étroit, une cravate noire, roulée sur un col de baleines, si haut et si raide que ses joues, un peu flasques, retombaient de chaque côté comme des linges mouillés; une chemise invisible et un pantalon noir collant dans des chaussons de lisière. Sur sa tête, coiffée de cheveux blondâtres, un vieux chapeau gris perchait, ombrageant le sourire de ses traits longs et plats. Il se tenait droit, cambrait le jarret et souriait aux dames discrètement.

Il y avait des dames, entre autres une très-belle jeune fille à l'air souffrant, timide et fier qui venait de rabattre son voile de tulle noir, pour ne point répondre aux politesses intempestives de deux malotrus, apparnant à la jeunesse dorée de Pantin. Elle lisait ou plutôt elle rêvait, en faisant semblant de lire, sous son voile; sa toilette, d'une extrême simplicité, n'était pas loin de parler d'indigence, et cependant toute sa personne, depuis ses pieds charmants, chaussés de trop fortes semelles, jusqu'à ses doigts mignons, déplorablement gantés, trahissait, en dépit de son costume, un tel cachet de distinction, qu'un lovelace parisien eût regardé à deux fois avant de se lancer contre elle : seul, don Juan campagnard, bronzé contre les avanies, ose à tort et à travers.

Ses grands yeux d'un bleu obscur, frangés de longs cils noirs, hardiment recourbés et contrastant avec les riches nuances de ses cheveux blonds, s'étaient relevés à demi quand notre voyageur, au vieux chapeau gris, avait prononcé le nom du château de Boisrenaud, et autour de ses paupières quelque chose brillait qui ressemblait à des larmes.

« Conducteur, répéta le chapeau gris en s'adressant de nouveau à l'audacieux navigateur de qui dépendaient les destinées de *l'Aigle de Meaux* n°2, j'ai l'avantage de redemander si nous sommes encore bien loin du château de M. Schwartz? »

Je crois que c'est Bossuet, l'aigle de Meaux n° 1, qui le premier traduisit en français l'étonnement du poëte latin, admirant le triple airain dont était revêtue l'âme de l'inventeur de la navigation. M. Pattu, le capitaine, habitué à regarder d'un œil froid les tempêtes du canal de l'Ourcq, fut blessé au vif par ce mot de conducteur.

« A qui croyez-vous parler, l'homme ? » répliqua-t-il fièrement.

Le chapeau gris repartit avec la dignité courtoise d'un raffiné d'honneur qui entame une querelle :

« Je ne méprise personne, mais je veux qu'on m'appelle Monsieur, devant mon nom de Similor, quand j'ai payé ma place intégralement comptant, au bureau ! »

Le capitaine haussa les épaules, tourna le dos et

alluma un cigare à paille pour arpenter le pont. M. Similor le suivit ; il ôta son vieux chapeau gris avant de l'aborder et découvrit ainsi un de ces fronts terreux où la chevelure semble collée par le poids du mouchoir qui, désertant la poche percée ou déjà pleine, va chercher un asile sous le couvre-chef inamovible : habitude de sauvage ou de soldat, née de ce double fait que le sauvage n'a personne à saluer et que le soldat salue sans se découvrir.

« Conducteur, dit M. Similor cette fois avec une politesse tout-à-fait exagérée, quoique versé plus spécialement dans la danse des salons, dont j'ai tous les brevets, on a cultivé aussi la contre-pointe et l'adresse française à ses moments de loisir. On vous offre conséquemment une tripotée, comme quoi je suis mécontent de votre conduite grossière à l'égard d'un artiste tel que moi ! »

Le premier mouvement du capitaine fut un geste vif qui prouvait du nerf. Il était vigoureux et bien taillé. La conscience seule de la haute position qu'il occupait à bord de *l'Aigle de Meaux* n° 2 l'arrêta.

« L'homme répliqua-t-il en baissant la voix, mes passagers ouvrent l'œil ; pas de scandale ! Vous avez ravalé un officier jusqu'au conducteur, ça mérite explication en lieu convenable. Vous me trouverez, soit à Meaux, soit à Paris, de deux jours l'un, au siége de l'administration, de midi à deux heures ; le soir, à l'hôtel du Cygne-de-la-Croix, à Meaux, et à Paris, à l'estaminet de l'Épi-scié, derrière la Galiotte du boulevard du Temple.

— C'est bien, conducteur, on a saisi ! dit avec gravité Similor qui remit son chapeau sur sa tête. Vous aurez votre compte en règle, avec les quatre au cent !

— Il fera jour demain ! » grommela le capitaine, en réponse à cette dernière menace.

Ces simples paroles produisirent sur M. Similor un effet qui tenait du prodige. Il pâlit, puis le sang vint à ses joues; un étonnement mêlé d'effroi remplaça l'expression provocante de son visage; ses yeux, ornés de cils incolores, se prirent à battre comme si un coup de soleil les eût frappés. Il voulut parler, mais il ne put; il essaya de marcher pour rejoindre le capitaine qui s'éloignait, ses chaussons de lisière étaient rivés au plancher du pont. C'était un homme foudroyé.

Tout le monde a pu lire des histoires intéressantes où il y a de ces mots qui sont des talismans. De grandes révolutions se sont faites à l'aide de certaines paroles cabalistiques, servant de signes de ralliement à des conjurés inconnus les uns aux autres. Ce sont des moyens très-vieux, mais les conspirateurs de notre ère n'ont point usé leur intelligence à inventer des mécaniques nouvelles. Dans le siècle du télégraphe électrique, dès qu'on veut faire une grande cachotterie, on reprend imperturbablement l'antique scenario des mystères d'Isis qui, malgré le progrès de l'esprit humain, est resté le meilleur programme des nocturnes confréries.

C'était un mot ou plutôt c'étaient quatre mots qui avaient fait pâlir et rougir M. Similor: *Il fera jour demain.* Chez nous, en tous temps, on conspire plus ou moins; en 1842, on conspirait beaucoup, et le dernier mois de mai avait même vu des barricades. Ces quatre mots, on ne doit pas le dissimuler, avaient la physionomie voulue et ressemblaient assez à ces formules, insignifiantes en apparence, mais terribles au fond, qui sonnent plus haut qu'un tocsin à des heures funestes.

M. Similor, sous ses haillons, le capitaine Patu, sous sa livrée, n'avaient pas l'air d'être des hommes politiques; mais en ces matières, peut-on se fier aux apparences? Leur style lui-même ne prouvait rien: six ans plus tard, l'estaminet devait fournir à la tribune où tonna Mirabeau l'élégante familiarité de ses métaphores.

« Il en mange ! » telle fut la première pensée du chapeau gris, qui ajouta en lui-même avec un frisson :

« Dire qu'on ne peut pas faire un pas dans Paris sans marcher dessus quelqu'un qui en mange ! »

M. Similor, tel que vous le voyez, était un ancien maître à danser de la barrière d'Italie. Jamais il n'avait choisi ses élèves parmi les princes ni parmi les banquiers : sa clientèle était au régiment et à l'atelier : il n'avait pas fait fortune. Doué d'une âme ambitieuse, Similor avait mis de côté son art pour entreprendre les affaires. Il a été jusqu'à présent impossible de savoir au juste ce que Similor entendait par « les affaires ; » mais il est certain qu'il voyait la vie en large et visait à un crédit illimité au restaurant du *Grand-Vainqueur*, avec trois cents francs de loyer quelque part et l'argent de poche pour trôner au balcon du théâtre Montparnasse. Des aspirations aussi folles peuvent mener loin, et nous ne répondons plus de Similor.

Peut-être descendait-il d'une famille historique par les femmes ; le mystère le plus absolu enveloppait sa naissance. Son nom ressemblait à un sobriquet ; il nourrissait en secret l'espoir de le rendre célèbre. Comment ? Les mémoires du temps sont muets à cet égard. On peut dire seulement qu'il appartenait, par ses talents, à cette école réaliste, si haut placée dans l'art, mais qui, en dehors de l'art, vend honnêtement des contremarques et rabat avec complaisance, pour un salaire facultatif et modeste, le marche-pied des voitures. Ce n'était pas un oisif, car tantôt il distribuait des prospectus de restaurant au coin des rues et tantôt il arrachait nuitamment les affiches de spectacle. On l'avait vu aussi parfois retenir des places à la queue des théâtres et guetter les Anglais dans la cour des diligences pour leur apprendre le chemin des lieux suspects. Peu à peu, cependant, il s'était retiré de cette existence laborieuse. Le mystère se faisait autour de lui. Il travaillait encore, mais à quoi? Encore un secret!

Secret profond, même pour Echalot!

Tel était le nom de l'ami fidèle et dévoué qui lui donnait présentement asile, car Similor avait vendu son lit pour briller. Ses mœurs n'étaient pas pures; il prodiguait follement ses ressources.

Echalot, son Pylade, nature plus solide, avait au moins une position sociale; il tenait une *agence générale*, à son sixième étage du carré Saint-Martin et faisait, mais en vain, tous ses efforts pour être honnête.

Depuis quelques jours, Echalot nourrissait des soupçons contre Similor. Celui-ci faisait de longues absences et laissait Saladin à la garde de son ami. Ultérieurement nous saurons ce que c'était que Saladin. Quand on interrogeait ce Similor, ses réponses, habilement évasives, laissaient entendre que d'immenses intérêts dépendaient de sa discrétion :

« J'en mange! » disait-il avec une emphase qui redoublait la fièvre curieuse d'Echalot.

Et quand on le pressait, il ajoutait mystérieusement:

« J'ai levé la main que je me couperais la langue! »

Au milieu d'un groupe de passagers, petits négociants de Meaux et campagnards des villages situés sur la route, un personnage fort bien couvert tenait le dé de la conversation, dont le château de Boisrenaud, nommé à l'improviste, faisait justement les frais. Ce personnage, petit, mais doué d'une figure majestueuse qu'embellissait encore une paire de lunettes d'or, parlait avec l'heureuse abondance qui s'acquiert au Palais, prenait pour s'écouter des poses nobles et marchait dans des souliers bavards qui criaient à chaque pas comme des lapins d'un sou.

« Je vais précisément dîner au château, disait-il. Le baron et moi nous sommes de vieux camarades, et je lui donne ma soirée du dimanche. Il n'a pas toujours roulé sur l'or, ce garçon-là.

— On dit qu'il a pêché ses premiers cent mille francs dans la bouteille au noir! interrompit un natif de Vaujours, jaloux à la fois des millions du baron et de la faconde du passager bien couvert.

— On dit ça et ça, répliqua ce dernier.

— Ça quoi et ça qu'est-ce? demanda aigrement le natif.

— Ça et ça, monsieur, je dis bien. Il y a un fait curieux et qui étonne le vulgaire. Moi, j'ai eu l'honneur d'appartenir à des assemblées délibérantes. Avec mille francs, vous m'entendez, avec mille pièces de vingt sous, M. Schwartz a gagné, à Paris, en quinze mois, quatre cent mille francs.

— Absurde! dit l'indigène avec franchise.

— Permettez.... si vous connaissiez l'art de grouper les chiffres....

— Je connais le commerce honnête!

— Permettez!... vous parlez à un ancien député.... M. Cotentin de la Lourdeville.... et vous parlez d'un capitaliste qui possède maintenant plus de vingt millions liquides....

— Et solides? demanda insolemment le natif.

— Comme les tours de Notre-Dame. Voulez-vous que je vous explique?...

— Le gain de quatre cents capitaux pour un en quinze mois? Je veux bien.

— C'est simple comme bonjour. Prenez seulement la peine d'écouter. »

M. Cotentin de la Lourdeville fit un pas et ses souliers vagirent. La galerie attentive l'entoura.

« Pour faire fortune à Paris, reprit-il, il faut ça et ça.... et puis ça. En 1825, je me souviens de cette date, parce que je plaidais l'affaire Maynotte à la même époque, et je l'aurais gagnée haut la main, sans l'accusé qui était un nigaud première qualité, en 1825, M. Schwartz arriva à Paris avec mille francs. Connaissez-vous les Halles? Je suppose bien que vous connaissez les Halles : ceci est purement une forme oratoire. M. Schwartz avait son idée. Dans la rue de la Ferronnerie, il loua une chambre au prix de quatre-vingts francs l'an, suivez bien. Il y avait aux Halles un vieux Schwartz qui donnait des leçons de petite semaine. Notre Schwartz à nous prit pour cent sous de leçons.

« Quelle spéculation, messieurs, si on la connaissait bien ! Mais il faut tenir dur et veiller au grain ! Cinq francs prêtés le lundi, six francs rendus le dimanche. Voilà l'élément. Il est joli. M. Schwartz, sortant des mains du vieux Schwartz, fit un bureau dans sa mansarde. Ici, appelons le calcul à notre aide. Ses mille francs, prêtés jusqu'au dernier sou, produisirent, au taux légal de la petite semaine, mille deux cents francs ronds le premier dimanche ; le second dimanche, ses mille deux cents francs lui rapportèrent mille quatre cent quarante francs ; le troisième, il eut mille sept cent vingt-huit francs ; le quatrième, deux mille soixante-treize francs cinquante centimes.... Admettez-vous cela ? Oui. On ne va pas contre les chiffres. Négligeons, si vous voulez, les soixante-treize francs cinquante centimes pour les frais, non-valeurs, etc. Le principe reste celui-ci : capital doublé en vingt-huit jours. Eh bien! accordons le mois rond, pour désarmer toute objection.... j'aime mieux concéder ça et ça que d'être taxé d'exagération. Y êtes-vous ? Quatre mille francs le deuxième mois, n'est-ce pas? huit mille francs le troisième, seize mille francs le quatrième, trente-deux mille francs le cinquième, soixante-quatre mille francs le sixième, cent vingt-huit mille francs le septième, deux cent cinquante-six mille francs le huitième, cinq cent douze mille francs le neuvième.... Je vous fais observer que nous avons déjà dépassé le but. »

Le natif voulut protester.

« Permettez! s'écria Cotentin de la Lourdeville. Au quinzième mois, en suivant cette progression géométrique, nous obtenons trente-deux millions sept cent soixante-huit mille francs, ce qui est un agréable résultat. Je prévois vos objections; je fais plus, je les approuve. Il y a les mécomptes.... Ça et ça.... En outre, arrivé à un certain chiffre, on trouve difficilement dans l'enceinte des Halles deux ou trois millions de marchandes des quatre saisons qui vous empruntent cinq francs par semaine. Tel est l'écueil. Aussi, après quinze mois, M. Schwartz, quand il se maria, n'avait encore que quatre cent mille francs, c'est-à-dire la quatre-vingt-deuxième partie de ce qu'il aurait dû avoir en suivant le principe dans sa rigueur. Et encore, bien des gens l'accusèrent d'avoir trouvé, pour parfaire la somme, quelque objet qui n'était point perdu.... »

Pendant que la galerie riait ou s'étonnait, Similor avait suivi avidement ces calculs aussi exacts qu'avantageux. Depuis bien longtemps, il cherchait un moyen de se baigner dans l'or. Il allait aborder poliment M. Cotentin de la Lourdeville, pour lui demander où l'on se procurait les premiers mille francs, lorsqu'un singulier attelage, qui longeait, en trottinant, les bords du canal, attira tout à coup l'attention des passagers.

C'était une manière de panier, posé sur deux roues de brouette et traîné par un vieux chien de boucher.

L'automédon de ce char était un bonhomme à barbe fauve, dont le costume ressemblait à celui des commissionnaires.

En un clin d'œil, tous les passagers furent à la balustrade regardant et répétant :

« Trois-Pattes ! Voilà Trois-Pattes et son carrosse !

— Trois-Pattes, l'estropié de la cour du Plat-d'Étain !

— C'est dimanche : il va dîner chez son banquier.

— C'est dimanche ; il va souper chez sa belle.

— Le baron Schwartz....

— La comtesse Corona....

— Bonjour, Trois-Pattes !

— Hue ! mendiant ! »

Ainsi s'exprimaient les marchandes de légumes de Sevran et la jeunesse dorée du Vert-Galant. Similor seul, il faut le dire à sa louange, souleva son vieux chapeau gris et dit avec courtoisie :

« Salut à vous, monsieur Mathieu ! »

M. Mathieu ou Trois-Pattes, comme on voudra l'appeler, ne tourna même pas la tête.

Seulement, quand le bateau l'eut dépassé, son regard moqueur enfila le pont. La vue de la belle jeune fille qui rêvait tristement adoucit l'expression de ses traits et le fit sourire.

II

Un brochet de quatorze livres.

Nous n'avons pas la prétention d'affirmer que *l'Aigle de Meaux* n° 2 fût, ce soir, le théâtre d'événements bien dramatiques; nous présentons seulement, à leur tour et comme ils se produisirent, certains petits faits dont le croisement suffit à peine pour chatouiller la curiosité. C'est tout au plus de la graine d'intérêt. Mais ici près, dans la forêt de Bondy, le hasard ne mit qu'un gland, moins gros qu'une noix, à la place où s'élève maintenant un grand chêne.

A une lieue en avant de l'équipage de Trois-Pattes, ce mendiant à qui les gaietés riveraines donnaient un baron pour banquier et pour favorite une comtesse, deux hommes pêchaient à la ligne, non loin du fameux château de Boisrenaud, qui avait pour lui seul un débarcadère. M. Schwartz, le maître du château de Boisrenaud et l'un des principaux actionnaires des bateaux-poste, valait bien cela.

Nos deux hommes étaient voisins et rivaux d'honneur. Un peintre aurait pu les prendre pour sujet d'un tableau de genre, intitulé : le Riche et le Pauvre. Le pauvre, plus mal couvert encore que notre ambitieux Similor, avait tournure d'infirmier en disponibilité et portait l'uniforme des garçons en pharmacie, usé lamentablement; son tablier de toile grise, à besace, n'était plus qu'un lambeau. C'était un brun, coiffé de cheveux noirs ébouriffés sous son chapeau de paille en ruines, dont les bords avaient deux ou trois échancrures de plat à barbe ; les loques de son tablier montant recouvraient une large poitrine, et ses épaules carrées fatiguaient énergiquement le drap trop mûr de sa veste. Par contre, dans son pantalon, luisant de vétusté, au lieu des triomphants mollets de Similor, deux flûtes osseuses et cagneuses ballotaient, trop faibles, en apparence, pour supporter ce torse athlétique et cette grosse tête de nègre déteint. Entre lui et Similor, malgré une dose de laideur à peu près égale, c'était donc une dissemblance parfaite ; cependant, je ne sais comment expliquer pourquoi la vue de l'un faisait penser à l'autre. Il y a des rapports subtils qui associent sourdement les idées ; on appelle cela parfois « un air de famille » et ces deux-là, des pieds à la tête, appartenaient à la grande famille des pauvres hères parisiens.

Peut-on appeler pêcheur un homme qui laisse pendre dans l'eau une ficelle attachée à un bâton et munie d'une épingle recourbée ? Oui, s'il prend du poisson. Le pauvre hère prenait goujons sur goujons, en dépit de son instrument imparfait, et le lambeau de chollet, noué par les quatre coins, qui lui servait de filet, en contenait déjà une bonne assiettée, tandis que son voisin, le second pêcheur, n'avait pas encore accroché une ablette.

Celui-là, pourtant, était un vrai pêcheur, un pêcheur classique, porteur de tout un arsenal de destruction. Il avait aux pieds des souliers imperméables, recouverts par de longues guêtres en cuir-toile, fabriquées à New-York, tout spécialement pour la pêche de la baleine dans les mers polaires ; ces guêtres pinçaient une culotte de peau de daim, sur laquelle se boutonnait une casaque de marin, modèle anglais, étoffe canadienne. Sa casquette, en forme de moitié de melon, venait de la Nouvelle-Orléans. Deux courroies, un peu moins larges que la buffleterie des gendarmes, soutenaient, d'un côté son nécessaire de pêche, de l'autre son garde-manger; une boîte supplémentaire, contenant, sauf le respect qui est dû au lecteur, un assortiment recherché d'asticots indigènes et exotiques, pendait à sa ceinture de cuir verni. Près de lui reposaient des lignes admirablement montées, les unes simples, les autres à tourniquet, un vase d'argent plein de sang de bœuf et plusieurs filets à main pour soulager le crin, chargé de trop gros poissons.

Et le pêcheur lui-même était, s'il est possible, encore plus beau que son attirail. Il avait un toupet, sous son demi-cantaloup, un toupet blond, frisé à l'enfant; ses joues pleines, rondes, appétissantes, gardaient cette fraîcheur luisante et légèrement couperosée de l'homme de cinquante ans, conservé avec soin; ses membres étaient grêles, mais son ventre bien portant formait ballon sous sa casaque et la relevait en pointe de la façon la plus galante. Il tenait sa canne sérieusement et obéissait à la lettre aux prescriptions du *Manuel des pêches fluviales*, relié en maroquin rouge et doré sur tranches, qui ne le quittait jamais.

Il faut renoncer à peindre le mépris mutuel et profond que se témoignaient les deux pêcheurs. Le pêcheur à la ficelle qui prenait du poisson quittait la place de temps en temps et traversait le chemin de halage pour inspecter un objet déposé dans le champ de luzerne voisin, et chaque fois qu'il accomplissait ce manége, sa figure hétéroclite prenait une expression attendrie; en revenant, il ne manquait jamais de regarder son voisin d'un air provoquant et narquois; le pêcheur, propriétaire de ces engins perfectionnés, dont l'ensemble valait, certes, tous les goujons du canal, lançait alors à son émule des œillades obliques où l'envie le disputait au dédain. Ils ne s'étaient pas encore parlé.

« Bourgeois, dit tout à coup le pauvre hère en tirant de l'eau une ablette frétillante, à quelques pouces du bouchon fastueux, mais immobile, de l'amateur, — ça vous amuse de pêcher comme ça le dimanche?

— Mon brave, répondit l'autre, du haut de sa grandeur, je ne m'adresse pas à ces insectes, dont vous semblez vous contenter.

— A quoi vous adressez-vous, bourgeois?

— J'ai promis un brochet dans les quatorze livres à Mme Champion.... Faites silence, je vous prie, car le son de la voix humaine écarte le poisson.

— Et vous amenez bien chou-blanc sans ça, bourgeois! »

M. Champion se redressa en homme qui veut couper court à un entretien compromettant, mais il n'eut pas besoin de réclamer une seconde fois le silence. Le pauvre hère avait changé tout à coup de contenance et tendait avidement l'oreille.

Partout où il y a de l'eau, les bruits s'entendent de très-loin. Un son vague et sourd, bien connu des riverains du canal, venait du côté de Paris. L'homme à la ficelle n'écouta qu'un instant et sa maigre figure prit une expression solennelle.

« Le bateau-poste! murmura-t-il. C'est fini de rire. On va savoir! »

En même temps, il roula lestement sa ligne improvisée et la mit dans sa poche.

M. Champion toussa, rougit et dit :

« Combien vos insectes, mon brave? »

L'homme à la ficelle attendait évidemment cette proposition, car il sourit en répondant :

« Ça fera tout de même plaisir à madame, en place du brochet dans les quatorze livres.

— Fi donc! s'écria M. Champion indigné, ai-je l'air d'un homme qui rapporte de la friture à la maison?

— Oh! non, repartit le voisin, jamais.

— Je vous achète vos animalcules pour amorcer mes lignes. Combien? »

Le mouchoir fut ouvert et les goujons argentés brillèrent sur l'herbe aux derniers rayons du soleil. M. Champion, malgré lui, les couvrait d'un regard de concupiscence. On entendait déjà distinctement le galop de l'attelage.

— Un sou pièce, dit le voisin, à cause de madame.

— Un franc le tout, » offrit M. Champion.

Le voisin allait se débattre, lorsque la tête des chevaux parut au sommet de la montée du pont. Il tendit la main vivement et arracha plutôt qu'il ne prit la pièce de vingt sous entre l'index et le pouce de M. Champion. Sans ajouter un mot, il ramassa son mouchoir, laissant les goujons éparpillés sur l'herbe, et s'élança dans le champ de luzerne qui s'étendait entre le chemin de halage et la forêt. Il était temps, si, comme vous l'eussiez jugé vraisemblable, l'homme au tablier de pharmacien avait intérêt à éviter la rencontre du bateau. Les chevaux, lancés à pleine course, arrivaient sur le pêcheur de brochets, occupé à colliger son butin, et quelques goujons restaient épars sur la voie au moment où il s'accroupit pour laisser passer la corde.

« Oh! hé! monsieur Champion! cria le capitaine; toujours solide au poste? avons-nous fait bonne pêche?

— Assez, assez, monsieur Patu, nonobstant l'effroi que ce nouveau mode de navigation répand parmi les habitants de l'onde. »

Ce disant, l'orgueilleux montrait avec une triomphante modestie les goujons du pauvre voisin.

L'*Aigle de Meaux*, n° 2, fila devant lui comme une flèche.

Le voisin, pendant cela, s'était coulé derrière la haie séparant le champ de luzerne du chemin de halage. Au moment où le bateau passait, il mit sa tête crépue à une ouverture de la haie et regarda de toute la puissance de ses yeux. Un frémissement nerveux agita bientôt son corps, sa face rouge devint blême et une larme brilla au bord de sa paupière.

« Ah! Similor! Similor! murmura-t-il d'une voix plaintive, c'est donc bien vrai que tu trompes l'amitié! »

Les grandes émotions sont courtes. D'ailleurs, Similor exerçait sur Echalot une attraction irrésistible. Du revers de sa main tremblante, ce dernier essuya ses yeux et s'élança. Mais il ne fit qu'un pas.

« Saladin! prononça-t-il avec émotion; j'allais oublier Saladin! »

Il revint en arrière et prit dans une haute touffe de luzerne un objet de forme oblongue, dont la nature était assez malaisée à deviner, mais qui ressemblait pourtant à ces enfants de carton que le traître enlève au prologue des mélodrames et qui doivent, plus tard, devenir, selon leur sexe, le jeune premier ou la jeune première de la pièce. L'objet avait une courroie; Échalot passa la courroie à son cou et jeta l'objet sur son dos en disant:

« Sois calme, Saladin! »

Puis il prit sa course le long de la haie avec une rapidité que n'eût point promis sa lourde apparence. Son intention était évidemment de lutter avec le galop des chevaux. Il y eut bientôt sur son visage une épaisse couche de rouge, et la sueur inonda ses tempes, mais il allait toujours, regardant le bateau par-dessus les broussailles et murmurant malgré lui le nom de Similor.

Au bout de quatre ou cinq cents pas cependant, l'objet, secoué outre mesure, s'éveilla et se mit à crier comme un jeune aigle. Qu'il fût ou non de carton, il avait une voix magnifique. Echalot lui fit des remontrances avec douceur :

« Taisez son petit bec à Bibi, lui dit-il sans ralentir le pas; je vas te le boucher, Saladin, si tu continues! Nous allons à papa, tu vois bien, failli merle! »

Saladin n'en criait que mieux.

On meurt de ces courses désespérées, témoin le soldat de Léonidas qui apporta aux Spartiates la première nouvelle du combat des Thermopyles. Heureusement pour cet héroïque et tendre Echalot, l'allure des chevaux se ralentit subitement, comme on dépassait l'angle d'une futaie de chênes pour entrer dans la grande plaine qui forme clairière entre Sevran et la route d'Allemagne. Au milieu d'un paysage admirable, le château de Boisrenaud se montrait : on arrivait au débarcadère du baron Schwartz.

Echalot retourna son paquet et mit la main sans façon sur le *bec* de Saladin.

Trois personnes descendirent du bateau; d'abord M. Cotentin de la Lourdeville qui prit, en faisant grincer ses souliers, l'avenue sablée conduisant au château, ensuite la jeune fille au voile noir qui suivit plus lentement la même direction, enfin Similor, léger comme une plume, qui, après avoir adressé un salut courtois à son adversaire, remonta le chemin de halage sur la pointe du pied. Echalot, caché derrière un buisson, soufflait comme un phoque en le contemplant; d'une main, il étouffait Saladin et tamponnait la sueur de son front avec son autre manche.

« Ce n'est pas toujours pour c'te jeunesse qu'il court, murmura-t-il. C'est pour un tas de manigances qui lui feront son malheur !... Mais, minute! nous sommes là, pas vrai, petiot? On va savoir enfin de quoi il retourne! »

Sur ce chemin de halage, où Similor sautillait dans ses chaussons de lisière, évitant avec une gracieuse adresse les moindres vestiges de la récente ondée, un homme grave allait à pas comptés, regardant couler l'eau philosophiquement et faisant tourner entre ses doigts, comme un marquis de la Comédie-Française, une tabatière d'argent niellé. Ce geste était d'une perfection si rare que vous eussiez cherché la maline traditionnelle à son jabot et le claque sous son aisselle. Mais ce n'était pas un marquis, à moins que le malheur des temps ne l'eût fait considérablement déchoir. Au lieu du frac en drap de soie, il portait en effet un habit gris de fer, coupé carrément et orné de boutons blancs; M. Schwartz, le puissant financier, qui était roi dans ces campagnes, avait choisi pour ses valets cette solide livrée rappelant l'uniforme des garçons de la Banque de France.

Ce n'était qu'un valet, bien qu'il eût coutume de parler, la casquette sur la tête, aux autorités décoiffées de Sevran, de Livry et de Vaujours.

Similor marcha droit à lui et l'aborda, chapeau bas; d'un ton timide et doux, il lui demanda :

« C'est-il bien à M. Domergue que j'ai l'avantage de vous adresser la parole ? »

M. Domergue ne répondit pas plus que ce malhonnête Patu, capitaine de *l'Aigle de Meaux* n° 2; mais s'il est une dignité respectée par Similor et ses pareils, c'est celle de valet de grande maison. Il y a dans la haute position de l'homme à livrée quelque chose qui les éblouit et qui les fascine. Similor, l'ombrageux Similor, ne se fâcha point et attendit.

Ce puissant Domergue était distrait : il regardait sur la ligne de halage le bizarre véhicule dont nous avons parlé, le panier de Trois-Pattes, traîné par un chien de boucher. Il souriait avec une fière bonhomie et se rangeait déjà le long de la haie, pour faire place à l'équipage de l'estropié.

Trois-Pattes poussait son molosse et arrivait grand train.

En passant devant M. Domergue, il dessina un signe de tête familier.

« Bonjour, monsieur Mathieu, lui dit courtoisement le domestique. Les affaires vont, à ce qu'il paraît? »

La figure terreuse et barbue de Trois-Pattes avait ce sourire fixe des masques. Il répondit :

« L'argent est dur à gagner ; je viens causer de mon argent. M. le baron est à la maison ?

— Pour vous, toujours, monsieur Mathieu. »

L'équipage de Trois-Pattes entrait déjà dans l'avenue du château. M. Domergue ajouta entre haut et bas :

« Une drôle de lubie que monsieur a de causer avec ce paroissien-là !...

— Pour quant à ça, dit Similor, saisissant aux cheveux l'occasion d'entamer l'entretien, je n'en reviens pas de ma surprise ! »

M. Domergue abaissa sur lui son regard noble et le toisa de la tête aux pieds. Similor cligna de l'œil agréablement et poursuivit :

« Comme quoi les mystères abondent de tous côtés autour de nous....

— Qu'est-ce que vous voulez, l'ami? » interrompit M. Domergue.

Similor, baissant la voix et mettant sa main au coin de sa bouche pour ne rien laisser perdre de sa réponse, répliqua :

« Ayez pas peur; j'ai la confiance entière du jeune homme.

— Quel jeune homme?

— M. Michel, parbleu ! »

Les traits du domestique se déridèrent à ce nom.

Echalot, toujours aux écoutes, bouche béante et le cou tendu, faisait des efforts inouïs pour entendre. Similor poursuivit en prenant une pose théâtrale :

« Par conséquence, on est chargé de vous demander tout simplement s'il *fera jour demain*. Voilà ! »

III

Le château.

Le château de Boisrenaud, où l'abbé de Gondi fit sa résidence et que la duchesse de Phalaris choisit un instant pour retraite, à cause de son voisinage du Raincy, compte encore parmi ses hôtes célèbres le danseur Trénitz, qui eut l'honneur d'y recevoir, en 1798, Mmes Tallien et Récamier. A l'époque où se renoue notre histoire, le château et ses magnifiques dépendances étaient, depuis quelques années, la propriété de M. le baron Schwartz, qui se proposait d'y faire de nombreux embellissements. Embellir est un traître mot, fils de ce Mieux qui est l'antique ennemi du Bien, selon le proverbe. Aux choses comme aux hommes, il faut laisser leur costume, et l'histoire de l'art cite des monuments, embellis à grands frais qui, de chefs-d'œuvre incomplets qu'ils étaient, sont devenus complètes platitudes.

Nous dirons tout de suite que le vieux château de Boisrenaud n'a point subi un si malheureux sort : on l'a tout simplement démoli pour construire, en son lieu et place, une très-belle maison moderne. Le baron Schwartz était un esprit net et tranchant qui ne faisait pas les choses à demi.

En ce temps-là, quand on arrivait le long du canal, et qu'après avoir dépassé le dernier feston des futaies, la plaine cultivée se déployait aux regards, la première chose qui les frappait, la seule, c'était ce petit castel aux profils mutins et cavaliers, avec ses six tourelles coiffées à la mauvais et ses trois corps de logis disparates dont l'un parlait du moyen âge, tandis que les deux autres semblaient raconter quelque anecdote batailleuse et galante de la Fronde. Le parc s'étendait en éventail derrière le manoir et confinait partout à la forêt, dont il n'était séparé que par un large saut de loup. L'avenue qui conduisait du château à Vaujours était un rideau de peupliers deux ou trois fois séculaires, dont chaque branche valait un arbre de cinquante ans; on se souvient encore dans le pays de ce gigantesque mur de verdure et des chênes énormes qui ombrageaient l'allée tournante, menant à Montfermeil par les hauteurs de Clichy-en-l'Aunois.

Le baron Schwartz, un jour de baisse, avait acheté tout cela très-bon marché, sans le visiter en détail et dans un but de pure spéculation. Quand il y vint pour aviser aux moyens d'en tirer parti, le site s'empara de lui du premier coup. Ce n'était pas un homme dépourvu de goût, tant s'en fallait, et, à sa manière, il avait de la grandeur dans l'esprit. Le château seul lui déplut, parce que le baron Schwartz était fils du présent qui déteste le passé. Au lieu de morceler ce paradis et de le débiter à quinze sous le mètre pour en faire un de ces aimables séjours où les gens de Paris viennent bâtir des petites maisons délicieuses, avec un *entourage* comme les tombes au Père-Lachaise, il eut fantaisie de dépenser là une couple de millions ou davantage, selon les proportions que prendrait son caprice.

Ce n'était pas beaucoup pour lui; sa maison de banque était la rivière du proverbe, où l'eau va toujours; bien que sa noblesse financière ne remontât pas aux croisades, c'était déjà une vieille fortune, solide, sincère et largement basée sur un crédit européen : on disait de lui qu'il prêtait aux rois à la petite semaine.

Un palais tout neuf, voilà ce qui plaît! un peu le style de la Bourse : cela rappelle d'émouvants souvenirs. Les choses gothiques, d'ailleurs, semblent railler l'argent, quoique l'argent se prenne parfois de passion pour l'ogive, pour les créneaux et même pour le blason. Autour de ce palais d'un blanc de marbre, les merveilles d'un parc dessiné à l'anglaise, le velours vert des gazons, brossé soir et matin, de l'eau diamantée dans un grand lac, propre comme un saladier, et dont la naïade habite un tuyau de fonte, des oiseaux vernis, des poissons peints, du gibier savant, enfin la nature décrassée et digne de nous : voilà ce qui enchante!

Donc, à deux cents pas de l'ancien manoir, en situation belle et bien choisie, les maçons étaient en train de bâtir le palais; on traçait dans le parc le méandre des nouvelles allées, on comblait le saut de loup pour le reporter plus loin et enclore cent hectares de futaies, acquis récemment; on battait la glaise au fond du lac déjà creusé; le sol lui-même commençait à se modeler (il faut des accidents), et l'endroit qui devait être montagne recevait des brouettées de terre aux dépens du lieu qui allait être vallée. Ce sont jeux de prince, écoutez, et jeux de millions; il ne s'agit pas de dresser le mont Blanc, ni de creuser les gorges du Dauphiné; la montagne n'aura que vingt mètres au-dessus de la vallée : pensiez-vous qu'il nous fallait les neiges éternelles? Le cèdre du Liban sera bien là, et cela suffit pour placer les roches qui viendront de Fontainebleau : des roches terribles, reliées au ciment romain! Si vous voulez rire, riez de notre agent de change qui n'a que soixante arpents à Verrières, avec quelques tonnes d'eau de Bièvre dans ce qu'il appelle une rivière : notre agent de change rit bien de son notaire qui se contente de cinq hectares à Colombes et qui tue un vieux cheval à monter l'eau de son bassin!

Chacun fait ce qu'il peut; toutes les vanités sont respectables.

Le soleil allait se couchant derrière les arbres qui cachent au loin le clocher d'Aulnay-le-Bondy, quand notre jeune fille au voile noir du bateau-poste se dirigea vers la grille dorée de M. le baron Schwartz. Elle suivait l'avenue d'un pas assez rapide, mais mal assuré, presque pénible; à la voir par derrière, vous eussiez dit une convalescente à sa première sortie. Tout en elle, du reste, confirmait cette pensée; la fatigue courbait sa taille gracieuse, mais trop grêle, qui ne semblait plus faite pour la robe qu'elle portait. Deux ou trois fois, le long du chemin, elle fut obligée de s'arrêter pour reprendre haleine.

L'équipage de Trois-Pattes la rejoignit, quand elle n'était encore qu'à moitié de l'avenue, quoique M. Cotentin de la Lourdeville eût fait déjà son entrée. L'estropié la connaissait sans doute, car sa figure immobile ébaucha un sourire, mais il ne lui parla pas en la dépassant.

La jeune fille le suivit d'un œil distrait et morne.

Trois-Pattes et son équipage étaient entrés déjà quand elle arriva devant la grille. Elle reprit haleine, et sa main mit à toucher le bouton une certaine hésitation.

« Comme vous voilà maigrie, mademoiselle Edmée ! dit une voix derrière elle. Parole d'honneur, je ne vous reconnaissais pas. »

La jeune fille se retourna vivement, comme si elle eût été prise en faute, et une nuance rosée vint à son pâle visage.

« Bonjour, Domergue, répliqua-t-elle. J'ai été un peu malade. Comment va-t-on au château ? »

Elle souriait, et il y avait je ne sais quoi qui faisait peine dans la charmante douceur de son sourire.

Nous connaissons Domergue, l'important valet qui ressemblait à un receveur de la Banque de France. Son entrevue avec notre ami Similor n'avait pas été, paraîtrait-il, de très-longue durée, car il avait rejoint la jolie voyageuse en se promenant et sans presser le pas. Mais, en affaires, il ne faut point juger la gravité d'une entrevue par sa durée.

Cette fois, Domergue ôta sa casquette et sa figure austère se radoucit notablement. A le regarder mieux, il avait l'air du plus brave homme du monde. Seulement, il savait garder son rang. Il s'agissait ici d'une femme, et personne n'ignore que la galanterie ne fit jamais déroger un haut personnage.

« Un peu malade ! répéta-t-il. Tout le monde va assez bien chez nous, merci, malgré les démolitions et le tremblement. Vous êtes pâle comme un linge, parole d'honneur !... Un peu malade !... Il y a du nouveau, ici, vous savez ?

— Non, Domergue, je ne sais rien.
— On parle d'un mariage....
— Avec M. Maurice ? » interrompit Edmée presque joyeusement.

Domergue haussa les épaules.

« Ce ne serait pas un mariage, cela ! reprit-il. Le cousin Maurice est en disgrâce, comme M. Michel. J'ai bien cru que M. Michel deviendrait notre gendre. M. le baron n'aurait pas dit non, malgré la différence de fortune. Mais il se rencontre des impossibilités.... Avez-vous sonné, mademoiselle Edmée ? »

Pendant les dernières paroles du valet, la jeune fille avait changé plusieurs fois de couleur.

« Pas encore, » répondit-elle d'une voix qui tremblait.

Puis elle ajouta, pensant tout haut :

« Blanche ! un mariage, déjà !

— Seize ans, reprit Domergue en poussant le bouton de cuivre qui mit en mouvement une cloche au timbre sonore et plein ; jolie comme un amour ! Écoutez donc ! Les dots de deux millions comptant n'ont pas l'habitude de moisir en magasin. M. Lecoq est dans la quarantaine, mais beau cavalier.... »

La jeune fille répéta avec stupéfaction :

« M. Lecoq !

— Oui, oui.... on dit ça.... et qu'il a le bras long.... Quoique j'aurais cru qu'on aurait pris un banquier.... ou au moins un duc.... On avait parlé d'un duc, vous savez ?

— Je ne sais rien, répéta la jeune fille.

— C'est juste. La chose se faisait par M. Lecoq. En voilà un qui abat de l'ouvrage ! Du reste, tant qu'on n'a pas été à la mairie, n'est-ce pas ?... Mais, entrez, mademoiselle Edmée : vous savez que nous sommes de bon monde et pas fiers. Ça va faire plaisir à mademoiselle de vous revoir, j'en suis sûr.... Madame Sicard! »

Mme Sicard était une femme de chambre de digne apparence, entre deux âges, tirée à quatre épingles, qui portait aussi haut que M. Domergue, mais qui ne souriait pas. La voix de son collègue l'arrêta comme elle montait le perron.

« Tiens! fit-elle. Mademoiselle Leber! »

Elle ajouta, non sans une certaine bienveillance qui, chez elle, avait beaucoup de prix :

« On a justement fait sa chambre aujourd'hui.

— Je viens seulement pour saluer ces dames, murmura la jeune fille avec un embarras que ne justifiait point l'accueil reçu. Si vous voulez bien prévenir mademoiselle....

— Entrez au salon en attendant. Je vais dire qu'on mette votre couvert.

— Mais j'y songe! s'interrompit Mme Sicard, Mme la baronne m'a dit.... voyons!... que si vous veniez, c'était elle qu'il fallait avertir.... Au fait, c'est toujours tout de même. »

On avait traversé le vestibule. Mme Sicard monta l'escalier, pendant que Domergue introduisait Edmée au salon. La pâleur de celle-ci avait augmenté subitement et à tel point qu'elle semblait prête à se trouver mal. Elle s'affaissa sur un siége et porta son mouchoir à ses lèvres.

« Le plus souvent qu'on vous laissera partir à ces heures-ci et dans un état pareil! dit l'honnête valet qui prit, ma foi, ses mains froides et les réchauffa dans les siennes. Vous êtes comme qui dirait de la maison, ma chère enfant, et j'ai plus d'une fois entendu répéter à Mme la baronne qu'une maîtresse de piano comme vous c'était une amie.

— Un verre d'eau, » murmura Edmée.

Et, comme pour s'excuser, elle ajouta :

« Je viens d'être un peu malade. »

Domergue sortit aussitôt en courant. Ce n'était pas un septembriseur, et peut-être ne lui était-il jamais arrivé de concevoir une pensée aussi hardie; il pensa :

« Un peu malade ! Parole d'honneur, c'est trop pour les uns, pas assez pour les autres. Il y a de la misère dans le fait de cette enfant-là. »

Mal terrible et qui ne se peut cacher ! Il est je ne sais quels symptômes mystérieux qui toujours te trahissent, ô misère ! d'autant plus vite et plus sûrement que ta victime semblait mieux faite pour rester hors de tes atteintes.

Cet être délicat et charmant, Edmée Leber, était pauvre; son costume propre, mais si modeste, ne l'aurait pas dit que sa timidité l'eût crié. Les domestiques comprennent mieux cela que les maîtres; les domestiques ont un sens tout spécial et d'une subtilité diabolique pour flairer l'indigence. C'est à leurs yeux la première et la plus profonde de toutes les douleurs ; peut-être ont-ils raison, car, de ce mal, tant d'autres maux découlent ! L'idée était venue à Domergue qu'Edmée avait faim.

Il se trompait. Le pain ne manquait pas encore chez la mère d'Edmée, quoique tout le reste y manquât. Et si Edmée n'avait pas eu de pain, sa fièvre l'eût nourrie.

Dès qu'elle se vit seule, deux grosses larmes que sa fierté contenait roulèrent lentement sur sa joue. Elle releva son voile et montra un visage de dix-huit ans aux lignes exquises, mais que déjà la souffrance avait touché. Edmée était à la fois jolie et belle. Je ne saurais dire pourquoi le *trait*, cette chose caractéristique qui donne au peintre le moyen de faire la ressemblance parlante, n'était pas, pour Edmée, dans la pureté souveraine des contours, non plus que dans la chère délicatesse des détails. Vous n'auriez pu voir sans être ému ces grands yeux humides, sous ce front couronné d'adorables cheveux blonds, ce nez fin aux arêtes précises, mais suaves, cette bouche, hélas! sérieuse, mais où l'on devinait un trésor de sourires,—et pourtant ce n'était pas là Edmée. Ce qui frappait en elle et ce qui ravissait planait au-dessus de tout cela comme une âme, rayon, harmonie et parfum, une émanation presque divine, et que dire de plus : une âme de douceur et d'honneur.

Le salon était grand, somptueux et meublé à la romaine, selon une mode qui revient, mais qui était alors vaincue par la fantaisie des choses de la renaissance et du moyen âge. Le regard mouillé d'Edmée en fit le tour et s'arrêta un instant sur le piano.

Le piano lui parla, car elle murmura en souriant amèrement :

« Blanche épouse M. Lecoq ! »

Au-dessus du piano était un portrait de fillette : une brune, espiègle et rieuse.

« Cela est-il possible! ajouta Edmée. Blanche, le cher petit cœur ! »

Des deux côtés de la cheminée étrusque, en marbre violet, ornée de mosaïques et chargée de curiosités pompéïennes, deux autres portraits pendaient, dont les cadres, d'une richesse extrême, écrasaient la peinture, bien qu'ils fussent signés par un des bons maîtres de la restauration. L'un représentait un homme de vingt-cinq ans, étroit d'épaules, petit, maigre, aux traits intelligents et pleins de volonté ; l'autre, une très-jeune femme, presque aussi belle qu'Edmée, et qui, comme elle, avait son charme dans l'expression, plus encore que dans la parfaite régularité de ses traits.

Quand le regard d'Edmée tomba sur cette dernière toile, sa prunelle eut un éclair, et un peu de sang vint à ses joues. Elle se leva, malgré la fatigue extrême qui, tout à l'heure, l'avait jetée sur ce siége; elle traversa d'un pas pénible toute la largeur du salon, et s'arrêta devant la cheminée. Le portrait semblait exercer sur elle une sorte de fascination. Était-ce le portrait? Une partie du portrait, plutôt; car son œil fixe concentrait tous ses rayons sur un point qui n'était pas même le visage, mais qui était auprès du visage. Mme la baronne Schwartz était posée de trois quarts; elle portait un costume d'apparat. Un turban, jeté de côté, la coiffait, cachant une de ses oreilles, tandis que l'autre, blanche, fine et ornée d'un simple bouton de diamant, sortait des masses noires de son opulente chevelure. C'était l'oreille que regardait Edmée, moins que l'oreille encore, car l'oreille se voyait parfaitement, et la jeune fille, chose étrange dans son état de souffrance et de lassitude, monta sur une chaise pour examiner de plus près.

Pendant plusieurs minutes, elle examina attentivement. Tout son être se concentrait dans sa vue. Elle tremblait et changeait de couleur.

Un bruit de pas se fit; elle redescendit précipitamment, et ses lèvres s'entrouvrirent pour laisser tomber ces mots :

« C'était bien elle ! »

Domergue entra, portant un plateau.

« Je vous ai fait attendre, ma chère demoiselle, commença-t-il.

— Donnez! interrompit Edmée de cette voix sèche et sans vibration qui trahit la fièvre aussi sûrement que l'accélération du pouls.

— Comment vous trouvez-vous? ajouta le valet pendant qu'elle buvait à longs traits.

— Mieux, je vous remercie.

— Vous êtes si changée ! Et voyez comme votre main tremble !

— Beaucoup mieux ! » répéta Edmée avec impatience.

Elle ajouta plus froidement :

« Je voudrais voir Mme la baronne sur-le-champ. »

Puis encore :

« Dites qu'on ne fasse pas ma chambre et qu'on ne mette pas mon couvert. »

Domergue la regarda, étonné. Il y avait dans ses gros yeux de la tristesse et de la compassion. Il sortit.

Pour la seconde fois Edmée était seule. Elle s'assit auprès de la fenêtre et attendit.

Les fenêtres du salon donnaient sur le jardin et gardaient leurs jalousies fermées. Edmée Leber glissa son regard distrait au travers des planchettes, et vit les hôtes du dimanche disséminés par petits groupes sur la magnifique pelouse d'où le soleil s'était retiré. Blanche n'était point là, non plus que sa mère, la baronne. Deux dames d'un certain âge jouaient au volant avec une grande affectation de gaieté ; quelques messieurs faisaient cercle autour de M. Cotentin de la Lourdeville, qui tenait à la main le journal du soir.

Des promeneurs passaient le long du château sous les jalousies et causaient.

« Je ne vois là-dedans, dit l'un d'eux, rien que de parfaitement honorable. M. le baron se souvient qu'au début de sa carrière il fut le banquier des pauvres.

— Bon métier ! fut-il répondu.

— On gagne souvent gros avec les pauvres !

— On peut être à la fois habile et philanthrope, dit Cotentin. Ça et ça !

— Il y a des anecdotes étonnantes ! J'ai ouï parler

d'un indigent qui achetait tous les ans mille ou douze cents francs de rentes.

— Un mendiant de Lyon, madame, a doté récemment sa fille comme les nôtres ne le sont pas.

— Et vous connaissez l'histoire de cet aveugle qui avait cinquante mille écus dans sa paillasse?

— Ce Trois-Pattes est un animal fort curieux!

— Où donc se cache M. le baron? » fut-il demandé du fond du parterre.

Une fenêtre du premier étage s'ouvrit, et M. le baron répondit :

« Je suis à vous; je termine une affaire.

— Avec Trois-Pattes! » acheva-t-on à demi-voix dans les groupes.

Edmée Leber n'écoutait déjà plus; la rêverie l'avait prise. Ses yeux, demi-fermés, s'abaissaient vers le tapis, sans le voir, et sa belle tête pensive s'appuyait sur sa main.

« Allons un peu visiter l'attelage de ce capitaliste d'un nouveau genre, » dit-on encore sous les croisées.

La réponse et les gaietés qui la suivirent s'étouffèrent au lointain.

L'arrivée du nouveau client avait fait sensation parmi les convives du château de Boisrenaud. L'argent n'a pas d'odeur; cette haute vérité fût-elle oubliée du reste de la terre, on devrait la retrouver inscrite sur la porte de toute maison de banque bien tenue; si Trois-Pattes était un homme d'argent, il avait naturellement droit à bon accueil : pas de doute à cet égard. Mais l'argent se reçoit à la caisse; il suffit pour cela d'un commis; sous quel prétexte Trois-Pattes et son grotesque équipage passaient-ils le seuil de la somptueuse villa en ce jour de repos, où le millionnaire n'accueillait que ses amis?

Ceci était prétexte à gloser. Le règlement, au château de Boisrenaud, défendait de parler affaires. M. le baron Schwartz délaissait ses invités pour recevoir Trois-Pattes dans son cabinet. Était-ce pour parler politique?

Personne ici n'ignorait la légende de Trois-Pattes, que les domestiques du baron avaient ordre d'appeler M. Mathieu. Trois-Pattes était un personnage dès longtemps célèbre dans le quartier de la porte Saint-Martin, et ses relations avec M. Schwartz étendaient désormais sa gloire jusqu'à la Madeleine.

Trois-Pattes était arrivé un jour, personne ne savait d'où, dans la cour du Plat-d'Étain, siége d'une entreprise de messageries qui, avant l'établissement des chemins de fer, desservait toute la banlieue de l'est. Il était descendu de son panier, traîné par un chien, et s'était rendu à pied, c'est-à-dire en rampant sur les mains et sur le ventre, au bureau. Là, il avait fait le nécessaire pour avoir le droit de s'installer dans la cour en qualité de facteur. Tout de suite après, manœuvrant ses mains, armées de palettes, et le reste de son corps, contenu dans une sorte de corbeille munie de roues, il avait pris position à l'endroit où s'arrêtent les voitures à l'arrivée.

Ses commencements avaient été difficiles. Il ne possédait, à vrai dire, aucune des qualités physiques du facteur, mais les qualités morales y suppléaient largement. A Paris, d'ailleurs, les choses bizarres font fortune, et tout manchot des deux bras qui peindra des tableaux d'histoire avec son pied obtiendra chez nous un joli succès d'estime.

Trois-Pattes, marchant avec ses jambes dans sa poche, comme disaient les plaisants du quartier, excita cet étonnement qui précède et prépare la vogue. Il avait installé sur son dos quatre crochets qui lui servaient de mains, et auxquels il fixait très-adroitement les colis. A son côté pendait un sifflet que les cochers de la station du boulevard connurent bientôt : un coup de ce sifflet appelait un fiacre, deux une citadine, trois un cabriolet : au bout de huit jours, ceci fut réglé comme si Trois-Pattes eût touché des appointements du gouvernement. Pour la garde des objets, il n'avait pas son pareil; quant aux discussions d'intérêt avec la buraliste, il vous arrangeait vos affaires en un clin d'œil. Vous savez la puissance de certains avocats sur le tribunal : Trois-Pattes gagnait toutes ses causes près de Mme Tourteau, maîtresse après Dieu de la cabane où s'inscrivaient les voyageurs et les bagages.

Et ne croyez pas qu'il mît beaucoup de temps à arpenter la cour du Plat-d'Étain. Ses mains étaient agiles, et il avait une merveilleuse façon de manœuvrer l'inerte fourreau qui renfermait ses jambes. Son allure ressemblait à celle d'un lézard, et les lézards vont vite, quoi qu'on ait dit sur leur paresse.

Un anonyme de génie lui trouva ce surnom : Trois-Pattes, qui peignait d'un trait sa lamentable infirmité. Personne n'ignore l'élan prodigieux qu'un sobriquet peut donner à une célébrité populaire. Mathieu l'estropié eût peut-être fait fortune ; Trois-Pattes fit tout uniment fureur, et ses collègues vaincus désertèrent la place.

Derrière la gloire, deux divinités viennent; l'une rampe, montant du noir Tartare, et l'autre abaisse son vol, qui descend du ciel. Elles se nomment l'Envie et la Poésie.

L'Envie sema sur le compte de Trois-Pattes ces mille bruits qui tuent une faible réputation, mais qui enflent une grande renommée : elle accusa Trois-Pattes d'appartenir à la police ou de faire partie d'une association de malfaiteurs : deux allégations dont Paris est souverainement prodigue, à ce point que la rumeur publique les additionne souvent l'une avec l'autre, malgré leur apparente incompatibilité.

La Poésie, fille des dieux, secouant sur le nouveau favori les merveilleux bouquets de son jardin, l'entoura d'une auréole fleurie; elle lui prêta la richesse, ce charme irrésistible; elle affirma qu'il amassait quelque part un fabuleux trésor. On ne croit plus aux sorciers, mais le surnaturel a la vie dure; la Poésie fit de Trois-Pattes une sorte de gnôme, changeant de peau à de certaines heures, et quittant son misérable niveau pour s'élancer vers les sphères dorées de l'élégance aristocratique.

Spécifions : la Poésie prêta de mystérieuses amours à Trois-Pattes, le reptile humain. Ce fut quelque chose comme un de ces contes où Perrault accouplait les monstres avec les princesses. Il s'agissait d'une femme jeune et belle : jusque-là, rien d'impossible. Mais la femme était aussi noble — et riche.

Croyait-on à cet absurde rêve? Je ne sais. Paris est trop enclin à ne rien croire pour ne pas croire à tout, en définitive.

La Poésie et l'Envie se cotisaient donc pour compléter la gloire de Trois-Pattes. Il n'en paraissait point affolé. Sérieux et modeste, il continuait d'accomplir son mandat avec un soin exemplaire, et vous eussiez dit qu'il ne se doutait même pas des fanfares que sonnait pour lui la renommée. Il n'était pas mendiant, mais il prenait de toutes mains, et remerciait gravement les bourses généreuses qui s'ouvraient à l'aspect de son infirmité; il ne repoussait pas plus les aumônes que les salaires. Ses mœurs étaient pures, malgré la chronique; il vivait seul et sobrement.

Et cependant la chronique ne mentait pas tout à fait. Il y avait assez de vrai sous les broderies légendaires de l'histoire de Trois-Pattes pour légitimer tous les étonnements.

Trois-Pattes était reçu chez M. le baron Schwartz ; dans l'humble escalier qui grimpait au taudis de Trois-Pattes, on avait rencontré, on avait reconnu une étoile du ciel parisien, la belle comtesse Corona. Telle était la charade, proposée aux curieux par le lézard du Plat-d'Étain.

Le baron Schwartz, aujourd'hui, était dans son cabinet, quand un domestique vint lui annoncer M. Mathieu.

« Qu'on fasse monter M. Mathieu ! » dit-il sans hésiter.

M. Mathieu descendit de son équipage sans trop de peine, et franchit le perron à l'aide d'une gymnastique originale : ses deux mains, cramponnées aux marches, halaient son torse et l'appendice qui renfermait ses jambes. Cela se faisait assez lestement, à la grande surprise des spectateurs qui contemplaient sa manœuvre. Au bas de l'escalier, un domestique obligeant ayant voulu soulever la partie paralysée de son corps, M. Mathieu le remercia et lui dit :

« Inutile. »

Néanmoins, après son introduction dans le cabinet du riche banquier, et quand il eut rampé jusqu'à trois pas du bureau, M. Mathieu, poussant un soupir de soulagement, tira de sa poche un mouchoir fort propre et s'essuya amplement le front.

« Bien pressé donc, monsieur Mathieu? » demanda le baron Schwartz en souriant.

Il avait un style à lui, quand il voulait, ce baron Schwartz. Les hommes arrivés sont excentriques à peu de frais. M. le baron s'était fait une réputation, parmi ceux qui avaient besoin de lui, par la brièveté de sa phrase. Selon les grammairiens, le mot principal, le mot par excellence est le verbe ; remarquez, cependant, que la suppression du verbe ne rend point la parole incompréhensible.

« Temps, argent! » disait souvent M. Schwartz, traduisant à sa manière le fameux axiome de notre bien-aimée Angleterre.

En vertu de quoi il gagnait par année les appointements de trois ou quatre préfets, rien qu'à sous-entendre des verbes. Ceux qui le connaissaient bien savaient néanmoins que la moindre émotion le faisait parler comme tout le monde.

Trois-Pattes répondit en inclinant la tête avec une respectueuse politesse :

« J'avais envie de voir un peu la propriété de M. le baron ; mais je ne me serais pas permis d'y venir pour mon plaisir seulement.

IV

Trois-Pattes.

A supposer que M. Mathieu, surnommé Trois-Pattes, fût de ces pauvres qui ont cinquante mille écus dans leur paillasse, il ne poussait pas, du moins, l'économie jusqu'à ses dernières limites. Sa veste de velours à boutons de métal était presque neuve et laissait voir de bon linge, assez blanc. En revanche, il avait une crinière d'un brun fauve, touffue et mal peignée, qui eût fait la gloire d'un rapin, et sa barbe se hérissait comme un paquet de broussailles. Au milieu de ce double fouillis, sa figure, douée d'une étrange gravité, surprenait le regard.

Dès qu'on faisait abstraction de l'infirmité lamentable qui le coupait en deux et parquait la vie dans son buste, Trois-Pattes n'avait rien, au demeurant, qui pût inspirer le dégoût, ni même la pitié. Un perruquier eût fait de lui, rien qu'en fauchant ses cheveux et sa barbe, une honnête moitié de bourgeois décent, tranquille et bien nourri. C'était un monstre, il est vrai, mais un monstre mitigé, tel qu'il convient d'être aux monstres de la forêt la plus civilisée de l'univers. Pour tout dire, les petits enfants du quartier l'aimaient, parce qu'il souriait parfois et qu'il y avait je ne sais quelle attrayante bonté dans la mélancolie de son sourire.

Au physique, M. le baron Schwartz était un ancien maigre ayant conquis de l'embonpoint. On les reconnaît au premier coup d'œil; la prospérité les rembourre sans effacer de longtemps l'anguleux dessin de leur primitive architecture. Ils ont le ventre pointu. Quand la graisse, symbole vengeur de la victoire, a submergé tout à fait l'originalité de leur charpente, le bonheur les étouffe, et il faut les abattre comme les bœufs du carnaval.

Ils sentent cela; ils combattent avec énergie l'épaisseur envahissante. J'en sais qui volontiers se mettraient au feu pour fondre. Voici un grand secret que je vais leur vendre : il n'y a point de soldats obèses.

L'exercice et le pain de munition : là est le salut.

Le baron Schwartz était un petit homme gras, mais encore aigu sous certains aspects. Les vrais Schwartz de Guebwiller résistent mieux que les autres vainqueurs. Vers trente ans, quand ils sont bien sages, ils arrivent à cette apparence incertaine qui trompe l'œil pendant trois ou quatre lustres. Le baron Schwartz n'avait pas d'âge.

Ce siècle parle de tout à la légère, et il faut que le misérable romancier caresse incessamment les méchantes habitudes de son siècle. *Castigat ridendo*, dit-on du grand Molière. Or, châtier en riant signifie chatouiller.

Si je suivais mes instincts de vénération, c'est à genoux que je tracerais le portrait d'un homme tel que le baron Schwartz. Il avait de l'esprit derrière son accent alsacien que les Gascons eux-mêmes cherchaient à imiter; quoiqu'il n'eût pas fréquenté les colléges, il possédait de vastes connaissances, puisées dans le *Dictionnaire de la Conversation;* il aimait les arts et leur donnait çà et là quelques cachemires; il protégeait les lettres dans la personne de Sensitive, le poëte, et du vaudevilliste Savinien Larcin, employé au Père-Lachaise; il prêtait de l'argent aux rois, sans intérêts, pourvu qu'on lui rendît deux capitaux, et s'occupait, moyennant cent pour cent, des logements du peuple lui-même!

Ainsi fleurit et fructifie J. B. Schwartz quand il peut agripper au passage seulement un poil de la chauve occasion. En dehors de l'explication arithmétique, fournie par M. Cotentin de la Lourdeville, peut-être y avait-il bien quelque petite chose, mais il est certain que les millions actuellement possédés par l'opulent baron étaient le propre billet de mille francs, donné par M. Lecoq au lendemain d'une nuit orageuse dans un sentier désert, aux environs de Caen. Le miracle des noces de Cana multipliait les pains; c'est l'enfance de l'art des miracles; nous laissons ce soin frivole aux boulangers et, manipulant à loisir la souriante alchimie des nombres, nous concentrons au lieu de multiplier : par nos soins, les sous de cuivre, épars au fond de cent mille escarcelles, forment un seul pain qui se trouve être d'or.

Certaines alliances de mots ont une harmonie généreuse qui n'exclut pas toujours l'idée de profit. Le médecin des pauvres et l'avocat des pauvres sont des types que l'on peut examiner à différents points de vue, et le monde est plein de sceptiques qui supputent les bénéfices de la philanthropie. M. le baron Schwartz avait le bon goût de ne point renier ses débuts ; il se vantait volontiers d'avoir été le banquier des pauvres. Depuis longtemps, néanmoins, il n'en était plus à tirer vers soi en détail les économies des petites gens. Un élément étranger à la finance devait être dans ses rapports avec M. Mathieu, surnommé Trois-Pattes.

« Du nouveau? » demanda-t-il en jouant l'indifférence.

Trois-Pattes fixait sur lui ses grands yeux immobiles, ombragés par l'épaisseur de sa chevelure emmêlée.

« Le colonel est au plus bas, répliqua-t-il.

— Bien vieux! grommela M. Schwartz.

— J'ai pensé que monsieur le baron....

— En règle! interrompit froidement le banquier. Affaire finie. »

Puis il ajouta :

« Occupé. Au galop!

— On pense, reprit Trois-Pattes, que le colonel ne passera pas la nuit.

— Comtesse à Paris? » demanda M. Schwartz.

L'estropié fit un signe de tête affirmatif.

« M. Lecoq aussi?

— Aussi.

— En règle! répéta M. Schwartz. Pas autre chose?»

Sous la sécheresse de ce style, une pénible préoccupation perçait.

« Du moment que monsieur le baron est en règle, reprit Trois-Pattes, il lui importe peu de savoir les on-dit. C'était une drôle de boutique, là-bas.

— Cancans! fit M. Schwartz.

— Monsieur le baron m'avait chargé de regarder attentivement aux fenêtres du quatrième étage, cour du Plat-d'Étain....

— Ah! ah! fit le banquier, beaucoup plus entamé qu'il ne voulait le paraître.

— Et de surveiller aussi le dedans de la maison dont l'entrée est rue Notre-Dame de Nazareth, poursuivit Trois-Pattes, rapport aux trois jeunes gens: M. Maurice, M. Étienne et M. Michel.

—Très-bien! » dit le baron qui bâilla derrière sa main arrondie.

Le bâillement, dissimulé à demi avec politesse, a une valeur diplomatique.

« Long! fit-il en manière d'explication.

— A cet âge-là, continua paisiblement M. Mathieu, on mène un petit peu la vie de Polichinelle.

— Des femmes? demanda M. Schwartz.

— Pas trop.... excepté M. Michel. »

Visiblement, le baron devint attentif.

« Mais, s'interrompit l'estropié, monsieur le baron ne s'intéresse pas à M. Michel. C'est M. Maurice qui est son neveu. »

Le baron appuya son index sur le bout de son nez, ce qui, chez lui, était un symptôme de très-vive impatience.

« Je ne vous parlerai plus de M. Michel, promit Trois-Pattes. Il y a donc que M. Maurice et son ami M. Étienne ont la vocation de la littérature. Ils travaillent, ils travaillent comme des forçats à faire des drames; et je sais cela, parce que les voisins les entendent déclamer et se disputer, qu'on croit toujours qu'ils vont mettre le feu à la maison.

— Drôle! interrompit le banquier.

— Hein? fit M. Mathieu quelque peu offensé.

— Très-drôle! expliqua le baron. Au galop!

— Ils ont tout vendu. On ne gagne pas beaucoup d'argent à faire des drames qui sont refusés au théâtre. Autrefois, M. Michel travaillait avec eux, mais maintenant... »

Trois-Pattes s'arrêta court, honteux d'être rentré malgré lui dans la voie des digressions.

« Comique! dit le baron, dont le geste sembla l'encourager à poursuivre.

— Excusez-moi, reprit Trois-Pattes. Je sais bien que M. Michel ne vous regarde pas. Nous autres, de Normandie, nous sommes bavards.... »

Le banquier fit un geste équivoque, pendant que Trois-Pattes poursuivait :

« M. Maurice est amoureux, pour le bon motif, et si monsieur le baron voulait le marier....

— Aime ma fille, prononça le banquier froidement. Idiot.

— Bah! Mlle Schwartz est assez riche pour deux. »

Ceci fut dit avec onction. Le baron répondit :

« Mariage affaire faite.... à peu près. »

Puis il croisa ses jambes l'une sur l'autre et, prenant un air de parfaite indifférence, il murmura ce seul nom, suivi d'un point d'interrogation :

« Michel?

— Vous voulez dire Maurice?» rectifia Trois-Pattes.

Le banquier répéta :

« Michel! »

Un sourire essaya de naître sous la moustache hérissée de l'estropié. Comme il hésitait à répondre, en homme qui croit avoir mal entendu, M. Schwartz frappa du pied et s'écria, cette fois dans la langue de tout le monde :

« Que diable! monsieur Mathieu, ne me faites pas languir! Vous savez quelque chose sur ce mauvais sujet de Michel! Allez. »

M. Mathieu prit un air étonné sous lequel perçait bien un petit bout de moquerie.

« Vous m'aviez défendu.... commença-t-il ; mais je suis tout aux ordres de monsieur le baron. En définitive, mieux vaut encore s'occuper à des fadaises comme ces jeunes gens, Maurice et Étienne. M. Michel file un mauvais coton, excusez le mot. Il vit, Dieu sait où, courant les tripots et jouant un jeu d'enfer....

— Un jeu d'enfer! Michel!

— Perdant des deux ou trois cents louis par soirée, s'il vous plaît, fréquentant les théâtres, soupant, faisant des dettes absurdes, et les payant!

— Les payant! répéta encore M. le baron ; comique! »

Il se leva et fit un tour dans la chambre.

Dès qu'il eut le dos tourné, la physionomie de Trois-Pattes changea si subitement qu'on eût dit une transfiguration. Le masque prit vie, et les yeux, ardemment animés, dirigèrent un regard perçant vers la fenêtre ouverte. La fenêtre donnait sur les jardins. Les hôtes du château de Boisrenaud étaient dispersés dans les allées ; ce coup d'œil alla à tous et à chacun, comme un éclair. Ce coup d'œil cherchait quelqu'un.

Quand M. le baron se retourna, Trois-Pattes regardait la pelouse avec une placide admiration.

« Voilà un paradis! soupira-t-il. Excusez!

— Où prend-il cet argent? demanda M. Schwartz.

— Le jeune M. Michel? Je n'en sais rien. Si monsieur le baron veut, je m'informerai.

— Il y a du Lecoq là-dedans! » pensa tout haut le banquier.

Trois-Pattes baissa les yeux et ne répondit pas. Les sourcils de M. Schwartz étaient froncés.

Après un silence, l'estropié reprit avec une sorte de répugnance :

« Il y une dame.... qui doit être fort riche. »

La promenade de M. Schwartz eut un temps d'arrêt.

« Jeune? interrogea-t-il.

— Très-belle, » répliqua Trois-Pattes.

Les yeux du banquier, fixés sur lui avec insistance, sollicitaient une réponse plus explicite.

« Ce n'est pas la comtesse? commença-t-il.

— Non, » répartit Trois-Pattes.

Le banquier fit un dernier tour de chambre, en proie à une visible agitation, puis il s'arrêta de nouveau brusquement.

« Monsieur Mathieu, dit-il, je n'ai d'autre intérêt en tout ceci que le besoin d'être utile. Ce jeune homme, M. Michel, a été mon employé et même quelque chose de plus. Mon bon cœur m'a causé déjà bien des embarras; mais je suis récompensé par l'estime publique.... Vous en savez long sur cette comtesse Corona, n'est-ce pas?

— Assez long, répondit Trois-Pattes. Le colonel lui laissera tout....

— Je ne parle pas de cela! interrompit vivement M. Schwartz.

— C'est juste. Monsieur le baron est en règle. »

Les rôles changeaient. Le laconisme n'était plus du côté du banquier. Il reprit :

Dieu merci, pour moi et pour ceux qui me touchent de près, je n'ai ni inquiétude à avoir ni renseignement à prendre. Monsieur Mathieu, vous avez peut-être vos raisons pour être discret ?

— Oui, monsieur le baron, dit Trois-Pattes. J'ai mes raisons. »

Le banquier pirouetta sur lui-même.

« Temps, argent, grommela-t-il en regagnant son bureau. Affaire finie. Bien le bonsoir. »

Trois-Pattes, ainsi congédié, rampa aussitôt vers la porte. Sur le seuil, il s'arrêta et dit avec humilité :

« J'avais compté sur l'obligeance de monsieur le baron.... »

Celui-ci, qui feuilletait déjà ses papiers avec une certaine affectation, l'interrompit et gronda ces deux mots :

« Au galop !

— Ce serait pour savoir, poursuivit Trois-Pattes, si monsieur le baron pourrait me recommander à M. Schwartz, le père de M. Maurice, que monsieur le baron a connu à Caen sous la restauration. »

Les joues du banquier pâlirent. Il répondit pourtant, appuyant sur le dernier mot :

« Connu le père de Maurice, à Paris !

— Il n'y a pas d'offense, reprit Trois-Pattes, à Caen ou à Paris. J'ai quelqu'un qui cherche des personnes de Caen : la femme et la fille d'un banquier. Ça fut très-riche autrefois; c'est devenu pauvre comme Job : une histoire bien étonnante, allez ! Voyons ! J'ennuie monsieur le baron. Je vois bien d'ailleurs qu'il n'est pas content de moi. Mais je prends de l'âge et de l'expérience. Je n'aime pas regarder de trop près certaines gens ni certaines affaires. Je lui reparlerai de ce M. Schwartz.... et de cette famille du banquier. Je suis bien le serviteur de monsieur le baron. »

Il laissa retomber la porte et disparut.

En voyant disparaître Trois-Pattes, M. Schwartz fit un mouvement comme pour s'élancer après lui.

« Il y a du Lecoq là-dedans ! dit-il pour la seconde fois en se rasseyant. Je le sens tout autour de moi, et, par moments, j'ai peur ! »

Sa tête s'affaissa entre ses deux mains. Il était puissamment préoccupé. Au bout de quelques secondes, ses réflexions tournèrent.

« Ma femme !... murmura-t-il, tandis que des rides profondes se creusaient à son front. Michel !... »

Ce fut tout. Sa pensée resta en lui.

Mais nous devons noter ici un détail muet. Après avoir réfléchi et peut-être combattu en lui-même, M. le baron prit dans la poche de son gilet une petite clef d'acier ciselé, une très-jolie clef, ressemblant à celles qui ferment les nécessaires mignons des dames.

Il la regarda et il hésita.

Sur ses traits, il y avait un sourire pénible.

Ceci n'était pas une affaire d'argent ; pour les affaires d'argent, M. Schwartz n'hésitait jamais.

Ayant ainsi hésité, il ouvrit un tiroir de son secrétaire, dans lequel il trouva un bâton de cire à modeler.

Pourquoi avait-il cela ? Vous en avez peut-être ; moi aussi ; pourtant ni vous ni moi ne fabriquons de fausses clefs.

D'une main il tenait la clef gentille que son regard sournois caressait, de l'autre il pétrissait la cire qui allait s'échauffant et s'amollissant dans ses doigts.

Comme Trois-Pattes descendait l'escalier à sa manière, un pas de femme effleura les dalles du corridor, au premier étage. Il s'arrêta, ému jusqu'à la défaillance.

C'était Mme Schwartz qui, prévenue par Domergue, se rendait au salon, où l'attendait notre jeune fille du bateau, Mlle Edmée Leber. Trois-Pattes l'entendit qui disait :

« Il n'est pas nécessaire de déranger ma fille. »

Cette voix sonore et douce, mais ferme, produisit sur Trois-Pattes une impression extraordinaire. On eût dit un moment que cette lamentable créature, reptile humain, collé au sol, allait se redresser tout d'un coup comme un homme.

Il darda un regard en arrière ; son œil morne avait des éclairs.

Mais s'il avait désir, il avait peur aussi, car il se prit à franchir les dernières marches avec une étrange prestesse. Quand Mme Schwartz descendit à son tour, suivie par Domergue, l'escalier était vide.

Dans le salon, Edmée était toujours seule. Son charmant visage reflétait tour à tour l'expression d'une vaillance résolue et la vague atteinte d'un découragement profond.

Elle souffrait. La fièvre ne la laissait pas en place.

C'était en elle tantôt une torpeur affaissée, tantôt une sorte de maladive anxiété qui forçait le mouvement, et pour un instant teignait de pourpre la pâleur de sa joue.

En ces moments, un nom venait parfois à ses lèvres, un nom que nous avons prononcé déjà plus d'une fois, et qui naguère avait le privilége d'émouvoir assez vivement la grave indifférence de M. Schwartz : Michel....

Une fois, tombant de l'étage supérieur, une gamme brillante, galopée sur le piano, monta et redescendit toutes les octaves du clavier, comme un miracle de prestidigitation.

Edmée sourit au travers d'une larme.

Elle quitta la fenêtre pour revenir au portrait. Le

piano capricieux se taisait. Par la dernière croisée du salon, au milieu du crépuscule qui allait baissant, un vif rayon de jour passait et mettait en lumière l'opulente beauté de la baronne Schwartz. Edmée Leber restait là en contemplation et comme fascinée.

Mais, chose bizarre, le diamant qui brillait sous les masses prodigues de cette noire chevelure attira bientôt son œil invinciblement. Son regard fixe pointa cette étincelle et ne la quitta plus.

Un pas de femme s'étouffa sur les tapis du grand escalier.

Domergue dit de l'autre côté de la porte :

« Je n'aurais pas dérangé Madame la baronne, mais Mlle Leber est encore bien malade. »

Edmée fit un effort violent pour reprendre son calme.

Au dehors, on ne parlait plus, et le pas lourd de Domergue venait de s'éloigner.

Évidemment, la baronne Schwartz était là, tout contre le seuil. Cependant, elle n'entrait pas. Edmée resta un instant debout, les yeux sur les deux battants de la porte fermée. Puis, vaincue par la fatigue ou par l'émotion, elle s'assit de nouveau, murmurant à son insu :

« Tremble-t-elle donc autant que moi? »

Elle prit dans sa poche une bourse qui ne sonna point l'argent, et dans cette bourse un petit papier, enveloppant un objet de la grosseur d'un grain de maïs.

« Quand même! pensa-t-elle encore ; peut-être n'a-t-elle rien à nier, rien à cacher. Voilà des années que je la respecte et que je l'aime ! »

D'un geste machinal elle allait déplier l'enveloppe, lorsque la porte s'ouvrit enfin. Edmée remit vivement le papier dans la bourse et la bourse dans sa poche. La baronne Schwartz était sur le seuil; son premier regard surprit le mouvement de la jeune fille, et ses noirs sourcils eurent un tressaillement léger.

Ce fut rapide plus que l'éclair. La baronne Schwartz franchit le seuil, riante et calme, comme une grande dame qu'elle était, ayant bon cœur et bonne conscience, ayant surtout le pouvoir et la volonté de venir en aide à toute infortune qui sollicitait sa compassion. C'est ici le meilleur privilége de la richesse : ne jamais refuser, aller même au-devant de la prière timide, faire plus encore : chercher, chercher passionnément l'occasion de donner, comme d'autres cherchent l'occasion de prendre. Quoi qu'on dise, Dieu aime les riches.

La baronne Schwartz était la femme bien-aimée d'un homme puissamment riche. Elle jouait comme il faut son rôle de Providence, et beaucoup de bénédictions entouraient sa main toujours ouverte.

Ce fut donc en restant elle-même parfaitement et sans franchir la limite de ses bontés ordinaires qu'elle prit les deux mains d'Edmée pour mettre un baiser à son front et dire :

« Comment nous avez-vous laissé ignorer que vous fussiez malade, chère enfant ? Vous saviez que nous étions à Aix en Savoie. Blanche ne vous a-t-elle pas écrit ?

— Si fait, madame, répondit Edmée dont les yeux étaient baissés ; Mlle Blanche a bien voulu me donner de vos nouvelles.

— Et pourquoi n'avoir pas fait réponse ? Avez-vous été souffrante au point de perdre vos leçons ?

— J'ai gardé le lit trois mois, madame. »

La baronne s'assit, mais sa voix fut moins libre lorsqu'elle reprit :

« Trois mois ! Tout le temps de notre séjour à Aix ? Et votre bonne mère ?

— Ma mère est tombée malade en me soignant, madame ; je me suis guérie : j'ai peur pour ma mère. »

Les cils de ses paupières, toujours baissées, devinrent humides.

« Et vous avez attendu si longtemps, s'écria la baronne du ton le plus affectueux, avant de recourir à notre amitié ! »

Edmée releva sur elle ses grands yeux bleus tristes et presque sévères.

« Madame, répondit-elle, nous n'avons besoin de rien. »

La baronne devint pâle. Elle essaya, néanmoins, de sourire en disant :

« Si c'est fierté, chère enfant, je vous prie de n'être point offensée. Nous nous rembourserons sur les leçons que vous donnerez, cet hiver, à ma fille. »

Les paupières d'Edmée battirent et ses traits charmants se contractèrent ; néanmoins, ce fut d'une voix distincte qu'elle répliqua :

« Je ne donnerai plus de leçons à Mlle Schwartz, madame. »

V

Bouton de diamant.

Mme la baronne Schwartz était encore très-belle. Il y avait maintenant plus de douze ans que la couleur avait séché sur la toile de son portrait, pendu, avec celui de M. Schwartz, aux côtés de la cheminée. Le temps semblait avoir eu peu d'action sur cet heureux et serein épanouissement: elle ressemblait toujours au portrait: les yeux brillaient du même éclat intelligent et doux; nulle ride n'était venue. à son heure sillonner le large contour de ce front, les joues gardaient la fermeté de leur ovale, chose rare, et, chose encore plus rare, les attaches du cou restaient irréprochables.

C'est dans toute la rigueur du mot qu'il faut dire cela: Mme la baronne Schwartz était très-belle, et sans ajouter « pour son âge, » ce correctif désolant.

Il y avait maintenant seize ans pour le moins que Julie Maynotte avait changé de nom.

Dix-sept ans s'étaient écoulés depuis cette heure de deuil et d'amour où son sourire stoïquement docile éclairait la tristesse de l'adieu, dans le silence et la solitude des grands bois.

Dix-sept ans! La rose est d'un matin, la femme est d'un printemps.

Et cependant Mme la baronne Schwartz ressemblait toujours à Julie Maynotte.

L'eau du ciel peut glisser pendant des siècles sur la pure beauté des marbres antiques. Il y a des femmes qui sont sculptées dans le marbre.

Elle était belle; le baron Schwartz l'aimait d'une folie éperdue, ardent comme un jeune homme, jaloux comme un vieillard.

Lui, le baron Schwartz, le dompteur de millions!

Elle était jeune sincèrement, et sans le secours de cet art auquel tant d'autres demandent en vain la menteuse jeunesse.

Elle était jeune, au point de paraître jeune à côté d'Edmée Leber, cette fleur nouvelle qui venait d'ouvrir sa corolle au caressant soleil de la dix-huitième année. Vous eussiez dit, à les voir, deux compagnes, deux rivales plutôt; car il y avait entre elles à ce moment un mystérieux souffle de colère.

Et ce mot « rivales » n'est pas tombé de notre plume au hasard. Nous avons voulu éclairer brusquement le secret de cet entretien étrange. Edmée aimait : elle avait peur.

Il y eut de part et d'autre un silence. Le visage de la baronne exprimait le chagrin, l'étonnement et peut-être aussi une nuance d'embarras. La jeune fille restait froide comme un bronze.

Un détail qu'on ne peut omettre ici, malgré son apparence frivole, c'est que, depuis le commencement de l'entrevue, le regard d'Edmée s'était porté plusieurs fois vers la magnifique chevelure de la baronne, dont les masses ondées et rabattues, selon la mode de l'époque, retombaient en deux coques symétriques beaucoup au-dessous des oreilles. Il semblait que l'œil d'Edmée voulût percer et écarter ces voiles qui lui cachaient un témoignage. La baronne avait surpris ce regard.

Ce fut elle qui reprit la première la parole.

« Se pourrait-il, demanda-t-elle, que ma fille eût manqué aux égards?...

— Non, madame, interrompit Edmée, cela ne se pourrait pas, car mademoiselle votre fille est très-bonne et très-bien élevée.

— Ma chère enfant, dit la baronne en lui prenant la main de nouveau et d'un accent tout à fait maternel, j'avoue que je ne vous comprends pas. Vous nous avez montré jusqu'à présent beaucoup de dévouement et d'amitié. Ma fille est à l'âge des étourderies; il eût fallu excuser chez elle un manque de tact ou une parole imprudente, mais si c'est moi qui suis la coupable, je me le pardonnerai moins facilement. Voyons! soyez franche : vous avez quelque chose sur le cœur?

— Absolument rien, madame, prononça Edmée avec effort.

— Alors, pourquoi nous quitter ? Pourquoi refuser des offres de service si naturelles ? Je sais que vous avez connu des temps plus heureux, et qu'une fierté bien concevable....

— Vous vous trompez, madame. J'avais un frère et une sœur qui avaient pu voir, en effet, notre maison heureuse. Ils sont morts tous les deux. Moi, je suis née au lendemain de notre malheur et je n'ai jamais connu que la pauvreté.

— Il y a dans tout ceci une énigme, ma chère enfant, reprit Mme Schwartz sans rien perdre de sa patiente douceur. Il dépend de vous que j'en sache le mot. Vous êtes dans une heure de fièvre ; je n'accepte pas du tout votre démission, ou, du moins, je vous engage à réfléchir. Votre mère n'a que vous, songez-y....

— Madame, interrompit pour la seconde fois Edmée, dont l'accent devint plus ferme et presque dur, jamais je n'ai été plus calme qu'à cette heure, et je vous parle au nom de ma mère. »

La baronne se leva brusquement, et son geste parut dire que l'idée d'avoir affaire à une folle naissait en elle.

A cela, Edmée répondit nettement :

« Madame, vous vous trompez encore : j'ai toute ma raison.

— En ce cas, chère demoiselle, répliqua la baronne qui se réfugia enfin dans sa position et le prit sur un ton de sévère dignité, permettez-moi de vous dire que notre entrevue a suffisamment duré. A supposer qu'il fût besoin, et je ne le crois pas, de nous signifier la décision que vous avez prise à notre égard, ces choses se font par lettre et en deux mots. Il m'a semblé tout à l'heure que vous désiriez une explication, et je me suis prêtée à votre fantaisie pour plusieurs raisons qu'il serait orgueilleux à moi de détailler. Telle n'était pas votre envie, à ce qu'il paraît. J'ai cru deviner ensuite dans vos paroles une sorte de provocation, une menace, même, tellement en dehors du bon sens et de votre caractère que j'ai voulu savoir. Ma curiosité ne va pas jusqu'à vous interroger plus longtemps. Je ne vous chasse pas, mademoiselle Leber, mais si votre volonté est de nous quitter, faites. A part cet entretien, où vous n'avez pas été vous-même, je ne garderai de vous qu'un excellent souvenir, et je serai toujours prête à témoigner.... »

Pour la troisième fois, Edmée lui coupa la parole et dit en se levant à son tour :

« Madame, je ne vous demanderai jamais votre témoignage. »

La baronne laissa échapper un geste d'indignation et se dirigea vers la porte en disant :

« Soyez donc libre, mademoiselle. »

Au moment où elle tournait le dos, le regard d'Edmée, aigu et rapide, essaya encore de pénétrer sous les masses latérales de ses cheveux, mais cette coiffure, qui se nommait, je crois, bandeaux à la Berthe, tenait l'oreille entièrement cachée. Edmée ne vit rien de ce qu'elle voulait voir.

« Madame, prononça-t-elle tout bas, comme la baronne allait atteindre la porte, si j'avais voulu seulement prendre mon congé, j'aurais eu l'honneur de vous écrire. Vous avez bien raison : cela se dit en deux mots. Veuillez rester, je n'ai pas achevé. »

La baronne continua de marcher et sa main toucha le bouton. La jeune fille répéta d'une voix plus basse encore, mais plus stridente aussi :

« Veuillez rester, madame ! »

Et comme la baronne ne s'arrêtait point, Edmée poursuivit :

« Nous avons changé de logement. Nous demeurons depuis trois mois et demi rue Notre-Dame de Nazareth, la seconde porte à gauche en entrant par la rue Saint-Martin. »

Le bouton qui avait tourné déjà fit retour sur lui-même et la porte demeura fermée. Edmée continuait :

« Au fond de la cour : dans la maison qui donne, par ses derrières, sur les messageries du Plat-d'Étain. »

Elle reprit haleine comme on fait après un effort violent. La baronne était immobile au-devant du seuil ; on ne voyait point sur son visage, mais le corps aussi a sa physionomie révélatrice. L'apparence de Mme Schwartz trahissait un trouble subit. Il fallait qu'Edmée eût bien souffert, car l'azur sombre de ses yeux eut un rayon de cruel plaisir. Elle acheva :

« Au quatrième étage. Les fenêtres à rideaux bleus.... Vous savez ? »

Mme Schwartz se retourna enfin, montrant sa belle figure si calme qu'un nuage où il y avait de la colère, mais aussi de l'espoir, passa sur le front d'Edmée.

« Oh ! dut-elle penser, si je me trompais ! »

Et cela voulait dire avant tout : « Combien je voudrais me tromper ! »

Car le cœur d'Edmée valait mieux que sa beauté même.

« Vous savez ?... murmura cependant Mme Schwartz, répétant la dernière parole prononcée. Comment saurais-je ? »

Puis, avec impatience et comme si elle eût déjà regretté cette question :

« Et que m'importe tout cela? » demanda-t-elle.

Mais il était trop tard. Ces interrogations répétées donnaient un démenti au calme du visage. Le coup avait porté.

Comment et pourquoi?

Mme Schwartz, sans attendre, cette fois, la réponse, appela sur ses traits une expression de douce pitié pour dire à demi-voix:

« Pauvre enfant! j'oubliais!... »

Ce qui, littéralement, signifiait:

« Elle divague! ayons compassion! »

Les yeux ardents d'Edmée, fixés sur ses yeux, semblaient maintenant lire un livre ouvert.

« Madame, reprit-elle doucement et avec toute sa tristesse revenue, quand j'entrai pour la première fois dans votre maison, j'étais presque un enfant et je faisais grande attention aux objets de toilette. Jamais je n'avais vu de femme si belle, si élégante, si riche ni si simple que vous. Il s'est trouvé que bientôt j'ai connu chaque pièce de votre parure habituelle aussi bien que si ces choses eussent été à moi. Les jeunes filles sont ainsi, les jeunes filles pauvres. Entre mille boutons de diamants j'aurais distingué les brillants superbes qui jamais ne quittent vos oreilles.

Ici, Edmée jeta un regard oblique vers le portrait. Mme Schwartz suivit ce regard et traduisit fidèlement la pensée qu'il exprimait en disant :

« Depuis la naissance de Blanche, époque à laquelle mon mari me fit ce présent, je n'ai jamais porté autre chose, même au bal.

— Je savais cela, madame, répliqua la jeune fille, et j'ai dû penser qu'il vous peinerait d'autant plus d'en être privée. »

Mme Schwartz ouvrit de grands yeux.

Puis, mais pas assez vite peut-être, elle porta brusquement la main à ses oreilles.

Edmée avait atteint sa bourse, et y prenait ce petit papier qui enveloppait un objet gros comme un grain de maïs.

« Vous m'avez fait peur ! murmura Mme Schwartz, qui essaya de sourire.

— Mais vous voici rassurée, sans doute ? » prononça la jeune fille avec un sarcasme si amer, qu'un rouge violent remplaça la pâleur de la baronne.

D'un geste rapide et assurément involontaire, elle releva l'un de ses bandeaux, montrant ainsi le bouton qui brillait à son oreille.

« Et l'autre? » demanda la voix froide d'Edmée.

La baronne hésita et la colère fit trembler ses lèvres qui étaient livides.

Cependant, au lieu d'appeler ses valets et de châtier comme elle le pouvait cette extravagante insolence, elle garda son sourire et souleva le second bandeau en disant :

« Je ne vous en veux pas, mademoiselle.

— Madame, répondit Edmée d'un ton lent, net, aigu comme la pointe d'un poignard, cet autre vous a coûté six mille francs, et vous aurez désormais trois boutons d'oreilles. »

En même temps, elle déplia l'enveloppe, pour montrer, dans le creux de sa main, un bouton tout semblable à ceux de la baronne, et ajouta :

« Voici le motif vrai de ma visite, madame. Les pauvres ne songent jamais du premier coup aux ressources des riches : je vous croyais dans l'embarras depuis trois mois, et c'est ici ma première sortie. »

La baronne était immobile comme une statue.

Edmée déposa le diamant sur une console, salua et se dirigea vers la porte d'un pas ferme.

Dans la cour du château, la cloche appela le dîner à toute volée et l'horloge sonna sept heures et demie.

La baronne fit un pas comme pour s'élancer après Edmée. Elle s'arrêta et chancela. Dans l'escalier, la voix du baron Schwartz disait avec un joli accent alsacien :

« A table! heure militaire! Prévenir ces dames! »

La baronne porta les deux mains à ses yeux, aveuglés par des éblouissements. A l'étage au-dessus, le piano de Blanche lançait des fusées de notes. Au dehors, la grille s'ouvrit, puis se referma bruyamment.

Il faisait presque nuit, mais le diamant brillait sur la console, concentrant les rayons épars du crépuscule.

« Elle est partie! pensa tout haut la baronne. Que lui ai-je fait? »

D'une main convulsive elle saisit le diamant, comme si ses feux l'eussent blessée. Son regard était fixe et vitreux. Elle ne bougeait pas, bien que la voix de son mari la fît à chaque instant tressaillir.

Le piano de Blanche se tut. Un pas léger descendit l'escalier, et Blanche elle-même, une rose vivante, fit irruption dans le salon.

« Mère! s'écria-t-elle. Es-tu là?... sans lumière?... Que m'a-t-on dit? Edmée est venue? Dîne-t-elle avec nous? Où donc est-elle? »

Vingt questions valent mieux qu'une pour les personnes troublées.

« Ne faisons pas attendre ton père, » répondit seulement Mme Schwartz.

Quand les lumières de la salle à manger éclairèrent son visage, vous eussiez admiré avec quelle possession d'elle-même, comme disent les Anglais, Mme Schwartz avait reconquis les apparences du calme le plus parfait. C'était un intérieur un peu patriarcal; elle donna, devant tout le monde, son front au baiser de son mari, grondeur, défiant, despote, mais esclave, et lui dit, répondant ainsi d'un seul coup aux diverses questions de Blanche :

« C'est cette petite Edmée.... Mlle Leber. Elle n'a pas voulu rester pour nous faire ses adieux.

— Ses adieux? » répéta le baron.

Et Blanche, tout à coup triste :

« Elle nous quitte? »

Mme Schwartz s'assit à sa place, au centre de la table, et ajouta négligemment :

« Elle part pour l'Amérique.

— Désintéressement de l'artiste! dit M. Schwartz. Jolie, cette petite, très-jolie. Alouettes toutes rôties, là-bas, à ce qu'elles croient.... Bon, le potage.... Reviendra vieille et sans le sou. Comique! »

L'accent allemand de cet habile financier donnait à ces façons de parler elliptiques dont il ne se départait guère, une très-agréable saveur.

Blanche aurait bien voulu interroger; mais, autour de cette table, il n'y avait qu'elle pour s'intéresser à Edmée Leber.

C'était une maison montée supérieurement. Tous les jours, après le potage, Savinien Larcin, le vaudevilliste du Père-Lachaise, était chargé de faire un rapport verbal sur les meilleures pointes du *Charivari*, du *Corsaire* et des autres journaux d'esprit. On sait quel éclat jetèrent, sous Louis-Philippe, ces ingénieux organes, amour de la bourgeoisie. Les millions protégent le gouvernement, mais ils ont un faible pour l'opposition. Quels espiègles charmants!

Savinien Larcin, petite bête de lettres, noire comme une taupe, prenait son bien où il le trouvait. Il avait de la gaieté plus qu'un mirliton défoncé. Plutôt que d'inventer quelque chose, il eût refait *la Pie voleuse* pour le théâtre Comte. Mais comme c'eût été bien tourné! Pour compiler un acte insignifiant, il vous saccageait vingt volumes. « Jolie nature, disait le baron Schwartz. Et originale! »

Alavoy le définissait ainsi : « Un Scribe indélicat, » et, à propos de lui, M. Cotentin de la Lourdeville disait :

« Ça et ça : de l'anguille, de la chatte, du singe et de la fouine. Mais le génie de Molière! »

Nous parlerons tout à l'heure d'Alavoy et de notre ancien ami Cotentin. Le croquis du salon Schwartz est à faire.

« *Le Charivari*, proclama Savinien Larcin, a publié le portrait de M. Romieu en hanneton. »

On rit. C'étaient des temps heureux.

« *Le Corsaire*, ajouta Larcin, a trouvé un nouveau nom pour M. de Montalivet. Les autres, ajouta-t-il, en riant, étaient vieux comme le *Journal des Dégâts*....

« Raide! opina M. Schwartz. Et comique!

— *La Mode* appelle M. Thiers un petit foutriquet.... et la *Caricature* arbore au sommet de l'instrument Lobau le casque à mèche du *Constitutionnel*. »

Il fut donc une époque où la France avait toute cette radieuse finesse!

Blanche elle-même se mit à rire et montra deux rangs de perles. Rire est si bon! Et comment résister à l'instrument Lobau, blason familier du juste-milieu? On parla de Poulot, qui était M. le duc d'Orléans, de l'oreille du prince de Joinville, du nez de M. d'Argout, du toupet de M. de Salvandy. Le Larcin les savait toutes. Il gagnait fortement sa nourriture.

Mais pourquoi cette belle Mme Schwartz avait-elle dit à propos d'Edmée Leber :

« Elle part pour l'Amérique! »

VI

Salon Schwartz.

Il y a des millions qui fréquentent le très-grand monde : c'est un peu l'exception. Généralement, le très-grand monde est une cité murée. On y naît.

Le million peut néanmoins trouver ouvertes, pour des raisons spéciales, les portes de certaines maisons appartenant au très-grand monde; cela se voit fréquemment. La réciproque est beaucoup plus rare. Pour quelque motif que ce soit, le million attire chez lui avec peine les maisons appartenant au très-grand monde, même quand elles ont des raisons spéciales de lui caresser le dos.

Ce sont ici de purs axiomes qui s'énoncent et ne se démontrent point.

Il est superflu d'opposer à ces axiomes des faits particuliers : l'exception confirme la règle. Évidemment, vous avez pu rencontrer chez le million celui-ci ou celui-là, le plus farouche des ducs de l'Académie, le mieux empaillé des chevaliers du Saint-Esprit. Vous l'avez pu.

Mais celle-là ou celle-ci, c'est différent. Dans l'intimité, jamais.

Car nous laissons de côté, bien entendu, ces occasions solennelles où le très-grand monde, saisi de curiosités enfantines, veut voir et savoir à tout prix.

Nous parlons des jours non fériés, où le salon Schwartz est lui-même.

C'est un monde à part; ce n'est peut-être pas même un monde, car l'élément féminin fait le monde et les femmes manquent un peu chez J.-B. Schwartz, qu'il soit ou non baron.

Alavoy est garçon; Savinien Larcin a épousé une vieille comédienne qui est dangereuse à produire. Cabiron est veuf; Cotentin de la Lourdeville a son ménage en Normandie; le vicomte des Glayeulx est séparé de corps et de biens; Touban seul amène Mme Touban : une personne bien née, envieuse, douceâtre et méchante.

On ne rencontre pas partout un Marseillais obèse et pesant franchement deux cent trente-sept livres avant le dîner; c'est donc avec orgueil que nous présentons Alavoy à nos dames. Il était aimable et avait le cœur sur la main. Il transpirait toujours. Il plaçait des idées industrielles et se connaissait en terrains.

Cabiron lançait des affaires : tout ce qui regarde la publicité bien faite.

« La publicité, ce moderne levier qui remue nos civilisations! » Cabiron avait de ces phrases-là, quand il causait avec les gens susceptibles de faire des annonces.

Il centralisait aussi les rédacteurs d'articles spéciaux et de faits-Paris insidieux.

Le vicomte Honoré Giscard des Glayeulx descendait de haut; c'était son gagne-pain. Il avait quatorze maisons qui montaient de bas, ci : sept déjeuners et sept dîners par semaine.

Touban était chimiste d'affaires. Il bêchait le champ de la science pour y trouver des procédés usuels. Mme Touban avait un avis en littérature.

Cotentin de la Lourdeville avait fait ça et ça, depuis le temps : tour à tour député, journaliste, gérant de compagnies et présentement avocat d'affaires.

Chez M. Schwartz, tout était d'affaires, jusqu'au vaudeville, dans la personne pointue de Savinien Larcin, jusqu'à l'art sacré, jusqu'à la sainte poésie, sous la fade espèce de Sensitive, romantique-Pompadour qui rentoilait en grand et brocantait le sang bohême en fredonnant de blondes élégies.

Savinien seul était un jeune homme. Cotentin, doyen, avait maintenant les cheveux blancs. Les autres tournaient autour de la quarantaine comme M. Schwartz lui-même. Mme Touban n'avait jamais eu d'âge.

Restait enfin un couple maigre, jaune, triste, humble et décent, M. et Mme Éliacin Schwartz. Nous avons connu le mari à Caen, factotum d'un autre ménage Schwartz, car la fatalité de ce livre est de marcher dans les Schwartz jusqu'au genou. Éliacin, marié, avait été pris en grippe par la femme de l'ancien commissaire de police, devenu chef de division à la préfecture; M. et Mme Éliacin, personnages modestes, pauvres princes du sang de la dynastie Schwartz, étaient chargés de faire les honneurs, en second, au château de Boisrenaud.

Voilà tout. Sur chacun de ceux qui sont là, nous ne trouverions pas un mot de plus à dire. Et nous constatons avec mélancolie que rien, absolument rien, de ce qu'on est convenu d'appeler « le drame, » n'apparaissait dans cette maison opulente, tranquille et bourgeoisement gaie, de cette gaieté un peu fatigante qui poursuit les trop heureux.

La baronne avait un passé romanesque, il est vrai, mais ce passé, prescrit par le temps, semblait en outre noyé dans l'oubli profond.

Quel mouvement possible? monter? monter encore? Peut-être la silhouette financière de cet habile M. Schwartz n'a-t-elle pas intéressé le lecteur à ce point que ses victoires ultérieures puissent servir de base à une action dramatique.

Calme plat, cependant, en dehors de la question des écus.

Cette belle jeune fille, Edmée Leber, partait pour l'Amérique! Nous l'avions vue, Edmée, glisser parmi ces tranquillités vulgaires comme une fugitive et impuissante menace, montrant le bout d'oreille d'un mystère....

En dehors de cette mince intrigue, tout était uni comme une glace. M. Schwartz, Mme Schwartz, la jolie Blanche et leurs convives formaient une de ces mille réunions comme on en voit chaque jour, à chaque pas; une réunion qui, tout en gardant sa dose voulue d'excentricité, ressemble en gros à toutes les autres, où l'on vit bonnement l'heure présente sans trouble de la veille, sans souci du lendemain, mises à part, bien entendu, *les affaires*, sang des veines de ce peuple et souffle de son âme.

Le mariage de la fille de la maison lui-même avec ce fameux M. Lecoq était une *affaire* plus ou moins convenante; elle présentait des profits et des pertes plus ou moins discutables; mais c'était ou cela semblait être une affaire entendue, réglée, qui ne portait pas avec elle une bien forte dose d'émotion.

Et voyez, cependant: il y a un préjugé, fomenté par les poëtes, hypocrites flatteurs de l'indigence, un préjugé qui n'aurait pas besoin des poëtes pour avoir cours dans la foule pauvre, où il circule comme une égoïste consolation.

L'opulence a des misères cachées.

Chacun dit cela. Chacun croit à cela.

Est-ce une vérité? Est-ce une fatalité?

Ne serait-ce pas plutôt une naïve revanche de la misère jalouse?

Interrogez les bonnes gens ; non pas celui-ci ou celui-là, mieux informé que les autres, mais n'importe qui, au hasard, et demandez l'histoire de telle maison dorée, non pas celle-là ou celle-ci, mais au hasard encore et n'importe laquelle : je fais avec vous la gageure qu'il vous sera conté des choses vagues, il est vrai, mais terribles, mais navrantes et tournant invariablement à la tragédie.

Ni l'or ni la grandeur ne nous rendent heureux.

La Fontaine ne faisait pas souvent de méchants vers ; ce vers-là, détestable qu'il est, plat, mou, prosaïque, est illustre comme la plus noble rime de Corneille. Il y a loin de cette idée, pourtant, à la croyance commune que l'or et la grandeur nous rendent nécessairement misérables.

Et parmi les plus fervents adeptes de ce dogme, prenez le premier venu, offrez-lui la grandeur ou l'or, pour employer jusqu'au bout le style de la bonne école, vous verrez s'il prendra ses jambes à son cou !

N'importe, derrière tout cet éclat, l'ignorance peut-être, peut-être l'envie, veulent deviner l'angoisse, et comme ce hardi romancier, qui s'appelle tout le monde, n'y va pas par quatre chemins, il traduira le mot angoisse trop amplement, par des mots qui disent plus, qui saisissent mieux, et le voile soulevé par sa main vous montrera du sang avec des larmes.

C'est que tout éclat blesse, voilà le fin mot. D'accord. Mais, en dehors du fin mot, n'y a-t-il pas toujours quelque chose ?

Toujours. Chez M. le baron Schwartz, par exemple, avec la meilleure volonté du monde, l'observateur le plus subtil n'eût pas découvert le moindre symptôme sanglant ni le plus léger prétexte à larmes. Et cependant, il y avait quelque chose. Quoi donc? des bagatelles, quelques petites cachotteries qu'il nous plaît de confesser ici en masse au lecteur, afin d'établir un de ces bons comptes qui font les bons amis.

Qu'on ne s'attende surtout à rien de sérieux!

Premièrement, après le potage, Mme Sicard, la camériste, tirée à quatre épingles, parla bas à notre petite Blanche, qui rougit et sourit.

Deuxièmement, un peu plus tard, Domergue s'approcha de Mme la baronne, et lui rendit compte à voix haute d'un ordre exécuté. La baronne ayant dit : « C'est bien, » Domergue, en se retirant, laissa tomber cette phrase : « *Il fera jour demain.* »

Et ce terrible mot d'ordre n'altéra en rien la sérénité de la charmante femme.

Troisièmement, à peu près au même instant, M. Schwartz, qui enveloppait la baronne d'un regard maritalement admiratif, mais un peu inquiet, fit signe au puissant Alavoy, qui mangeait avec conscience, étalant un audacieux gilet de velours à fleurs d'or sur l'heureuse rotondité d'un ventre à la financière. Cet Alavoy était le plus élégamment couvert des placeurs d'idées.

Le signe était sans doute convenu, car Alavoy posa brusquement sa fourchette et dit en homme qui, tout à coup, est frappé par un souvenir :

« C'est particulier, oui! Hé! bon, j'allais oublier de vous rappeler l'affaire Danduran pour ce soir. »

Accent marseillais modéré, voix de flûte enrouée.

« Bien, bien, fit simplement l'illustre banquier.

— Si vous manquiez.... insista Alavoy.

— Pointé sur carnet! interrompit M. Schwartz. Temps pour tout! »

Savinien Larcin racontait la plus spirituelle histoire du monde sur les clous des souliers de M. Dupin l'aîné.

Balzac, notre maître, a rendu proverbiale « l'affaire Chaumontel. » Il se pourrait que l'affaire Danduran fût la soupape de sûreté de ce grand ménage Schwartz.

M. le baron, du reste, n'en perdit pas un coup de dent. Vers le dessert, il reprit en s'adressant à sa femme :

« Profiter de l'affaire Danduran? Un petit tour à l'Opéra? non? Fatiguée? Bien. Liberté. »

Malgré la belle concision de son style, M. le baron trouvait moyen de faire les demandes et les réponses.

Il appela Domergue.

« Le coupé! Retour de bonne heure, » ajouta-t-il.

La baronne échangea un regard avec le grave valet.

Enfin, quatrième et dernier détail, comme on servait le café, M. le baron demanda tout à coup en regardant sa femme fixement :

« A propos, Giovanna, ceci doit être à vous? »

Il avait entre l'index et le pouce une jolie petite clef qu'il montrait à sa femme.

Mme Schwartz regarda, sourit et répondit :

« Je la cherchais. C'est la clef de mon tiroir du milieu.

— Comique! » dit le baron.

Il donna la clef à Mme Touban, qui la passa à des Glayeulx, et Mme Schwartz la reçut des mains du dandy Alavoy. Elle la déposa sur la nappe, sans trouble apparent.

Autour de la table, l'entretien allait et venait. On eût fait tout un journal d'esprit avec les choses charmantes que Savinien Larcin récitait par cœur. Ces gais vaudevillistes sont bien utiles à la campagne.

Au bout de quelques instants, la clef semblait oubliée. Personne, assurément, ne remarqua deux ou trois gouttelettes de sueur qui perlèrent à la naissance des beaux cheveux de Mme la baronne. Il faisait chaud: cela pâlit certains visages.

Mme la baronne était très-pâle, parmi l'éblouissant épanouissement de son sourire.

Sur la table, au moment où la clef la touchait, un tout petit objet avait adhéré à la nappe, faisant à sa blancheur une tache imperceptible : un rien, figurez-vous, un grain de poussière, un atome.

Mme la baronne, qui n'avait pas même accordé un regard à la clef, s'était-elle aperçue que cet atome était de la cire ?

Savait-elle seulement qu'avec de la cire on peut prendre l'empreinte d'une clef ?

Certains philosophes prétendent que les dames n'ont pas besoin de regarder pour voir, et que, sans avoir rien appris, elles savent toutes choses.

Comme on se levait de table, Mme la baronne trouva moyen de joindre Domergue et lui dit :

« Il faut que j'aille à Paris ce soir. »

A part ces futiles cachotteries, néant : la maison Schwartz était l'asile d'une paix profonde.

Edmée Leber avait pris, en sortant du château de Boisrenaud, le chemin qui traverse la plaine et gagne les bois pour remonter à Montfermeil. Cette route longeait le saut de loup l'espace d'une centaine de pas, à cause d'un angle saillant qui existait dans le tracé du parc. Aux dernières lueurs du crépuscule, Edmée crut distinguer une forme bizarre qui se glissait parmi les buissons, de l'autre côté du chemin ; nous n'avons pas dit : une forme humaine. C'était comme un reptile à tête d'homme, et la jeune fille crut d'autant mieux à cette vision qu'elle avait vu une fois déjà aujourd'hui, dans son panier, traîné par un chien de boucher, cette misérable créature, moitié mendiant, moitié commissionnaire, que sa hideuse infirmité rendait célèbre dans tout le quartier Saint-Martin.

La maison de la rue Notre-Dame-de-Nazareth où logeait Edmée donnait, par derrière, sur la cour du Plat-d'Étain. Bien souvent elle avait pu voir Trois-Pattes dans l'exercice de sa pauvre industrie. Pendant qu'elle était malade et faible d'esprit, l'aspect de Trois-Pattes lui inspirait une compassion mêlée de terreur. Plus d'une fois, et comme malgré elle, Edmée avait passé des heures entières à le regarder, manœuvrant la partie paralysée de son corps et accomplissant avec son torse et ses bras des actes de véritable vigueur.

Pour Edmée, ce reptile à tête d'homme, deviné plutôt qu'aperçu dans l'ombre de la route, était l'estropié du Plat-d'Étain.

L'idée ne tint pas cependant; car comment supposer que Trois-Pattes pût rôder dans ces lieux déserts sans son attelage? Et pourquoi à cette heure, où il ne quittait jamais son poste de la cour des messageries?

En ce moment le chien de boucher devait galoper vers Paris.

Les dernières lueurs du crépuscule ont de ces jeux et trompent à chaque instant la vue.

Edmée avait l'esprit plein autant que le cœur, au sortir de cette maison où elle venait de tenter une épreuve décisive pour elle. Néanmoins, ce n'était qu'une jeune fille, et la nuit porte avec soi des épouvantes. Quand Edmée passa devant les buissons où la vision s'était évanouie, son regard inquiet les interrogea.

Elle ne vit rien.

Elle poursuivit sa route, sans plus songer à cet incident. Sa route était longue et traversait une campagne déserte : longue pour aller jusqu'à Livry, par la forêt; bien plus longue, hélas! pour aller jusqu'à Paris. Or, depuis que le diamant n'était plus dans la bourse d'Edmée, sa bourse restait vide. Edmée avait donné sa dernière pièce d'argent au contrôle du bateau-poste. Edmée, qui venait de refuser si fièrement l'aide de Mme Schwartz, Edmée, qui avait déposé sur la console du salon de la baronne, et malgré elle, un bijou perdu que non-seulement celle-ci ne réclamait pas, mais qu'elle déclarait formellement ne point lui appartenir, Edmée n'avait pas de quoi prendre la voiture de Livry à Paris.

Que lui importait cela? elle se sentait forte. La fièvre en ce moment l'exaltait comme une ivresse. Il lui semblait tout simple d'entreprendre ce voyage de cinq lieues; la distance eût-elle été double, que lui eût importé encore? Son sein battait, sa tête brûlait; devant ses yeux de larges éblouissements passaient, mais elle se sentait forte.

« Je sais tout ce que je voulais savoir, pensait-elle. Me voilà guérie, bien guérie! Je n'aime plus; croirait-on qu'il soit si facile de ne plus aimer? »

C'était comme pour la route. Elle défiait l'amour au même titre que la fatigue.

Mais, à son insu, sa poitrine laissait échapper des sanglots et son pas chancelait.

Elle atteignit pourtant la lisière de la forêt où le chemin s'engageait brusquement sous une épaisse voûte de feuillage. Au bout de quelques pas, la nuit devint si noire qu'on avait peine à distinguer les objets. Edmée n'avançait presque plus, quoiqu'elle se dît toujours : « Je marche! je marche! » Il faisait nuit dans son cerveau comme au dehors; elle n'avait pas conscience de la faiblesse qui garrottait ses mouvements comme un lien. Elle s'arrêta au pied d'un arbre et mit son front contre l'écorce en murmurant :

« Il faut marcher.... Je marche!... »

Un bruit sortait du fourré, mais pouvait-elle prendre garde? Un grand bourdonnement était autour de ses oreilles et le souffle lui manquait.

Ses jambes se dérobèrent sous elle lentement. Elle s'affaissa au pied de l'arbre, pensant encore :

« Je marche! je marche! »

A ces heures, qui ressemblent si bien à l'agonie, on a d'étranges rêves. La vision revenait. Au lieu de toucher terre, Edmée rencontra deux bras, qui la soutinrent doucement, et ses yeux, avant de se fermer, distinguèrent vaguement dans les ténèbres cette silhouette hideuse : l'homme reptile, Trois-Pattes, le mendiant de la cour du Plat-d'Étain.

VII

Le Pacte.

La voiture de Vaujours à Paris (Pantin, Bondy, Livry, Clichy, le Vert-Galant, Monfermeil, Coubron, etc.) passait à Livry d'ordinaire à huit heures et demie sonnant, à moins qu'elle n'avançât ou qu'elle ne retardât, ce qui arrivait sept fois par semaine. Vers huit heures et vingt minutes, on vit entrer dans le bureau d'attente un singulier cortége, composé de deux hommes, dont l'un avait au dos un appendice de forme oblongue; ils portaient une femme malade sur un brancard de feuillages. Un personnage, d'apparence robuste, aux traits réguliers, intelligents et mâles, qui semblait appartenir à la classe aisée, les accompagnait.

Ce dernier seul, qui avait nom M. Bruneau et que ses

deux compagnons traitaient avec un respect craintif, est pour nous une figure nouvelle. Dans les deux porteurs, nous eussions reconnu en premier lieu Similor, ancien maître de danse, avec son chapeau gris et sa redingote de peluche ; en seconde ligne le pêcheur Échalot, tournure plus modeste, physionomie plus attachante, que son costume de pharmacien ruiné dotait de je ne sais quelle mélancolique auréole. L'un était le père illégitime, l'autre la mère nourrice du jeune Saladin.

Quant à la femme malade, dès que le brancard eut franchi le seuil de la salle d'attente, le quinquet fumeux placé derrière la grille éclaira le visage charmant d'Edmée Leber.

Elle venait de reprendre ses sens, et ce fut la lumière qui lui fit rouvrir les yeux. Son regard étonné tourna autour de la chambre comme si elle eût craint d'y rencontrer quelque effrayant objet, sans doute un souvenir confus de sa vision. Quand son œil tomba sur la figure forte et calme de M. Bruneau, elle tressaillit, puis elle sourit.

« J'ai rêvé.... » balbutia-t-elle.

Puis, refermant ses yeux, que fatiguait la lampe, elle ajouta :

« Comment se fait-il que vous soyez près de moi ?

— Nous allons causer, ma chère demoiselle, répondit M. Bruneau. Tenez-vous en repos. »

Il prit les deux mains de la jeune fille dans les siennes et les pressa paternellement.

Similor et Échalot se tenaient, dans un coin du bureau, silencieux et le chapeau à la main. Échalot avait mis sous son bras l'enfant de carton, habitué à dormir dans les positions les plus difficiles. M. Bruneau s'approcha du grillage, disant :

« Je retiens le coupé, s'il est libre, Madame Lefort, il faut que vous me trouviez une voiture sur-le-champ. »

La buraliste consulta son registre et répondit d'un air aimable en jetant vers Edmée un regard significatif :

« Ça vous gênerait d'avoir avec vous un troisième, monsieur Bruneau? Les gens de Vaujours aiment mieux l'intérieur, et ici nous n'avons rien d'inscrit. »

Similor poussa le coude d'Échalot. M. Bruneau vint à eux et leur dit :

« Je n'ai plus besoin de vous. »

Ils sortirent aussitôt. Similor passa son bras sous celui d'Échalot, du côté où Saladin n'était pas, et dit :

« La petite marchande de musique aurait bien pu nous donner pour boire. Ah çà ! Bibi, est-ce qu'on va bouder longtemps, nous deux?

— Ça dépendra de ta franchise, Amédée, répondit l'ancien pharmacien avec émotion. J'avais mis toutes mes illusions dans ton amitié ; s'il faut s'entre-séparer, j'aime mieux qu'on se casse quelque chose : voilà mon idée.

— Des bêtises, Bibi !

— C'est possible ! Mais je préfère mieux te voir mort que mauvais cœur ! »

Similor fit la grimace.

« Bibi, reprit-il d'un ton léger, en fait de quelque chose, veux-tu casser une croûte?

— Je n'ai pas faim.

— Arrosée d'un litre de petit hérissé, bien entendu?

— Je n'ai pas soif. »

Ce disant, Échalot prit une mine sévère et ajouta :

« Tu n'as pas seulement donné une caresse paternelle à la créature !

— C'est pas des mamours et des singeries qui lui ouvriront l'horizon de l'avenir! » répliqua sentencieusement Similor.

Échalot retira l'enfant de dessous son bras et approcha sa petite figure grimaçante et maigrotte des lèvres de son compagnon, qui lui donna un baiser distrait en disant :

« Il est bien mignon tout de même !

— Et à quel métier que tu gagnes de quoi lui ouvrir les portes de l'horizon, Amédée? » demanda Échalot avec un soupir.

Amédée retira son bras et prit une pose pleine de fierté.

« Ma vieille, déclama-t-il, je me moquerais pas mal de m'aligner avec toi à n'importe quelle arme ou dans un jeu d'adresse. J'ai déjà eu des raisons aujourd'hui avec un officier de la marine, comme quoi nous nous retrouverons postérieurement au champ d'honneur; mais je ne veux pas que tu m'accuses de feignant et mauvais sujet. Il y a des mystères plein le quartier; ça n'est pas un crime de s'y faufiler dans une position précaire comme la mienne, avec un petit, sans feu ni lieu et l'ignorance où je suis de ma propre famille. J'ai donc réfléchi comme il suit; je m'ai dit : Amédée, tu ne peux pas toujours être à charge à l'amitié de celui qui t'abrite sous son toit modeste. Faut percer; tu as l'âge voulu. Alors, je pouvais monter une petite affaire comme la tienne, pas vrai, en concurrence? Plutôt mourir que de faire du tort à un ami! J'avais donc le choix entre M. Bruneau, la porte-cochère à côté, M. Lecoq, au premier, et les jeunes gens au quatrième, qu'on les entend parler de crimes à travers la cloison. Tous mystères! M. Bruneau m'a dit de repasser. M. Lecoq a pris mon nom sur son grand polisson de registre où nous sommes déjà couchés, toi et moi, je t'en préviens. Que fait-il, cet homme-là? Vas-y voir! Je te parie une chope que ça finira mal. Restait la jeunesse du quatrième. J'y ai pénétré un matin que j'entendais qu'ils voulaient tuer la femme....

— Quelle femme? » demanda Échalot tout pantelant de curiosité.

Il faut, du reste, renoncer à peindre l'attention passionnée qu'il mettait à écouter la confession de son ami. Saladin le gênait un peu; il essaya, mais en vain, de le mettre dans sa poche.

« Oui, quelle femme? répéta Similor en haussant les épaules comme un devineur de charades qui jette sa langue aux chiens. Dis-le moi, si tu le sais. Tous mystères! Il y a donc que ça n'est pas beaucoup plus beau chez eux que chez toi! Nonobstant qu'ils fument des cigares de cinq et que ça porte du beau linge. Ils sont trois. Des fils de famille et pas d'argent qui s'étaient associés pour bambocher et autres. Et qu'il y en a un, M. Michel, qui commence à vivre à son à part, ayant déniché une affaire ou un trésor, que M. Maurice et M. Étienne n'y voient que du feu. Alors, je n'ai pas osé parler de la femme tout de suite. J'ai dit seulement : je peux rendre des services en cachette, au-dessus du préjugé : ça les a fait rire au prime abord, et aussi que j'ai professé l'art de la danse des salons. Ils rient de tout. Nonobstant, j'ai été accepté. On me payera sur la première affaire.

— Quelle affaire? interrogea encore Échalot qui, de guerre lasse, remit Saladin sous son bras.

— Cherche, Bibi.

— Et que feras-tu chez eux?

— Généralement tout.

— As-tu des gages?

— Tu vas finir! Est-ce que je ressemble à un domestique? On me donnera cent francs sur l'affaire, voilà!

— Mais quelle affaire?

— Fouille! Puisqu'on te dit que c'est des secrets! »

Échalot ôta son vieux chapeau de paille pour essuyer d'un revers de manche la sueur de son front.

« Ça explique du moins, pensa-t-il tout haut, l'abandon du petit au berceau et de ton ami, momentanément. Et c'est bien vrai que, dans le quartier, les mystères, ça fourmille.... Mais t'a-t-on touché des allusions à la chose de tuer la femme?

— Pas l'ombre!

— L'as-tu entr'aperçue chez eux?

— Je lève la main qu'elle n'y est pas.

— Où est-elle?

— Voilà. C'est les mystères.

— Et qu'as-tu fabriqué dans la maison jusqu'à présent?

— Pendant trois jours, répliqua Similor avec une sorte de pudeur, j'ai fait comme qui dirait le ménage, les bottes et pas mal de commissions. Faut débuter, pas vrai?

— Quelles commissions?

— Tailleurs, fruitier, restaurant.... et c'est pour ça que tu ne m'as pas vu... Mais avant-hier, la chose a commencé. »

Ici, Saladin grogna; il n'était pas à son aise. Échalot lui recommanda d'être calme, et, se rapprochant d'un mouvement fiévreux, il dit:

« Voyons voir si tu t'épanches avec sincérité!

— Avant-hier, poursuivit Similor, le plus jeune, M. Maurice, un joli cœur, oui! me donna une lettre avec deux francs cinquante pour le voyage. La lettre n'avait pas d'adresse. Il s'agissait de la porter ici près....

— Au château ? interrompit Échalot en fourrant le *bec* de Saladin sous son aisselle pour l'empêcher de crier.

— Approchant.... Mais tu m'avais donc suivi ?

— Jusqu'au bateau seulement... Pour qui la lettre ?

— Mystère !

— A qui l'as-tu remise ?

— A personne.

— Comment !... Vas-tu dissimuler ?

— Parole sacrée ! Je l'ai déposée sous une grosse pierre qui est en plein champ, à une centaine de pas en avant de la forêt. »

La tête d'Échalot tomba sur sa poitrine. Un drame de l'Ambigu-Comique ne l'aurait pas jeté dans de plus laborieuses émotions.

« Et après ? fit-il, tandis que Saladin râlait tout doucement.

— Rien hier, reprit Similor ; ce matin, second message.

— Une lettre encore ?

— Non, un mot.... un mot du plus grand, M. Michel, celui qui fait la noce.... Ah ! ah ! un crâne brin d'amoureux, tout de même !

— Quel mot ?

— Bibi, répliqua solennellement Similor, sois maudit dans l'éternité, si tu trahis ma confiance ! Je bavarde comme un jacquot, parce que ça m'agace d'être toujours suspect au vis-à-vis de toi. Mais je risque mon existence et celle de mon enfant....

— Quel mot ? répéta le bouillant Échalot.

— Voilà l'histoire. M. Michel m'a dit : « Tu t'arrê-
« teras au débarcadère de M. Schwartz, et tu te promè-
« neras tranquillement les mains dans les poches, jus-
« qu'à ce que tu trouves un domestique, en livrée

« grise avec des boutons d'argent, qui regarde couler
« l'eau. »

— Je l'ai vu! s'écria impétueusement l'ancien pharmacien, les boutons, la livrée; et il regardait couler l'eau! Le mot, ma vieille, dis-moi le mot.... Saladin, tu vas te taire!

— *Fera-t-il jour demain?* prononça Similor dans l'oreille de son compagnon.

— Hein? fit celui-ci, qui crut avoir mal entendu. *Fera-t-il jour demain?*

— Pas davantage!

— Et la réponse du gros domestique?

— *Peut-être.... ça dépend.*

— Ah bah! Le gros domestique ne savait pas s'il ferait jour demain?

— Fallait qu'il s'informe préalablement.

— Auprès de qui?

— Connais pas. Il m'a dit : « Jeune homme, flânez
« et contemplez le paysage au coucher du soleil, et ne
« vous impatientez pas si je suis un peu long à vous
« apporter la réponse. » J'ai donc flâné dans le pays, qui est agréable. Après la nuit tombée, la livrée grise est revenue et m'a dit, en prenant une prise sans m'en offrir : « Jeune homme, il fera jour, à l'endroit
« ordinaire, ce soir, sur les dix heures. »

— Jour! à dix heures du soir! se récria Échalot.

— C'est les mystères! » repartit Similor.

A sa manière, Saladin, suffoqué, criait : « A la garde! » mais on ne faisait pas attention à lui, tant la situation était saisissante.

Échalot essaya vainement de lutter contre son émotion. Il se frotta les yeux à tour de bras, puis, obéissant à un irrésistible élan, il rejeta en bandoulière Saladin, qui n'était pas complétement asphyxié, et pressa Similor sur son cœur, inondant de douces larmes le paletot de peluche frisée.

« O Amédée! s'écria-t-il en un véritable spasme d'attendrissement, je t'ai suspecté, c'est vrai; je te demande excuse.... Quand tu rentrais, tu sentais le café, quoique père de l'enfant, et je me disais : il se communique des douceurs seul à seul, en dehors de l'association. J'ai voulu t'éprouver; tu en es sorti avec la victoire! »

La grandeur d'âme de Similor était en jeu : il n'abusa pas de son triomphe.

« Allons! allons, ma vieille, dit-il, ne te fais pas de mal. Ceci te servira de leçon à ne pas te livrer à tous les écarts de l'aveugle imagination dans ta jalousie....

— Reçois-en mon serment! interrompit Échalot. J'ai trop souffert! J'étais là, au bord du canal à t'attendre, moi que l'espionnage n'est pas du tout dans mon caractère généreux. Je t'ai vu venir, je me suis approché par derrière la haie;... si tu m'avais trompé, vois-tu, y avait un malheur! Mais tu ne m'as pas trompé. J'ai entendu les propres paroles du domestique, qu'a l'air d'un porte-sacoche de la Banque. « *Peut-être.... ça dépend.* » J'ai vu qu'il s'en allait et que tu attendais; j'ai fait les cent pas derrière la haie, et j'avais bien du mal à empêcher le mioche de crier.... Et quand le gros gris de fer est revenu, c'est la vérité qu'il a proféré : « Ce soir, sur les dix heures. »

— Et qu'est-ce que ça peut vouloir dire, ça, Amédée, coupa-t-il brusquement, le jour qui se mêle avec la nuit dans leurs cachotteries? »

Similor sourit en homme qui voit plus loin que le bout de son nez.

« Bibi, répondit-il, c'est la bouteille au noir, que le

diable y perd son latin.... Tu as mis Saladin la tête en bas, sais-tu?...

— Rien ne les incommode à cet âge-là, » fit observer Échalot.

Similor retourna l'enfant qui se débattait convulsivement et convint de la justesse de l'observation. Il reprit :

« Le troisième dessous, quoi! avec trucs et mécaniques des roués de la haute, qu'a des manigances pleines de subtilités, mots de passe et sociétés secrètes des francs-maçons, pas vrai? qui ne risque rien n'a rien.... Je vote pour qu'on pique une tête là-dedans au travers des ramifications que j'ai rencontrées jusque sur le bateau-poste. La moitié de Paris en mange. Donne-toi la peine d'entrer dedans avec moi.

— Ça y est! repartit Échalot. Si tu en prends, j'en use! Tope là!

— Tope là! Nous jurons fidélité....

— Jusqu'à la mort, Amédée.... A quoi?

— A la chose de tirer notre épingle du jeu, pour nous et pour pousser le petit dans sa carrière! »

A la lueur pâle qui descend des étoiles, ils étendirent leurs mains, sans parti pris d'imiter la pose des Horaces. La route était solitaire. Ciel, tu fus seul témoin avec Saladin. Ce sont des instants solennels. On ne signe pas un tel pacte sans être profondément ému.

Il y a des quartiers de Paris dont l'éducation est exclusivement confiée aux auteurs qui écrivent pour les bas théâtres. A un quart de lieue à la ronde, autour du boulevard du Crime, vous reconnaîtrez avec effroi sur tous les trottoirs le style redoutable de messieurs tel et tel : tout est copie, aussi bien l'emphase un peu burlesque du langage sérieux que le douteux atticisme des plaisanteries.

Échalot et Similor plaisantaient rarement; ils venaient de fonder une société dont le but assez vague était de pêcher en eau trouble, au milieu d'un fantastique océan dont ils s'exagéraient sans doute et la richesse et les dangers. C'étaient deux poëtes au cœur chaud, à l'imagination naïve, deux fils de l'éternelle forêt de papier mâché qui ombrage le mélodrame, deux sauvages de Paris. Le théâtre leur avait enseigné des sentiments tendres et cette agréable grammaire dont ils faisaient usage, dédaignant la rude et bonne langue du peuple qui va, hélas! se perdant chaque jour dans je ne sais quel pathos idiot. Nous n'accusons pas le théâtre de leur avoir inoculé le péché de paresse; mais ils détestaient le travail, et, croyez-moi, quand vous rencontrez dans Paris des âmes sensibles qui ne veulent pas travailler, surveillez leurs mains et protégez vos poches.

Un silence recueilli suivit le pacte conclu.

Tout en parlant, les deux amis s'étaient écartés du bureau. Un bruit sourd et lointain les arrêta dans leur marche.

« La voiture ! dit Similor. Je me lâcherais volontiers une place d'impériale pour ne pas éreinter mes chaussons.

— Saladin aime bien rouler, répliqua Échalot.

— Qu'as-tu en caisse?

— Vingt sous de goujons.

— Moi, quinze. Trop court. »

La porte d'une maison s'ouvrit derrière eux, et une voix s'écria :

« Voyons! voyons! madame Champion! un peu de vivacité! Avez-vous le poisson? Félicité, la lanterne! Je n'aurai pas mon coin, vous verrez! »

La porte s'éclaira aux lueurs d'une vaste lanterne à anse que balançait une servante de mauvaise humeur.

Derrière elle sortit une bonne grosse dame, embarrassée de paquets, soufflant, se hâtant avec peine et trébuchant dans ses jupes.

« Toujours le même, Adolphe ! pleura-t-elle. Attendre au dernier moment, quand il est si facile d'entrer au bureau deux minutes d'avance ! Ai-je mon mouchoir, Félicité ? Fermez bien le garde-manger, rapport aux insectes. Vous verrez pour qu'on vous donne un chat. S'il est coureur, je n'en veux pas....

— Et vite ! Et vite ! dit Adolphe qui avait pris les devants. Tu as le poisson, madame Champion ?

— Ai-je le poisson, Félicité ? »

Adolphe se retourna. La lumière de la lanterne le prit comme en une gloire, éclairant de la tête aux pieds le magnifique pêcheur des bords du canal qui *tentait* un brochet dans les quatorze livres.

Il marchait libre et sans charge aucune, muni seulement d'une riche canne de pêche à pomme d'écaille, dernier modèle, tandis que cette déplorable Mme Champion ployait sous le poids des colis.

Notez que les Parisiens condamnent amèrement les mœurs des pays barbares où les femmes travaillent à la terre.

Mme Champion avait nom Céleste. Elle pesait deux cent deux à la dernière fête de Saint-Cloud.

A la vue de M. Champion, Échalot eut un cri joyeux.

« C'est le voisin, dit-il en remontant le Saladin jusqu'à sa nuque. On va rouler. »

Et comme Similor ne comprenait pas, il lui lâcha le bras en ajoutant :

« Laisse faire, Amédée. Faut s'aguerrir à la ficelle dans notre nouvelle affaire. Je vas en câbler une et nous aurons nos deux places à pas cher ! Tiens, Saladin. »

Il se débarrassa de son fardeau pour aborder le beau pêcheur et poursuivit chapeau bas :

« Bonsoir, bourgeois.... C'est donc votre épouse qui porte comme ça ma petite friture ? »

M. Champion fit un saut de côté comme si une roue lui eût écrasé le pied. Je sais des pêcheurs qui commettraient un crime pour cacher l'achat d'un cent de goujons.

« Que faites-vous-là, vous? murmura-t-il en pressant le pas vers le bureau.

— Je fais comme vous, bourgeois, je retourne à mes petites affaires.... ça valait tout de même un sou pièce, dites donc, pour un amateur.

— Nous avons débattu le prix, objecta M. Champion ; vous êtes payé, bien le bonsoir !

— N'empêche, insista Échalot qui le suivait comme son ombre, que les dames, ça connaît mieux le prix des objets.... et que si votre épouse savait....

— Adolphe ! cria Mme Champion épuisée, attends-moi donc! »

Adolphe s'arrêta court. Il était rouge de colère. Il prit trois pièces de vingt sous dans son porte-monnaie et les donna en disant :

« L'ami, vous profitez d'une situation délicate. Vous êtes un malhonnête homme. »

Il tourna le dos. Echalot resta tout étourdi et le sang lui monta au visage. Mais il n'est pas bien large le Rubicon que Similor et lui venaient de passer. Son récit fit rire Similor; c'est là une dangereuse gloire. Similor lui dit en lui rendant Saladin :

« Vieux, te voilà qui te formes! »

Ils montèrent tous les trois sur l'impériale sans remords.

Sur l'impériale, ils furent gênés par une brouette en osier qui ne pouvait tenir sous la bâche. Avant de monter, ils avaient reconnu, dans le panier qui se balançait au-dessous des ressorts, le chien de boucher de M. Mathieu.

« Voilà encore quelque chose de farce ! dit Similor. L'attelage de Trois-Pattes ! C'est donc que Trois-Pattes a couché au château ! »

Mystère !

Le coupé se trouvait vide comme l'avait pronostiqué la buraliste. M. Bruneau y prit place à côté d'Edmée Leber, qui put franchir le marche-pied avec un peu d'aide.

Il n'en fut pas de même de Mme Champion et de ses paquets ; il fallut beaucoup d'aide. Céleste avait encore gagné depuis la dernière fête de Saint-Cloud. Il y avait dans l'intérieur des gens de Vaujours qui cherchaient à défendre leurs places contre l'envahissement des gens de Livry. Tout le monde, excepté Adolphe, emportait des paquets. La lutte fut rude, mais décisive : gens et paquets se casèrent après quelques mots aigres libéralement échangés, et la portière refermée laissa l'intérieur bourré comme un canon.

Sur la banquette, Échalot et Similor se prélassaient à l'aise. Échalot avait payé deux cigares et, le tabac de la régie achevant d'engourdir leur conscience, ils fumaient à la santé d'Adolphe, première victime de leur association immorale.

« Faut s'aguerrir à la ficelle ! concluait Échalot.

— Faut tout faire, appuyait Similor. On deviendra gras comme les autres, si on ne mange pas son pain sec.

— Et toujours tout commun dans le sentiment de l'amitié paternelle ! »

Ce dernier mot s'appliquait à Saladin, espoir de cet étrange ménage. Contre toutes les lois de la nature, c'était Échalot, un étranger, qui montrait ici un cœur de mère. Saladin, mièvre produit, ressemblait à ces brins d'herbe qui croissent dans les fentes d'une pierre. La vie lui était dure ; il était ballotté, cahoté comme un colis et dormait bien souvent les pieds en l'air. Un jeune chien serait mort à la place de Saladin, mais Saladin ne se portait pas trop mal.

Tout en fumant son cigare, Échalot lui fourra dans le *bec*, pour employer son style, le goulot d'une petite bouteille de mauvaise mine, et Saladin consolé pompa avec délices.

A l'étage au-dessous, dans le coupé, M. Bruneau s'effaçait de son mieux pour laisser plus de place à sa jeune compagne, demi-couchée sur les coussins, et disait d'un ton d'autorité que pouvaient expliquer son âge et le service rendu :

« Ma chère enfant, je ne veux point de réticences. Il faut que je sache au juste tous les détails de votre visite à Mme la baronne Schwartz. »

VIII

Histoires de voleurs.

Dans l'intérieur, les conversations allaient se croisant. Les voyageurs venant de Vanjours continuaient leur entretien, commencé en traversant la forêt de Bondy. Ils étaient trois : une dame, un monsieur beau parleur, et un monsieur taciturne.

« C'est fini, disait la dame, toutes ces histoires de la forêt de Bondy. Les voleurs sont maintenant dans les villes.

— Ah ! ah ! s'écria l'adjoint de Livry, pris entre deux colonnes de paquets, nous en sommes aux brigands?... Serviteur, madame Blot, comment vous va ?

— Je ne vous avais pas remis, monsieur Tourangeau. Et votre dame ?

— Toujours ses rhumatismes.... une boîte à douleurs !

— Vaujours est plus sain que Livry ! s'écria Mme Blot, abusant aussitôt de l'aveu.

— Permettez ! interrompit M. Tourangeau vivement ; je prétends, au contraire, que Livry....

— As-tu les poissons, Céleste ? » demanda Adolphe, dont le front gardait un nuage.

Il pensait sans doute :

« Les coquins m'ont coûté assez cher !

— Mon Dieu oui, j'ai les poissons, répondit Mme Champion, à la torture sous l'abondance de son butin ; j'ai tout. Ne trouvez-vous pas qu'on étouffe, ici ?

— Les soirées sont fraîches, riposta Mme Blot, de Vaujours. Moi, je ne déteste pas la chaleur. »

Et l'adjoint continuant :

« Pour la pureté de l'air, Livry est, Dieu merci ! bien connu. Les meilleurs médecins de la capitale en conseillent le séjour aux poitrinaires.

— Eh bien ! plaidait cependant le beau parleur, les brigands avaient du bon ; cela mettait de l'émotion dans les voyages. On entendait soudain un coup de sifflet....

— Jolie émotion, merci !

— Les hommes rassuraient les dames qui s'évanouissaient, et plus d'un suave roman d'amour a commencé....

— Ah ! monsieur ! interrompit Mme Blot, rentière et veuve de M. Blot, en son vivant huissier, épargnez-nous le reste.

— Monsieur n'est pas de ces pays-ci? demanda insidieusement l'adjoint. Je ne crois pas avoir eu encore l'honneur de voyager avec monsieur?

— Je suis venu en flânant voir une propriété à vendre.

— Celle du général, peut-être? Voilà un militaire qui avait un bien bel avenir dans l'armée! Bel homme! bien conservé, de la fortune....

— Et pas d'héritier, dit Adolphe; un pêcheur assez distingué, du reste.

— Ce sera vendu à bon compte, ce bien-là. Les cousins de province ont hâte de dépecer la succession.

— Un charcutier de Caen, dit-on.

— Et un nourrisseur de Bayeux. Le général était Normand.

— Ah! les Normands!...

— Ne dites rien de désagréable, prévint Céleste, M. Champion est de Domfront, natif.

— Quand je dis pêcheur assez distingué, je m'entends, reprit ce dernier, je m'entends. Jamais il n'a fait de ces grands coups.... de ces coups mémorables....

— Parlez-moi de la pêche en mer! s'écria l'adjoint J'ai un parent à Dieppe qui m'envoie des homards. Il les prend tout frais, et cela m'arrive....

— Gâté, acheva Mme Blot qui était agaçante.

— Adolphe, dit tout bas Mme Champion, vois dans ma poche si j'ai ma boîte. »

Mais Adolphe répondait :

« Il y a dans nos fleuves des produits en quelque sorte supérieurs à ceux de l'océan lui-même! »

Le beau parleur :

« Les chemins de fer ont tué le côté pittoresque des voyages; c'est l'avis de tous les penseurs.

— Monsieur, lui dit l'adjoint, à propos de chemins

de fer, nous allons en avoir un dans ce pays-ci.... et, pour peu que vous ayez sérieusement l'idée d'acquérir une propriété, je vous engage à vous hâter, car le terrain monte, monte. Voici le baron Schwartz, par exemple, dont vous avez sans doute entendu parler.

— Je crois bien !

— Il n'est pas très-aimé dans ce pays-ci, vous savez ?

— Monsieur, interrompit Adolphe avec fierté, des querelles funestes ont commencé ainsi par imprudence. J'ai l'honneur d'être le sous-caissier principal de la maison Schwartz.

— On peut bien dire que cet homme-là n'a pas pris dans le pays ! » riposta aigrement Mme Blot.

Mais l'adjoint conciliant :

« Monsieur a raison de défendre son administration. Loin de moi la pensée de parler avec légèreté d'un propriétaire de cette importance ! Il m'invite à ses soirées. Ce que j'allais ajouter fait son éloge. En effet, grâce au chemin de fer projeté, auquel il n'est pas étranger, on offre à M. le baron Schwartz, maintenant, quatorze cent cinquante mille francs de sa terre. Et voici trois ou quatre ans, il l'avait achetée six cent mille : cent vingt pour cent en quatre ans, c'est sévère !

— C'est joli ! Mon pauvre Blot a-t-il assez protesté pour cet homme-là !

— Moi, je trouve que la vapeur est une bien belle invention, » observa innocemment Céleste.

Le beau parleur répondit en s'inclinant :

« Madame, il faut avouer que nous apppartenons à un grand siècle.

— Rapprocher les distances, dit aussitôt Adolphe, économiser le temps, tel est le résultat d'une idée aussi vaste qu'ingénieuse, qui doit avoir les meilleurs résultats pour le commerce et la politique.

— Sans compter, ajouta l'adjoint, que les vols à main armée sur les grandes routes....

— J'étouffe positivement, gémit Céleste en tournant un regard vers la portière close.

— Les soirées sont fraîches, constata Mme Blot. Je préfère avoir chaud que de gagner un catarrhe.

— Et comme le disait si bien madame, ajouta le beau parleur en saluant de nouveau la rentière, Paris est devenu le rendez-vous de tous les malfaiteurs expulsés de nos campagnes. Paris est une forêt....

— La forêt noire, en vérité !

— L'année dernière, en plein omnibus, on m'a volé une tabatière d'argent. »

Ici, Mme Blot, rentière, atteignit sa boîte, et Céleste lui dit :

« Voulez-vous permettre, madame ? Je suis si embarrassée que je ne peux pas prendre la mienne. Et vous savez, quand on a l'habitude....

— Comment donc, madame ! »

Tous ceux qui faisaient usage de tabac en poudre se satisfirent aux dépens de Mme Blot, excepté le monsieur taciturne qui, à la sournoise, puisa une large prise dans un cornet de papier.

« Elle était moins belle que celle-ci, reprit Mme Blot en refermant sa boîte, mais j'y tenais, à cause de mon pauvre Blot qui me l'avait achetée, quoiqu'il désapprouvât le tabac chez les dames.

— Celle de ma femme coûte quatre-vingts francs, déclara Adolphe, en fabrique. Prends garde au poisson, madame Champion.

— La forêt noire ! répéta le beau parleur, c'est le mot. Et voyez comme il existe en toutes choses une sorte de fatalité. Paris a commencé par être une forêt...

— Pas possible ! se récria la rentière.

— Si fait, madame, affirma l'adjoint, la forêt de Bondy ou plutôt de Livry, dont nous traversons les restes.

— M. Tourangeau vous rapportez tout à Livry!

— *Libriacum*, ci-devant abbaye de Saint-Augustin.... antérieure à la capitale, madame!

— Et Vaujours?

— Néant! Avez-vous parcouru les commentaires de César?

— Une forêt, poursuivait le beau parleur, rien qu'une forêt. On chassait le cerf et le sanglier rue de Richelieu....

— La pêche, désormais, y est seule possible, dit Adolphe, le long du fleuve.

— Et à la place où est maintenant la Bourse, des bandes de brigands effrontés.... »

Tout le monde éclata de rire. Quelles qu'elles soient, les plaisanteries qui attaquent la Bourse ont toujours un énorme succès.

« Ah! s'écria la rentière, mon pauvre Blot avait de ces mots sur la Bourse!

— La bourse ou la vie! » risqua Adolphe, qui n'était pas dépourvu de mémoire.

Céleste dégagea une de ses mains pour lui pincer le genou, en témoignage d'admiration.

« Veille au poisson! recommanda Adolphe.

— C'est pour vous dire, continua le beau parleur, que rien ne change. La forêt de Paris existe toujours, moins les arbres. On y trouve des cerfs en quantité, à en croire le Vaudeville, des sangliers à foison, sauvages ou domestiques, des serpens, qui le niera? et aussi des roses pour les cacher, des oiseaux charmants qui chantent, à tous les étages de toutes les maisons, les gais refrains de la jeunesse. Il y a bien quelques petites différences : dans les forêts, l'amour ne fait des siennes qu'au printemps, et ici, c'est un roucoulement des quatre saisons....

— Vous êtes léger dans vos paroles, monsieur, devant des dames ! »

Ces huissières le sont parfois dans leurs actions : Mme Blot, de Vaujours, n'eut pas pour elle la majorité qui protesta :

« Mais non, mais non ! C'est amusant, cette machine-là ! allez toujours !

— Et voyez, en revanche, combien de ressemblances ! Les loups abondent....

— Tous réfugiés à Paris, les loups !

— Pour mettre le petit Chaperon-Rouge à Clichy !

— Monsieur, dit Tourangeau, je serais flatté de votre connaissance, si vous achetiez quelque chose dans ce pays-ci.

— Dans une forêt, il faut des garde-chasse : nous avons les sergents de ville...

— Et les braconniers !

— Et les chiffonniers qui ramassent le bois mort !

— Et les Anglais touristes comme à Fontainebleau !

— Forêt ! forêt ! forêt !

— Nous avons les larges avenues pour les carrosses de prince, et les sombres sentiers courant tortueusement au travers des taillis, où le bandit guette sa proie.

— Les boulevards et la cité !

— Forêt, forêt !

— Il s'exprime avec élégance, ce monsieur, dit Céleste à Adolphe. C'est un homme bien. »

Adolphe répondit :

« Trop bavard. Tiens bien le poisson.

— Quant aux bandits eux-mêmes, reprit le voyageur éloquent, quelle forêt peut se vanter d'une collection pareille à celle de Paris? On parle de Sénart et de Villers-Cotterets. C'est une pitié ! La forêt de Paris les mettrait dans sa poche !

— J'ai gardé l'abonnement de mon pauvre Blot à la *Gazette des Tribunaux*, soupira la rentière.

— Moi, j'ai *le Droit*, déclara l'adjoint, en tiers avec M. le curé et le capitaine rapporteur; c'est un prêtre libéral : à la bonne heure !

— Le capitaine ?

— Eh ! non, le curé. Hier, dans le feuilleton, nous avions justement l'histoire de l'épicier de la rue Saint-Jacques, dont les caves servaient de magasin à la bande de Poulain....

— J'ai vu cette affaire-là, moi, monsieur Tourangeau ! Mon pauvre Blot était *jury*.

— Jolie société ! apprécia le beau parleur en connaisseur. Moi, j'ai *le Droit* et *la Gazette*. Vous souvenez-vous, mesdames, de la bande Monrose ?

— Ah ! le coquin, s'écria Céleste. C'était à l'époque de mon mariage. Adolphe pêchait moins souvent.

— Le poisson ! dit M. Champion ; prends garde !

— Et les Nathan ! poursuivit l'érudit voyageur. Côté des dames : Minette et Rosine ! Nous avons un auteur qui fait ces choses-là bien adroitement : M. de Balzac : lisez *Vautrin*. Il doit avoir quelque bonne connaissance tout au fond des taillis.... Toujours côté des dames : Lina Mondor ; voilà une dégourdie ! et Clara Wendel ! on a fait des drames là-dessus ; ça flatte beaucoup ces gens-là quand on les met au théâtre.... Mais c'est depuis Louis-Philippe que la forêt se peuple. Vertubleu ! en 1833, la bande Garnier, soixante-quinze d'un coup ! La bande Châtelain : les casse-tête et les chaussons de lisière pour ne pas faire de bruit sur le pavé.

— Il y a deux hommes en haut avec des chaussons de lisière ! interrompit Mme Champion.

— Elle fait preuve, à chaque instant, d'un véritable esprit d'observation, dit Adolphe. Ne lâche pas le poisson ! »

L'adjoint fouillait sa mémoire, car il était bien jaloux du voyageur disert.

« Il y a eu la bande Hug ! accoucha-t-il.

— Les cinquante-cinq ! égrena l'huissière, la bande Chivat, la bande Jamet, la bande Dagory. »

L'homme taciturne éternua. C'était le premier bruit qu'il faisait. Il mit la main à sa poche pour atteindre son mouchoir, et resta tout penaud : le mouchoir était absent.

« Vous l'aurez perdu, monsieur, lui dit l'adjoint, car il n'y a pas de voleurs dans ce pays-ci. »

Cette scène nous a entraînés déjà bien loin, dans les sentiers du réalisme ; mais nous n'irons pas jusqu'à dire comment on se mouche quand on n'a plus de mouchoir. Le voyageur muet en fut réduit à cette extrémité. Les deux dames sourirent ; la rentière développa un vaste foulard tout neuf, et Céleste dit :

« Adolphe, donne-moi le mien. »

Ce que fit Adolphe, à condition qu'elle prît garde au poisson.

L'espèce humaine est cruelle. La voiture entière se moucha. Le voyageur silencieux ne parut pas humilié. L'inconnu à la langue bien pendue continuait :

« Hein ? quelle forêt ! Soixante-treize condamnations pour la bande Carpentier ! Et pour parler d'hier seulement, Courvoisier, Mignard, Gauthier, Souque, Chapon qui menait plus de deux cents soldats à la bataille, les escarpes de Poulmann, les Vanterniers de Marchetti.... Et ceux qui ne sont pas encore sous la main de la justice, la plus belle bande de toutes : ces fameux Habits Noirs qui ont leurs soldats dans la fange des bas quartiers et leurs généraux dans les plus hautes régions sociales....

— Le journal n'en dit rien, interrompit la rentière.

— C'est défendu, crainte d'effrayer le commerce. La vérité, c'est qu'ils travaillent en grand et que la police n'y voit que du feu !

— On dit qu'ils sont protégés de haut....

— Et qu'ils ont le bras long....

— Et que la justice a peur d'eux !

— Comment ! comment ! s'écria Mme Champion, qui écoutait bouche béante ; mais savez-vous que ça fait frémir !

— Quand on me payerait, déclara M. Tourangeau, je n'habiterais pas ce Paris ! »

Adolphe se permit de hausser les épaules ostensiblement.

« Je suis sous-caissier, dit-il avec cette importance sereine qui le rendait si cher à Céleste, sous-caissier principal, et comme notre caissier en chef est un gentilhomme qui la passe douce, c'est moi qui ai toute la responsabilité ! Moi seul et c'est assez ! Attention au poisson ! Notre maison, vous le savez, est une des plus conséquentes de la capitale. Nous habitons un quartier désert, et qui passe pour être assez dangereux : notez ces diverses circonstances. Parmi les causes célèbres que vous venez d'énumérer, le nom de la rue d'Enghien a plus d'une fois retenti dans l'enceinte de la justice criminelle. Ça ne fait rien. Prenez un homme intelligent, instruit, prudent, adroit et courageux, il réussira dans la comptabilité comme dans l'art de la pêche. Et je dois vous faire remarquer ici en peu de mots qu'elle adoucit sensiblement les mœurs, comme les philosophes de l'antiquité l'attribuent à la musique, dont je ne dis pas non, quoique ne l'ayant pas éprouvé personnellement. A l'Opéra, ça braille, hein? Je ne l'aime qu'entremêlée agréablement à un vaudeville qu'elle sait égayer par des airs connus.... Pardon ! j'ai la parole.... Je disais donc que je me moque des bandes, moi, comme de l'an quarante. Il n'y a pas plus fin que le poisson qui doit ses instincts à la nature. Celui qui s'adonne depuis longtemps à la pêche, le poisson lui enseigne mille ruses innocentes qu'il apporte dans sa vie privée. Je mettrais au défi Mandrin, Cartouche ou même ces Habits Noirs dont vous parlez de me piquer seulement un rouleau de mille dans mon entresol....

— Oh ! oh ! s'écria l'adjoint de Livry, heureusement qu'ils ne sont pas là pour vous répondre !

— Devant eux, reprit finement Adolphe, je ne communiquerais pas les détails que je vais donner librement entre gens comme il faut. Soutiens le poisson, madame Champion.... Nous voici à Bondy, tenez ! »

La voiture venait de s'arrêter. Deux ou trois malheureux se présentèrent avec leurs paniers, mais le terrible mot : « Complet! » tomba de la niche du conducteur, à qui la servante du cabaret apporta ce verre d'eau-de-vie que tout conducteur sachant son métier siffle pour aider les chevaux à souffler.

Échalot et Similor chantaient sur l'impériale ; on convint d'éviter leur contact à l'arrivée, parce qu'ils portaient des chaussons de lisière.

Ces histoires de voleurs laissent toujours quelque chose dans l'esprit des plus intrépides. Céleste, qui tenait les goujons à bout de bras pour conserver leur fraîcheur, demanda humblement qu'on entr'ouvrît enfin une portière, mais l'huissière se souvenait de son pauvre Blot, qui abhorrait les courants d'air.

Le méphitisme, d'ailleurs, ne déplaît pas absolument aux indigènes de la banlieue de Paris.

« Je ne renonce pas à la parole, reprit Adolphe aussitôt que la voiture marcha de nouveau. Ce que j'ai à dire contient des enseignements utiles, et je constate en passant que si, depuis plusieurs années, je travaille à fonder la société des pêcheurs à la ligne du département de la Seine, c'est que j'ai l'espoir d'introduire ainsi dans la capitale, ma patrie, un élément nouveau d'ordre et de civilisation. Je suis officier de la garde civique. Vous parlez de forêt : nous veillons. Passez en paix.... Pour ceux que je n'ai pas l'honneur de connaître ici, j'occupe l'entresol de l'hôtel Schwartz, rue d'Enghien, 19, à Paris, faubourg Poissonnière, concurremment avec le caissier des titres : cela fait deux intérieurs distincts, quoique nourrissant des rapports de politesse entre eux. Mais il ne s'agit pas de cela. J'ai dit que je défiais Mandrin et Cartouche. J'y ajoute Poulailler, Barrabas et Lacenaire. Je suis comme ça. Voilà mes armes, je n'en fais pas mystère : d'abord, j'ai une maison de campagne où je ne couche jamais ; c'est le domicile de mes lignes ; les trois quarts et demi des malheurs viennent de cette faiblesse qu'ont les bourgeois de Paris de coucher à la campagne. La nuit est la même partout ; une fois dans mon lit, je puis rêver que je repose au sein de la nature la plus verdoyante. La porte de l'hôtel Schwartz ne peut s'ouvrir sans qu'un timbre sonne dans mon antichambre. C'est gênant, à cause du grand mouvement qu'il y a dans la maison ; mais cela donne un premier éveil qui défend toute espèce de surprise. Un second timbre, communiquant avec la porte de mon antichambre, sonne dès que celle-ci s'ouvre ; second éveil : le premier veut dire : « Garde à vous ! » le second : « Portez armes ! » Ce n'est pas tout : un troisième timbre, battant tout contre mon oreille, dans la ruelle de mon lit, tinte aussitôt que la porte de mon salon est touchée. Messieurs, mesdames, le premier timbre m'a mis sur mon séant, le second sur mes pieds; le troisième me crie : « Champion, défends les diverses « valeurs confiées à ta vigilance ! »

— C'est très-curieux, cela, fit l'adjoint de Livry.

—Très-curieux! » répéta le beau parleur qui échangeait, ma foi, des regards avec l'huissière.

Le voyageur taciturne prit dans sa poche avec gravité un crayon et du papier, sur lequel il écrivit une douzaine de mots.

« C'est un poëte ! » murmura l'homme éloquent d'un ton moqueur.

L'adjoint répondit sérieusement :

« Monsieur, ça ne me surprend pas; nous en avons plusieurs dans ce pays-ci. »

IX

Cocotte et Piquepuce.

Aucun regard indiscret n'essaya de déchiffrer la poésie du voyageur taciturne : c'est tout au plus si le rayon de lune passant par la portière permettait de suivre le mouvement de ses doigts. La chose certaine, c'est qu'il écrivait parfaitement à tâtons et que c'est là talent de poëte.

« Autre chanson! poursuivit Adolphe qui s'animait à décrire son système de précautions : j'ai supposé les portes ouvertes, mais minute! Pour ouvrir celle de la rue, il faut le concierge qui est un ancien gendarme, et dont le fils est tambour dans ma compagnie. C'est solide comme du fer. La porte de mon antichambre, sur le carré, a trois serrures, dont deux à secret, et deux verrous de sûreté, le tout fourni par la maison Berthier. Dans mon antichambre, il y a le lit de Médor. Je n'ai pas connu Cerbère, mais je n'aurais pas parié pour lui contre Médor. On l'entend aboyer de la caisse, comme s'il était sous la table; pourquoi? Parce qu'il y a deux judas acoustiques, pratiqués par mes soins. Hé! hé! mauvais pour Cartouche! La porte du salon s'ouvre au loquet et n'est défendue que par un quadruple verrou, mais celle de la caisse est une fermeture Berthier à pênes croisés et à double secret. Devant la porte, il y a une grille qui coupe la chambre en deux, et la caisse elle-même, un vrai monument, est à défense et à surprise, comme l'ancien carillon du pont Neuf. J'en ai la clef pendue au cou, nuit et jour, à poste fixe. Mazette! pauvre Mandrin! Je couche d'un côté de la caisse, la chambre de madame est de l'autre, et notre garçon, un mâle, je l'ai choisi pour ça, dort entre nous deux. Madame a ses pistolets, moi les miens et le garçon deux paires. Hein? les Habits Noirs! Quant aux fenêtres, fermées comme des devantures de boutiques, quatre barres à chacune. Toutes les cheminées ont des grilles. Nous ne craignons que la bombe!

— Seigneur Dieu! dit l'huissière, autant vivre chez les Bédouins!

— Nous sommes bien heureux dans ce pays-ci! appuya l'adjoint. Quelle galère!

— Monsieur, ajouta le beau parleur, s'est bâti un château-fort au milieu de la Forêt-Noire! »

Le mot fut généralement approuvé. Céleste, dont les lourdes paupières se fermaient, reçut un quinzième avertissement au sujet du poisson. Ce diable de muet continuait d'écrire à l'aveuglette.

« Écoutez donc ! Écoutez donc ! reprit Adolphe. Je ne suis pas un âne, mais je porte des reliques. Diable ! j'ai les dépôts, le portefeuille courant et les espèces. J'ai eu chez moi la fortune du vieux colonel Bozzo, le grand-père de la comtesse Corona, et je ne vous en souhaite pas davantage. Dans quelques jours, j'aurai, avec notre fin de mois, la dot de Mlle Blanche.... Eh ! eh ! feu Lacenaire n'aurait pas donné pour deux ou trois millions comptant l'affaire qu'on pourrait traiter avec moi, ce jour-là, à coups de couteau ! »

Cette allusion au mariage de la fille unique de l'opulent banquier changea subitement le cours de l'entretien. Chacun glosa. Le baron Schwartz n'était pas très-aimé dans ce pays-ci, selon l'expression favorite de l'adjoint Tourangeau, mais on s'intéressait énormément à ses moindres actions. Quoique la jolie Blanche sortît à peine de l'enfance, ses deux millions de dot avaient produit leur effet : on ne donnait que la moitié aux filles du roi Louis-Philippe. Deux millions ! Il avait été question d'un duc. Voyez-vous cela ! un duc pour l'héritière de cet Alsacien, né sous un chou de Guebwiller ! Il avait été question du neveu d'un ministre, et question aussi d'un filleul de la cour. Deux millions ! Le daguerréotype était tout jeune, le fil électrique restait dans les limbes, on ne connaissait qu'une douzaine de planètes ; le siècle était enfant, malgré ses quarante-deux ans. Depuis lors, le million a fait comme le cachemire : tout le monde en porte ; il y en a de Ternaux.

Cependant, on disait : « Faut-il qu'un duc ait besoin ! »

Allez, il y en a qui ne sont pas à leur aise !

Mais qui remplaçait le duc, le neveu du ministre et le filleul de la cour? M. Champion, de plus en plus heureux de son importance, nomma M. Lecoq avec emphase.

Vous vous attendez peut-être à voir ce nom ultra-bourgeois suivi d'un désappointement général. Erreur. Il y eut au contraire un de ces silences qui dénoncent un grand effet produit. Nul ne demanda ce qu'était M. Lecoq. On doit croire que chacun, ici, le connaissait au moins de réputation.

L'adjoint toussa, l'huissière déploya son splendide foulard, Céleste tint ferme le poisson. Le taciturne remit en poche son papier avec son crayon. Le beau parleur seul murmura :

« Il y a de drôles d'animaux dans la forêt de Paris! »

Il disait vrai ; forêt ou non, Paris renferme les plus curieuses individualités qui soient au monde. Le fond de la mer, dévoilant un à un ses mystères, jette à la grève, de temps en temps, quelque bête apocalyptique qui fait parler pendant six mois les académies. Paris est plus profond que la mer ; Paris contient des êtres vivants, baptisés et même électeurs, capables d'étonner à meilleur titre que le serpent marin, mesurant soixante-sept mètres entre tête et queue, ou le grand calmar, monstre de gélatine, nageant avec des tuyaux d'orgue. Ces prodiges, niés par les uns, colportés par les autres, ont, par places et selon les quartiers, des réputations légendaires. Leur nom ne dit rien en soi : c'est la plupart du temps un nom innocent : Martin, Guichard ou Lecoq. Mais la gloire, doublée de mystère, peut donner aux plus vulgaires syllabes une foudroyante sonorité. Le nom de M. Lecoq était dans ce cas sans doute, car il produisit l'effet du *quos ego* de Virgile. La conversation, frappée d'un coup de massue, tomba et ne se releva point.

Sur l'impériale, Échalot et Similor, *Arcades ambo*, dialoguaient l'églogue sentimentale de leurs rêves. On ne sait pas bien quelle candeur peut s'allier, chez ces Osages de la grande ville, à l'absence complète de tout sens moral. C'étaient deux douces natures, pleines d'illusions enfantines et capables peut-être de bien faire, à la rigueur. Ils ne demandaient qu'à travailler ; seulement, ils voulaient choisir leur travail, attirés qu'ils étaient par une vocation commune et irrésistible vers cette chimère qui affole Paris et qui a nom la liberté. La liberté, comme ils l'entendent, consiste à ne pas subir le joug d'un métier. Ils se désignent eux-mêmes sous le vague nom d'artistes. Artistes de quel art? Ils l'ignorent et peu importe. Ils vivent et meurent, tristes comiques du grand drame parisien, pauvres bonnes âmes, damnées par le mal de ce siècle qui répand ses contagions à toutes les profondeurs de la couche sociale.

Ils voulaient faire des affaires, ils voulaient *parvenir*, et, si modeste, si burlesque même que fût le but de leur ambition, ils n'avaient rien de ce qu'il faut pour l'atteindre. Fils bâtards de la féerie théâtrale qui tue le bon sens et met un voile idiot au-devant de la réalité, ils allaient poursuivant je ne sais quel idéal si extravagant, si impossible, que le lecteur ne le devinera pas sans un peu d'aide.

« Ça se trouve, disait Similor en soupirant gros, c'est la chance. Un bourgeois qui nous chargerait de tuer un petit enfant, pas vrai, pour empêcher le déshonneur de la famille.... connu.... des nobles, quoi! Et alors on l'emporte, on a le bon cœur de l'épargner, on le met avec Saladin.

— Il aurait bien une marque à son linge, le petit noble, suggéra Échalot.

— Ou la croix de sa mère pendue au cou.... Quelque chose, enfin....

— Une médaille, parbleu! avec sa chaîne! Pas malin!

— Alors, on garde l'objet avec soin, crainte que l'enfant l'égare dans les jeux de son âge ou autres, et quand, plus tard, on découvre la mère éplorée, c'est une preuve comme quoi on peut réclamer la récompense fastueuse. »

Échalot avait l'eau à la bouche; il regarda d'un air chagrin Saladin suçant sa bouteille.

« Ça s'est vu, pourtant! murmura-t-il. C'est dommage qu'on sait la source de ton petit.

— Faut trop attendre! dit Similor avec dédain. Le moutard du prologue est officier dans la pièce. Le père est mort. C'est le même acteur qui joue les deux rôles. Je préférerais mieux un secret que je découvrirais et qui ferait qu'une personne à son aise me donnerait mes étrennes à volonté tous les jours.

— Pas malin! répliqua Échalot. Si vous me refusez, je divulgue!

— Et il file doux, quoiqu'il grince des dents. C'est à quoi je fais la chasse dans le quartier....

— Part à deux! on mettrait le petit en culottes!

— Et appointements à perpétuité, la vie bien rangée, pas de dettes ni bamboches, estimé dans son domicile par les voisins, dont la fille de l'un d'eux peut vous distinguer pour le mariage.... »

Échalot, qui l'écoutait, souriant et bouche béante, devint triste.

« Sans-cœur, qui se marie! s'écria-t-il. Ça nuit aux droits de l'amitié! »

Similor n'accepta pas la discussion sur ce point, toujours si brûlant entre Oreste et Pilade, et fit un riant tableau des douceurs qu'on peut se procurer avec l'argent d'un dentiste « dont on a surpris la coupable habitude qu'il a de chloroformer les femmes dans le silence de son cabinet. »

Le ciel étendait au-dessus de leurs têtes son dôme d'azur, parsemé d'étoiles. Par delà cette splendide coupole, ils devinaient le Dieu des bonnes gens dont le Sinaï est la butte Montmartre et qui aime les chansons bien mieux que les cantiques. Ils élevaient leurs âmes simples vers cette divinité, protectrice du mélodrame et protégée par la goguette, pour lui demander l'enfant du crime ou le dentiste infesté de mauvaises habitudes.

Ainsi, dit-on, dans quelque lande perdue de notre pauvre Bretagne, sur ces côtes où les fureurs du vent laissent la terre aride et nue, quelques bourgades barbares font des neuvaines pour obtenir la tempête qui amène les naufrages.

A l'étage au-dessous, dans le coupé, ce personnage aux allures tranquilles et robustes, que nous avons appelé M. Bruneau, écoutait les dernières paroles du récit d'Edmée Leber. La jeune fille, demi-couchée, s'était épuisée à parler. La lanterne de la voiture, glissant un rayon oblique jusqu'à son visage, éclairait ses traits pâles et défaits. Il n'y avait point de larmes dans ses yeux.

M. Bruneau restait froid et croisait ses bras sur sa poitrine. Ses yeux portaient dans le vide une fixité de regard qui leur était particulière. Tout semblait engourdi en lui, même la pensée.

Edmée Leber, obéissant strictement aux ordres de cet homme, avait tout dit.

Il ne lui donna ni consolations ni conseils.

Cependant la voiture avait passé la barrière et cahotait déjà sur le pavé du faubourg. Quelques minutes après, elle franchissait le boulevard et entrait dans la cour du Plat-d'Étain.

Il y eut dans l'intérieur un moment de confusion pénible. Voyageurs et paquets, mis en branle trop brusquement, s'entrecognèrent à qui mieux mieux. Un instant, Adolphe en fut réduit à veiller lui-même au poisson.

Puis tout le monde à la fois cria :

« Trois-Pattes ! où est Trois-Pattes ! »

D'ordinaire, l'estropié se tenait derrière la voiture, la tête au niveau du marchepied, et ses deux robustes bras recevaient les paquets à la volée, sans qu'il y eût jamais perte ou accident. Mais, aujourd'hui, Trois-Pattes manquait à son poste.

« Voilà, bourgeois, voilà ! » dit Similor avec son sourire le plus agréable.

Et Échalot, empressé à bien faire, Saladin au dos pour avoir les mains libres :

« Bourgeois ! voilà, voilà ! »

Le voyageur taciturne, qui descendait le premier, les écarta des deux coudes. Il n'avait point de paquet.

« Tiens ! tiens ! murmura Échalot. Piquepuce est remplumé depuis le temps.

— Et voilà M. Cocotte, dans le fond, ajouta Similor ; il est habillé comme un rentier !

— Ce sont les chaussons de lisière ! » dit Mme Blot, de Vaujours, non sans un certain effroi.

Adolphe dit, en montrant du doigt son ennemi Échalot :

« En voici un qui a l'air d'un malfaiteur de la plus dangereuse espèce !

— Au large, coquins ! ordonna l'adjoint de Livry. Dans ce pays-ci, la mendicité est prohibée ! »

Échalot et Similor n'étaient peut-être pas précisément des coquins, et ils avaient tous deux la tête près du bonnet; cependant, ils se retirèrent, et l'adjoint put se croire un vainqueur. Il se trompait : ce n'était pas à son commandement que les deux amis modèles avaient obéi. De l'autre côté de la voiture, un appel discret avait frappé leurs oreilles. M. Bruneau, debout près de la portière du coupé, leur faisait signe de la main.

M. Bruneau leur dit :

« Accompagnez Mlle Leber jusque chez elle. »

Et il s'éloigna rapidement, sans attendre leur réponse, en homme sûr d'être obéi.

L'intérieur se vidait. Céleste, chargée à couler bas, prit terre en soufflant comme une baleine. Mme Blot, veuve de son pauvre Blot, eut la cruauté de lui dire en passant :

« Bien le bonsoir, madame. Les soirées sont fraîches. »

Elle offrit son bras à Tourangeau qui l'accepta, malgré la rivalité des deux communes.

Adolphe descendit, libre de ses mouvements, fier de son costume, fier de ses formes, fier de son sexe, fier de tout. L'Apollon parisien, quand son obésité reste contenue en de certaines bornes, est l'image du parfait bonheur. Adolphe avait envie d'appeler les passants pour leur montrer ses guêtres. Il choisit le moment où il pouvait être entendu pour dire à haute voix :

« Madame Champion, c'est trop lourd pour toi ; ne te fatigue pas à porter le poisson ! »

En tournant l'angle du boulevard Saint-Denis :

« C'est une lutte très-intéressante entre moi et ce brochet. Je l'aurai. Aujourd'hui, sur les bords du canal, mes voisins ne prenaient rien, absolument, et enviaient mon adresse. Je n'ai pas pêché que des goujons, ma femme. As-tu vu quelle publicité j'ai faite dans la voiture? Il faut être de son siècle. Tu peux compter que ces deux inconnus, le bavard et le muet, vont aller dire partout : « La maison Schwartz a un bi-« jou de caissier. » C'est de la graine d'augmentation !

— Mais quelle chaleur, Adolphe ! soupira Céleste, renonçant sous le faix. Je n'en peux plus !

— C'est une bonne température pour le poisson, répondit M. Champion. J'irais comme cela jusqu'à Pontoise. »

A quelques pas de là, une scène fort immorale, mais assez gaie, avait lieu. Le voyageur taciturne, à qui Échalot avait donné le singulier nom de Piquepuce, était arrêté devant la devanture d'un liquoriste. Il avait retrouvé son mouchoir, sans doute; du moins déployait-il avec complaisance un magnifique foulard tout neuf. Le beau parleur l'aborda, celui que notre Similor appelait M. Cocotte.

Tous deux étaient passablement couverts; la toilette de Cocotte avait plus de brillant, celle de Piquepuce plus de sévérité. On pouvait prendre Cocotte pour un membre de la jeunesse dorée du boulevard du Crime; Piquepuce ressemblait davantage à un troisième clerc d'avoué. Quant à leurs figures, les types s'effacent de plus en plus dans notre forêt parisienne, depuis que les maisons y ont remplacé les broussailles; à chaque pas, nous rencontrons des visages qui embarrasseraient Lavater lui-même. J'ai beau chercher, je ne vois plus d'auréole au front des saints, et j'ai connu des filous qui avaient l'air de notables commerçants.

Cocotte était joli garçon ; Piquepuce, moins agréable à voir, tournait au père noble.

« Combien donnes-tu là-dessus? demanda Cocotte en

présentant à son compagnon la tabatière de Mme Blot, de Vaujours. Moi, je n'en use pas. »

Piquepuce mit dans sa poche le foulard neuf de cette même rentière et répondit :

« J'ai la mienne. »

En même temps, il s'arrêta en plein trottoir et, dépliant le cornet de papier que nous connaissons, il en versa le contenu dans une très-belle boîte d'argent niellé.

Cocotte sourit et dit :

« J'ai été aussi, moi, dans la poche de la caissière, mais il n'y avait plus personne. Elle tenait bien le poisson! »

Ils entrèrent chez le liquoriste et se firent servir l'absinthe sur le comptoir.

« Le coupé du baron Schwartz nous a dépassé sur la route, reprit Cocotte; l'as-tu vu?

— Oui, répliqua Piquepuce. Et aussi la calèche de Mme la baronne.

— Elle venait la seconde. C'est le mari qui est le bœuf!

— Qu'est-ce qu'ils peuvent manigancer à Paris, le dimanche au soir?

— Demande au patron! s'écria Cocotte en riant. Ceux-là ne pêchent pas aux foulards et aux tabatières! »

Piquepuce prit un air grave.

« A propos de quoi, jeune homme, dit-il, vous êtes seul au monde à savoir que je continue de faire un doigt de contrebande en servant le patron. C'est puni sévèrement, et la semaine dernière on a encore fait passer la consigne de ne pas voler la moindre des choses en dehors des coups montés. Si la maison venait à savoir....

— Je t'en dis autant, vieux, l'interrompit Cocotte ; il n'y a qu'avec toi que je ne me gêne pas. Si tu causais.... voilà !

— C'est assujettissant tout de même, fit observer Piquepuce. On est comme le soldat mercenaire : droite, gauche, front ! les yeux à quinze pas devant vous. Et, s'il se présente une bonne affaire, pas mèche !

— Pas mèche ! en principe, comme disait mon ancien avocat, M. Cotentin ; mais il y a ça et ça.... on se rattrape à la sourdine.... et on vit à l'abri des charançons.

— Ça, c'est vrai, répliqua chaleureusement Piquepuce. La maison doit être abonnée avec le gouvernement, car il n'arrive jamais d'accident. On dirait qu'il n'y a plus ni police, ni parquet, ni rien de rien !

— Et voilà l'agrément qui fait passer sur l'humiliation de la discipline ! » conclut Cocotte.

Ils trinquèrent et burent en hommes du monde. Combien ils étaient au-dessus d'Échalot et de Similor ! Après avoir reposé son verre vide sur le comptoir, Cocotte, qui avait un naturel généreux, ouvrit, pour payer, le porte-monnaie de M. Champion.

En sortant, il passa son bras sous celui de Piquepuce, et dit tout bas :

« Tu es plus ancien que moi dans la baraque. Combien sont-ils d'Habits Noirs en pied à ton idée ?

— Est-ce qu'on sait ? » répliqua Piquepuce avec importance.

Puis, d'un ton fier et sérieux :

« Ça prend de bien haut et ça descend en zig-zag jusqu'aux plus infimes profondeurs du marécage social ! »

Sur dix voleurs, il y en a neuf qui ont du style. Lacenaire n'était pas du tout une exception. Piquepuce avait une littérature sérieuse ; Cocotte, plus jeune et plus hardi, unissait la gaieté française à de bonnes études. C'étaient deux jolis sujets.

Cocotte reprit :

« Et, à ton idée, toujours, est-ce le patron qui est le maître à tous?

— L'Habit Noir? prononça Piquepuce en donnant à ce nom une intraduisible emphase.

— Oui, l'Habit Noir des Habits Noirs? insista Cocotte. Le Mogol? »

Piquepuce fut un instant silencieux, puis il grommela comme à regret :

« Moi, je n'ai jamais été que jusqu'au patron. S'il y a quelque chose au-dessus, cherche ! »

Mais il ajouta tout de suite après :

« Petit, c'est là le joint. Si on savait la chose, on serait riche. On est instruit, n'est-ce pas vrai? et on a le fil. Eh bien ! ça fait mal au cœur de rester dans les subalternes.

— A qui le dis-tu! s'écria Cocotte. Moi qui ai fait des couplets qu'on chante dans les goguettes les plus panachées!... Il te tient dur, le patron, hé? »

Piquepuce lui serra le bras fortement et gronda :

« Comme toi, par le cou! »

Ils passèrent le seuil d'un second liquoriste. Ces choses se font naturellement, et comme on met un pied devant l'autre. De vingt pas en vingt pas, dans Paris hospitalier, la *ruine verte* peut ainsi ponctuer une conversation intéressante.

« D'où venais-tu? demanda Cocotte en quittant le second comptoir.

— Du château, et toi?

— De plus loin et de plus près. J'avais affaire au caissier et à la comtesse.

— Quelle affaire?

— Et toi? »

Ils s'arrêtèrent non loin du Conservatoire des arts-et-métiers et se regardèrent dans le blanc des yeux. Le choc de leurs prunelles dégagea vraiment une étincelle de diabolique intelligence. Je vous l'affirme : les comparses de nos mélodrames parisiens seraient des premiers rôles à Carpentras !

« La comtesse Corona en mange-t-elle? murmura Piquepuce.

— Ça se pourrait.... et le banquier?

— Non.... tu sais bien que non, puisque tu as en poche l'empreinte de la clef de sa caisse. »

Cocotte eut un vaniteux sourire. Ils avaient fait volte-face et remontaient vers la porte Saint-Martin.

« C'est vrai que j'ai piqué l'empreinte, dit Cocotte, mais pas au château. Le banquier serait digne d'en être : pas moyen de l'approcher. C'est quand l'imbécile aux goujons a dit qu'il portait toujours sa clef au cou comme une médaille bénie que j'ai joué des doigts. Veux-tu me faire l'honneur de me narrer ce que tu as écrit dans la patache? »

Ils passaient sous un réverbère. Piquepuce plongea sa main dans les profondeurs de sa poche et en retira son calepin qu'il ouvrit. Une page entière était chargée d'écriture.

Ce n'était pas de la poésie. Cocotte lut par-dessus son épaule.

« Porte d'entrée sur la rue, fil de fer à couper. Porte de l'entresol sur le carré, idem, plus deux serrures de sûreté et une ordinaire, deux verrous, Médor dans l'antichambre : on l'entend de la caisse par deux vasistas ouverts. Porte du salon, fil de fer à couper, quadruple verrou. Porte de la caisse, fermeture Berthier à pênes croisés, double secret, grille, caisse à attrape.

Trois personnes armées : une grosse femme, une poule mouillée et un garçon solide ; valeurs fin du mois, deux à trois millions. »

Ces notes avaient été prises dans les ténèbres. Malgré cette circonstance, et en dépit des cahots de la patache, l'écriture était large et lisible. On devinait là une superbe main d'expéditionnaire.

« Exact! dit Cocotte. Avec l'empreinte et ça, on peut dire : Servez!... Combien aurons-nous là-dessus?

— Un morceau de pain! répondit Piquepuce qui serra son carnet.

— Et si nous vendions l'histoire au banquier! »

Piquepuce tressaillit et lança tout autour de lui un regard de bête fauve. Un mot vint jusqu'à sa lèvre, mais il montra son cou d'un geste significatif et dit en se forçant à sourire :

« Ce ne serait pas délicat! »

Ils tournaient l'angle de la rue Notre-Dame-de-Nazareth. Trois fiacres stationnaient le long du trottoir, en face de la seconde maison, qui est l'avant-dernière, selon l'ordre des numéros. C'est à la porte de cette maison qu'Edmée Leber avait été conduite, sur l'ordre de M. Bruneau, par nos deux amis Échalot et Similor.

« Il y a de la société chez le patron, » dit Cocotte sans s'arrêter.

Les deux premiers fiacres étaient vides. Par la portière fermée du troisième, l'œil perçant de Cocotte devina plutôt qu'il ne vit une figure de femme.

« La comtesse! murmura-t-il. En voilà une qui travaille dur! »

Piquepuce jouait admirablement l'homme qui n'a rien vu. Ils entrèrent tous deux, et Cocotte mit sa tête goguenarde au vasistas du concierge, en criant :

« Ohé! Rabot, vieux Rodrigue! a-t-il fait jour aujourd'hui? »

Le portier souleva l'énorme abat-jour vert qui protégeait ses yeux enflammés et répondit :

« Toute la journée.

— Va bien, dit Piquepuce par derrière. Et rien de nouveau?

— Rien. »

Piquepuce mit à son tour la tête au vasistas.

« Est-ce que M. Bruneau est toujours votre voisin? demanda-t-il en baissant la voix.

— Maison d'à-côté, quatrième étage, la porte à gauche.

— Et Trois-Pattes ici, quatrième étage, la porte à droite?

— Juste. Après?

— Est-il malade, Trois-Pattes?

— Pourquoi ça?

— Il n'était pas, ce soir, à l'arrivée de la voiture. »

Le concierge ôta du coup son abat-jour.

« Pas possible! fit-il, un dimanche! Après ça, vous savez, je ne suis pas l'espion des locataires. M. Lecoq dit que c'est la maison du bon Dieu ici. Liberté, *libertas!* Chacun mène son commerce comme il l'entend. »

Ses yeux rouges et blessés par l'éclat de la lampe s'abritèrent de nouveau sous sa vaste visière.

« Est-ce que ce paroissien-là vient quelquefois voir le patron? interrogea encore Piquepuce avec une certaine hésitation.

— Qui ça? Trois-Pattes?

— Non, Bruneau. »

Le portier haussa les épaules et répondit en se remettant au travail :

« C'est l'escompteur de M. Michel et des petits. On dit pourtant qu'il en mange.

— Timbrez! » ordonna Piquepuce.

Le vieux Rabot poussa un bouton, et une vibration argentine se fit entendre à l'étage supérieur.

Nos deux camarades montèrent.

Une ombre passa derrière le grillage de la porte. La figure calme et froide du protecteur d'Edmée Leber s'y montra un instant, puis disparut.

X

Notre héros.

Il est plus que temps. Il faut un héros. Tout drame, tout conte, tout poëme a besoin de cet être privilégié autour duquel l'action livre bataille. Il est jeune, beau, mystérieux; il est le point de mire de toutes les haines et de tous les amours. Sans lui, l'œuvre est un corps sans âme.

Il est temps, plus que temps. On croirait que nous n'avons pas de héros.

C'était au quatrième étage de cette maison dont les derrières donnaient par une étroite échappée sur la cour des messageries du Plat-d'Étain : la maison que Trois-Pattes surveillait pour le compte de M. le baron Schwartz, « la maison du bon Dieu, » au dire de M. Rabot, le concierge, qui avait l'honneur de compter au nombre de ses administrés, non-seulement ce phénomène de Trois-Pattes, mais encore *les petits* dont M. Bruneau était la sangsue, le fameux M. Lecoq, patron de Cocotte et de Piquepuce, Edmée Leber avec sa mère, Échalot avec Similor.

L'appartement où logeait notre héros était composé de deux chambres. La première, donnant sur le carré, était meublée d'une grande malle, d'un vieux canapé servant de lit, de deux chaises et d'un guéridon. Sa fenêtre unique s'ouvrait sur une petite terrasse, étroite et couverte de treillages feuillus, œuvre et amour d'un jeune ménage d'ouvriers que le chomage avait exilé de cet humble Éden. Au-dessous de la terrasse était la cour incessamment humide, entourée de trois côtés et demi par les bâtiments et dont le pavé n'avait qu'aux jours du solstice un bref baiser du soleil.

La moitié vide du quatrième côté donnait vue sur les messageries du Plat-d'Étain.

Cette première chambre appartenait bien à notre héros, mais il n'y avait personne.

Ils étaient trois amis, trois bons et braves jeunes gens qui vivaient, Dieu sait comme. Deux habitaient la seconde chambre où nous allons entrer tout à l'heure ; Michel, notre héros, le plus important des trois, quoiqu'il eût nom Michel tout court, et que les deux autres appartinssent à des familles de riche bourgeoisie, avait cette pièce pour lui tout seul. Les révélations de Similor à Échalot sur ce logis plein de mystères, où il était question de *tuer la femme*, nous ont appris que le luxe y manquait ; rien n'annonçait, dans la chambre de Michel, la présence ou le passage de la femme qu'on voulait tuer.

Il y faisait nuit pour le moment.

Une lueur oblique, venant par la fenêtre ouverte et partant d'une croisée du quatrième étage, de l'autre côté de la cour, éclairait sur la tapisserie fanée quelques épures géométriques, attachées à la muraille par des épingles, et mettait en lumière, au passage, des papiers d'étude, lavis et dessins linéaires épars sur le guéridon. La fenêtre du logis d'en face était close ; mais ses pauvres rideaux de percaline, relevés à droite et à gauche, découvraient un de ces tableaux austères et touchants que le Diable boiteux, à l'affût de gaies aventures, surprend bien souvent quand il soulève les toits de Paris, la ville du plaisir : une femme amaigrie et très-pâle, à qui la maladie bien plus que l'âge donnait presque l'apparence d'une morte, était demi-couchée sur son lit et travaillait.

A chaque instant elle s'arrêtait, vaincue par une évidente fatigue ; ses yeux éblouis se fermaient à demi ; à quiconque eût guetté ce suprême effort du besoin ou du devoir, la pensée serait venue, la pensée et l'espoir que la lampe allait enfin s'éteindre, en même temps que l'aiguille s'échapperait de ces mains tremblantes. Mais la lampe impitoyable continuait de briller : la main pâle et décharnée se crispait sur son œuvre, et dès que les yeux se rouvraient, l'aiguille allait, allait...

Il n'y avait personne avec la malade. Quand ses paupières abaissées reposaient un moment la cruelle lassitude de ses yeux, elle agitait parfois ses lèvres blêmes, mais c'était pour parler à Dieu.

Ce Michel, notre héros absent, était un bon garçon d'une vingtaine d'années ; taille haute et fine, l'air d'un gentilhomme, en vérité ! Il lui restait une chance pour être de noblesse, car il ne connaissait ni son père ni sa mère. Les meilleurs esprits, et Michel, notre héros, était un très-bon esprit, ont leurs faiblesses, surtout quand l'ignorance de leur origine les promène tout naturellement dans le pays des rêves. Sur son vieux canapé-lit, Michel refaisait chaque soir le roman de sa propre destinée. Malgré certains souvenirs confus qui démentaient cette féerie, il ne s'endormait jamais sans se voir, tout petit enfant, dans un berceau bordé de dentelles. Puis venait un homme noir avec le manteau, le fameux manteau qui cache les enfants qu'on enlève. Michel se souvenait presque d'avoir étouffé sous le manteau. Combien sa mère avait pleuré! Et son père, — monsieur le comte! Ils cherchaient peut-être depuis le temps!

Entre onze heures et minuit, Michel vous avait de ces imaginations naïvement ingénieuses que n'eût point désavouées la poésie toute parisienne de Similor. Il lui était arrivé de s'éveiller en sursaut au seuil du *château de ses pères*.

Il riait alors, car il était du siècle et savait railler sa propre conscience; mais il ne riait pas de bon cœur. Les tristes murailles de sa chambrette, éclairées par un rayon de lune ou par cette lueur qu'envoyait la lampe des voisines, lui sautait aux yeux comme une condamnation.

J'ai dit la lampe des voisines; quoique la vieille malade fût seule en ce moment, les voisines étaient deux. La malade avait une fille, et ce n'était pas la mère qui veillait, d'ordinaire, le plus avant dans la nuit.

La lampe était pour beaucoup dans les rêves ambitieux de Michel. A vingt ans, ce n'est jamais pour soi-même seulement qu'on dore un blason imaginaire.

Par-dessus cette cour étroite et humide, d'une fenêtre à l'autre, des sourires allaient et venaient. Et que de fois Michel avait oublié la marche du temps, passant des heures charmantes à épier le travail ardu de la jeune fille!

C'était encore un roman, hélas! un poëme, plutôt, tout plein de tendresses pures, d'humbles et chères promesses, d'espoirs enchantés, de craintes et de remords.

Quoi! des remords! Déjà des remords à propos de ce front de jeune fille que ses cheveux blonds, opulents, mais légers, couronnaient comme une gloire! Des remords vis-à-vis de ce regard bleu, profond, candide, où se reflétaient tour à tour les joies et la mélancolie de l'ange! Entendons-nous : les remords étaient à Michel et n'appartenaient qu'à lui.

La fière et douce enfant connaissait les larmes, mais son cœur appelait sans crainte le regard de Dieu.

Nous sommes dans la forêt de Paris. Notre vingtième année sait tout, et qui peut avoir tout appris sans rien regretter? Michel, notre héros, n'était pas un ange, tant s'en faut, et tous ses rêves n'allaient pas à l'amour. Il aimait avec force, avec grandeur, car c'était une âme vaillante, un lion de ces halliers parisiens où tant de petits gibiers trottinent; mais il avait d'autres passions aussi, d'autres besoins, d'autres destins peut-être.

Vingt ans, l'âge précis où le bouton de l'adolescence fleurit pour s'appeler jeunesse, un visage grec aux lignes correctes et fermes, la pâleur des précoces, le regard des lutteurs qui dédaignent l'heure présente, sûrs qu'ils sont de l'avenir victorieux.

Une taille haute, un port noble et je ne sais quelle suprême éloquence narguant l'injure de la misère; du charme, un charme exquis, pourrait-on dire, arrivant à des douceurs presque féminines, mais se heurtant à de soudaines duretés, comme s'il y avait eu deux âmes sous cette juvénile enveloppe; de la loyauté mêlée à quelque défiance diplomatique; une chaleur native, une réserve apprise : toutes ces nuances se croisaient en notre Michel, marque double et caractéristique de deux causes dont la première n'a qu'un nom : *nature*, mais dont la seconde, suivant les points de vue divers où l'on se place, peut s'appeler la *chute* ou la *conquête*.

A quelque chose malheur est bon, dit le proverbe ; serait-il vrai qu'on puisse gagner peu ou beaucoup en tombant ?

Selon l'histoire ancienne, les amazones se faisaient tailler le sein droit ; les ténors d'Italie se font arracher les notes graves ; les coureurs de profession jettent leur rate aux chiens : pourquoi garder ces objets qui gênent ? A Paris, à tous les coins de rue, vous trouverez des chirurgiens qui vous couperont le cœur. Ils vont en ville. Et vous ne sauriez croire quels gaillards on produit à l'aide de cette opération en apparence si simple ; l'amputation du cœur !

Michel, notre héros, avait gardé son cœur ; ses amis prétendaient même que c'était un grand cœur. Les cahots de la route l'avaient bien meurtri çà et là, et la malaria de Paris faisait ce qu'elle pouvait pour mettre la gangrène égoïste dans le vif de ces blessures, mais... au demeurant, le mieux est de vous raconter en deux mots l'histoire de Michel, ou du moins ce que Michel savait de son histoire.

Michel se souvenait vaguement, mais vivement, d'avoir été un petit enfant heureux, choyé, gâté, dans une maison tranquille où son père et sa mère, un beau jeune homme et une douce jeune femme, s'aimaient. Où était cette maison ? Il ne savait ; la lui eût-on montrée, il n'eût point su probablement la reconnaître, tant l'image était confuse et l'impression lointaine. Le jeune homme et la jeune femme n'avaient pas pour lui d'autre nom que maman et papa. Il les voyait encore au travers d'un nuage ou d'un rêve : la mère brodant et souriant, le père occupé à un travail manuel que Michel n'aurait pas pu définir, mais qui noircissait les doigts et mettait de la sueur au front.

A son estime, il pouvait avoir trois ans quand prit fin

brusquement cette période de son existence. Il y eut un jour un grand tumulte dans la maison, des terreurs, du bruit, des larmes. Ceci se passait dans une ville de province, car Michel se souvenait d'une étroite rivière et d'un vieux pont lézardé, bien plus petit que ceux de Paris.

Nul chagrin, du reste; point de larmes, car la rude et bonne figure de sa nourrice souriait près de son berceau. Celle-là, il l'eût reconnue. Elle lui disait : « Ils reviendront. »

Une femme en deuil vint en effet; était-ce sa mère?

Une nuit, il eut peur, parce qu'une carriole l'emportait cahotant par les chemins. Et il ne revit plus sa nourrice.

Tout cela était en lui comme la trace confuse d'un songe.

Ses souvenirs plus précis s'éveillaient dans une riche campagne normande : de larges moissons, des prés verts où les bestiaux fainéants se vautraient dans l'herbe humide et haute; une ferme basse d'étage avec une cour énorme où il vit pour la première fois battre le blé : riante fête. Ici se présentait pour lui un détail qu'il sentait mieux que nous ne pourrons l'exprimer. Il lui semblait qu'au début de son séjour dans la ferme, car ce fut là qu'il grandit, on le traitait en fils de la maison, mieux que cela, même, en pensionnaire qui apporte une richesse au logis; puis, peu à peu, les choses changèrent, et, à huit ans, il se voyait petit domestique de labour, employé sans façon aux plus infimes besognes. En somme, le père Péchet et sa femme étaient de braves gens; le bonhomme racontait, le soir, au coin du feu, ses procès, comme un vieux soldat radote ses campagnes, et la bonne femme, quand elle avait bu sa *ch'pine* de cidre dur, pouvait dormir trois heures durant sans cesser de tourner son rouet ni de filer sa quenouille.

XI

Première aventure.

En ce temps-là, Michel n'avait ni regrets ni désirs; ce fut plus tard seulement que naquirent ces vagues souvenirs de sa petite enfance. La tranquille vallée où était la ferme, et le côteau charmant que l'église coiffait de son clocher semblable à une poire de bon-chrétien, grise et mure, renversée parmi les feuillages, formaient pour lui tout l'univers; il excellait à tresser les fouets de corde et ces bandes dentelées qui font les chapeaux de paille; au printemps, il tombait droit sur les nids de fauvette, comme un chien sur une piste. Le bonhomme et la bonne femme Péchet ne le faisaient pas plus travailler qu'il ne fallait pour l'éreinter; on ne lui reprochait pas trop durement le pain qu'il mangeait, et ceux du bourg convenaient déjà qu'il était un beau petit gars.

La ferme faisait partie d'un domaine considérable que la révolution n'avait point morcelé et qui appartenait à un très-vieux gentilhomme, vivant à Paris. Le vieux gentilhomme vint à mourir sans postérité; un demi-cent d'héritiers normands s'abattirent aussitôt sur son héritage et les tribunaux ordonnèrent la mise en vente du domaine. C'est le moment où prennent leur vol ces corbeaux mangeurs de châteaux, qu'on appelle la Bande-Noire; il y a eu chez nous des centaines de sociétés immobilières, et je suppose qu'elles étaient toutes gérées par de fort honnêtes gens, mais on n'aime pas généralement ces débitants de domaines qui coupent les héritages par petits morceaux et vendent à la livre les pierres sculptées.

Arrivèrent de Paris, à la queue leu-leu, quinze ou vingt iconoclastes patentés, bien élevés, bien, couverts, pour tâter le bon vieux domaine et voir un peu par quels joints on pourrait le dépecer proprement. Il y avait dans le pays peu de logis convenables pour abriter de si galants seigneurs. Le père Péchet fut l'hôte d'un jeune banquier de la chaussée d'Antin qui se nommait M. J.-B. Schwartz, et dont l'habileté proverbiale augmentait rapidement et sûrement sa fortune déjà très-considérable.

M. Schwartz, selon son habitude, jugea l'affaire d'un coup-d'œil ; c'était une manière d'aigle pour les choses de la spéculation. Ayant jugé l'affaire, il voulut tuer le temps et demanda un guide qui pût le mettre en rapport avec deux ou trois compagnies de perdrix ; le père Péchet lui donna Michel, et Michel lui fit exterminer une demi-douzaine de pièces.

M. Schwartz, qui n'avait jamais opéré pareil carnage, trouva le petit garçon charmant ; il causa avec lui en revenant à la ferme, et l'intelligente naïveté de Michel le charma. Les Parisiens, lors même qu'ils portent les noms les plus foncés de l'Alsace, sont sujets à tomber de leur haut quand ils rencontrent autre chose que des ânes à quelques lieues de la place Saint-Georges. M. Schwartz interrogea le père Péchet en mangeant sa propre chasse : délicieux festin, et Michel, qui ne s'était guère inquiété de cela, put apprendre qu'il était étranger, orphelin, et qu'on le gardait à la ferme par charité.

Ce fut l'expression de ce bon père Péchet.

Michel, en écoutant cette révélation, qui lui donnait à réfléchir pour la première fois de sa vie, peut-être, eut une idée hardie.

« Emmenez-moi, dit-il à M. Schwartz, je vous ferai tuer des perdreaux tous les jours à Paris. »

M. Schwartz éclata de rire; il était d'excellente humeur et annonça au père Péchet qu'il allait prendre le petit homme avec lui.

Bon débarras! Connaissez-vous la Normandie? Le père Péchet demanda cent écus pour lâcher Michel. Tout à l'heure il disait de Michel : « Une charge bien lourde pour des pauvres gens de la campagne! »

Si vous ne connaissez pas la Normandie, qui est un charmant pays, allez en Bretagne, en Flandre ou en Bourgogne : la Normandie est partout au village, et point de Normandie sans père Péchet!

Ah! le brave homme! M. Schwartz ayant donné les cent écus, tant ses perdreaux lui semblaient délicieux, le père Péchet entonna une lamentation comparable aux plus beaux pleurs de Jérémie : « Oh! là là! man Dié, man Dié! eq' l'enfant était el plaisi d' par chais nous! qu'an l' chérissait, qu'an l' caressait, qu'an n' pourrait point s'accoutumais à de n' pus l' vouair ilà! »

Et la bonne mère Péchet, essuyant avec un énorme mouchoir à carreaux ses yeux de crocodile : « Je l'aimons pus mieux qu'un fieux à nous en propre! Faut-i es' s' séparais d' l'éfant à mes'hui, man Dié, man Dié, doux Jésus Dié! »

Cela coûta cent autres écus, et M. Schwartz fut obligé de se sauver pour garder en poche le prix de son retour.

Mme Schwartz, une ravissante créature, s'il en fut,

resta d'abord tout étonnée du résultat de ce voyage. Elle avait une jolie petite fille de six ans, et certes ce n'était pas pour aller acheter un enfant adoptif que M. Schwartz avait pris la diligence de Normandie. Michel fut reçu comme une graine de valet de chambre ; on le mit à l'école et au grenier.

Les fantaisies campagnardes ne tiennent pas à Paris, où l'art d'approcher les compagnies de perdrix devient inutile. Au bout de huit jours, Michel, à peu près oublié, ne reconnut plus qu'un seul maître et protecteur : le puissant Domergue, qui avait déjà sa livrée gris de fer.

M. Schwartz habitait alors un très-bel appartement rue de Provence. On était en train de lui bâtir son premier hôtel. Domergue logea Michel dans une petite mansarde. C'était un très-digne garçon que ce Domergue. Pendant deux ans, il demanda au moins une fois par mois à son protégé : « Quand est-ce que tu sauras lire ? » Michel regretta bien un peu le père Péchet.

Mais une occupation lui vint, juste au moment où des idées de fuir naissaient dans sa jeune cervelle.

Un soir, dans la mansarde voisine de la sienne, Michel entendit le son d'un piano. Il avait douze ans, et il devait se souvenir de ce fait toute sa vie. Il n'y avait qu'une cloison de planches entre lui et l'instrument. Pour la plupart de ceux qui me lisent, l'introduction de ce perfide engin eût été un motif de déroute, mais Michel écouta comme si les notes lui eussent parlé. Une voix amie s'élevait dans le silence de sa vie solitaire. Dès ce premier moment, il aima cet harmonieux sourire qui se glissait dans sa prison.

Il dormit peu cette nuit. Il se leva de bonne heure, ayant un but et un espoir. Aux arpéges et aux gammes, un frais babil d'enfant s'était mêlé ; Michel était certain déjà d'avoir une petite voisine. Une voix plus grave avait prononcé le nom d'Edmée. Quelle jolie chose qu'un nom ! Michel aurait donné tout au monde pour voir Edmée, lui qui au monde n'avait rien.

Mais Edmée ne sortait jamais, ou peut-être sortait-elle aux heures où Michel était en classe. Une grande semaine se passa sans que Michel aperçût la fille ni la mère, car il était bien certain que l'autre voix appartenait à la mère.

Il n'osa interroger le concierge qui le glaçait de respect. Tous les soirs le piano chantait. Michel savait déjà qu'elles étaient pauvres; de l'autre côté de la cloison, la mère avait dit une fois : « Couche-toi, mon Edmée, pour économiser la chandelle. »

Certes, Michel ne savait pas que le mot *chandelle* avoue la gêne plus cruellement encore que le mot économie lui-même.

Et puis, la pauvreté, quel grand mal ! Michel n'était pas riche. Pourtant il eut le cœur serré.

On était en hiver. La gelée mettait des feuillages de cristal aux croisées de sa mansarde, et il ne s'en apercevait guère.

A la ferme aussi, maman Péchet se montrait impitoyable pour les prodigalités de chandelle.

Mais comment voir Edmée ? Michel en perdait l'esprit. Son premier tour d'écolier vint de là. Depuis qu'il avait quitté la campagne, Michel n'était plus l'enfant rieur, le pâtour hardi; Paris l'opprimait et l'effrayait. Le maître de sa classe lui semblait être un géant; il regardait d'en bas ce puissant M. Domergue à des hauteurs que nous ne saurions point mesurer; l'espièglerie était morte en lui en même temps que la gaieté. Aussi ce fut en tremblant bien fort qu'il acheta une vrille de deux sous, à l'aide de laquelle il fora un tout petit pertuis dans la cloison de planches.

Le trou fait, il fut obligé de s'asseoir, tant le cœur lui battait; il n'osait pas y mettre l'œil, et quand il prit enfin son courage à deux mains, vous eussiez dit qu'il allait commettre un crime.

Il ne vit rien d'abord, parce que son émotion l'aveuglait; puis un mouvement qui se fit dessilla ses yeux, et il aperçut une femme en deuil au visage triste et doux. Un religieux respect le saisit, c'était la mère d'Edmée. Elle était assise auprès d'une table et tenait à la main une lettre ouverte. Ses paupières avaient des larmes. Michel sentit que ses yeux se mouillaient.

Mais ce n'était pas pour voir la mère d'Edmée qu'il avait percé la cloison. Où donc était Edmée? La mère pleurait toute seule. Elle reprit la lettre déjà lue et la parcourut de nouveau. Michel commençait à être un savant; la lettre relevée lui montrait son adresse; il put laborieusement épeler : « A madame, madame Leber.... »

Edmée Leber! Où gît l'harmonie de certains accords? Il se peut que vous trouviez tout simple et tout commun l'assemblage de ces quatre syllabes. Quand elles passèrent entre les lèvres de Michel, ce fut comme la musique d'un baiser.

Il y avait déjà deux ans que le petit paysan vivait seul dans la mansarde. Soyez sûrs, ce pauvre grand air qui circule dans les combles de vos maisons, ô généreux propriétaires ! entraîne avec soi la poésie. J'ai vu ces miracles de la végétation, les monstrueuses, les adorables orchidées s'élancer de la fente d'une poutre vermoulue. La vie s'émaille de ces contrastes; la poésie est la fleur des greniers.

Il ne savait pas, notre héros Michel, combien il faut de pieds pour faire un vers. Qu'importe le vers à la poésie? Mais ces quatre syllabes où nous ne voyons rien jaillissaient de son cœur comme une chanson triomphale.

Une porte s'ouvrit tout à coup de l'autre côté de la cloison, et je ne sais quel rayon inonda la chambre; tout s'y mit à sourire, même le deuil de la mère. Une blonde enfant, dont les cheveux libres s'épanouissaient comme une gloire autour de son front, s'élança joyeuse et jeta ses deux bras au cou de Mme Leber. Michel reconnut Edmée : il l'attendait ainsi; seulement il ne l'avait pas souhaitée si jolie. Mme Leber cacha la lettre qui lui avait mouillé les yeux; elle prit un ouvrage de couture, et la petite fille, Edmée n'avait que dix ans, s'assit au piano.

Michel oublia de descendre à l'office pour chercher son dîner; la nuit seule l'arracha de son poste.

Je n'ai pas le temps de vous énumérer toutes les choses qu'il avait vues pendant les longues heures de cet espionnage coupable et charmant. Une seule importe à notre histoire. Il gelait à pierre fendre, je l'ai dit; le foyer de Mme Leber avait deux maigres tisons qui allaient s'éteignant; la mère frissonnait en poussant son aiguille; les petits doigts d'Edmée étaient tout rouges sur la blancheur des touches d'ivoire.

« Elle a froid ! » se dit Michel avec une véritable horreur.

Lui qui se moquait du froid comme de la lune !

Elle avait froid ! Edmée, la chère enfant au front d'ange, couronné par cette auréole de cheveux blonds ! Elle avait froid, Mme Leber aussi ! Michel fut blessé au plus profond de l'âme et s'indigna. On brûlait tant de bois inutile chez les Schwartz ! Ce fut une nuit sans sommeil. Michel s'agita depuis le soir jusqu'au matin sur son dur matelas; son esprit travailla. En se levant, il avait son plan fait. Au lieu d'aller à l'école, il marcha droit devant lui dans Paris inconnu, pensant bien qu'il trouverait enfin une forêt. Maman Péchet l'avait envoyé souvent au bois ; il savait comment s'y prendre pour faire un bon fagot de branches mortes et il se disait : « Edmée n'aura plus froid. »

On peut marcher longtemps dans Paris sans trouver à ramasser gratis quoi que ce soit qui réchauffe, qui désaltère ou qui nourrisse : Michel, notre héros, dut s'avouer cela. Il alla pendant deux bonnes heures et c'étaient toujours des maisons. Il vit beaucoup de choses nouvelles, mais point de fagots, sinon chez les marchands. Au bout de deux heures, il trouva la barrière, et au-delà, des maisons encore, plus laides seulement et plus pauvres. Où donc était l'herbe? Dieu soit loué! voici une grande plaine blanche de neige ! La neige, c'était déjà une connaissance. Il aimait la neige en Normandie. Mais la forêt? Loin, bien loin, des arbres moutonnaient à l'horizon. Michel sangla autour de ses reins la corde qu'il avait prise pour lier son fagot et hâta sa course.

Il atteignit ainsi, le vaillant petit homme, les bois de Montfermeil. Et quelle joie de voir enfin des chênes! Quand le pâle soleil d'hiver descendit à l'horizon, Michel avait son fagot, un bon fagot, qu'il chargea sur ses épaules en chantant. Heureusement que le garde se chauffait les pieds dans sa loge.

Michel reprit le chemin de Paris. Il avait l'estomac creux, mais le cœur content. Sur l'air de quelque Noël normand qui jamais n'avait eu de si joyeuses paroles, il allait psalmodiant tout le long de la route : « Edmée n'aura plus froid! Edmée n'aura plus froid! » Les préposés de la barrière lui dirent qu'il avait bien là pour quinze sous de bois mort. Ils sont calomniés, ces hommes verdâtres ; Michel les trouva bonnes gens. Quinze sous de bois mort! Chez M. Schwartz, Michel ne manquait de rien, mais il ne voyait pas beaucoup plus d'argent monnayé qu'en Normandie. Son grenier était à cent lieues de la caisse.

Dans le faubourg Saint-Martin il s'assit sur le trottoir ; sa fortune l'écrasait : quinze sous de bois mort pèsent gros, je vous prie de le croire, quand on les apporte de Montfermeil. Mais, bah! Michel arriva rue de Provence en chantant, vers dix heures du soir.

Il y avait longtemps que la mode de Michel était passée chez le banquier ; cependant, on s'était inquiété de lui. Domergue avait dit : « Le petit n'est pas venu chercher son dîner. » Mme Schwartz, qui était presque aussi bonne que belle, demanda trois fois dans la soirée s'il était de retour, et M. Schwartz parla d'envoyer à la préfecture. Quand Michel rentra avec ses quinze sous de bois mort, le concierge appela, les domestiques vinrent dans la cour, ce fut un événement. Où avait-il volé ce fagot? L'histoire du fagot monta jusqu'au salon. Mlle Blanche, qui avait sept ans, voulut voir le fagot. Au salon, le fagot eut beaucoup de succès. Michel avait grandi ; M. Schwartz eut peine à le reconnaître et Mme Schwartz le trouva charmant garçon. L'idée d'aller faire du bois à Montfermeil parut tout à fait originale.

« L'enfant a froid là-haut, dit Mme Schwartz, il faudra mettre un poêle dans sa chambre.

— Ah çà! s'écria le banquier en éclatant de rire, pas de cheminée alors? Impayable! Allait mettre le feu à la maison, tout simplement. Comique! »

Un mot vint aux lèvres de Michel ; mais il eut la force de l'arrêter au passage, et son grand secret resta en lui.

Dès le lendemain, Domergue fit installer un petit poêle de fonte dans sa mansarde. Outre son fagot, il eut une bonne provision de bois.

Mais notre héros Michel ne pouvait pas chauffer les pauvres belles mains rouges d'Edmée par l'étroit pertuis de vrille qu'il avait pratiqué à la cloison. Vous allez bien voir que c'était un héros, en effet, et que nous ne faisons pas la biographie du premier venu.

Michel avait remarqué que sa jeune voisine s'absentait quotidiennement vers les deux heures de l'après-midi pour rentrer entre quatre et cinq heures avec un livre de musique sous le bras. Elle aussi allait à l'école; un professeur célèbre lui donnait des leçons gratuites. Michel n'était pas connaisseur en musique et se bornait à trouver charmant tout ce que faisait Edmée, mais nous pouvons dire, dès à présent, qu'il y avait en Edmée l'étoffe d'une véritable artiste.

Ces jours d'hiver sont courts. Mme Leber, seule et fatiguée par un travail ingrat, avait coutume de s'assoupir à la brune. Fort de ce double renseignement, Michel, notre héros, combina et mit à exécution un plan qui acheva de le rendre célèbre dans la maison Schwartz.

XII

Seconde aventure.

Le premier pas était dur. Il s'agissait purement et simplement de violer le domicile d'Edmée et de sa mère. Et Michel avait grand'peur de Mme Leber, si digne, si résignée, si vénérable dans son indigence. Vrai, cette radieuse Mme Schwartz lui eût inspiré moins d'effroi : au moins elle était riche.

Vous eussiez pris Michel pour un malfaiteur précoce, la première fois que, profitant du sommeil de la mère d'Edmée, il tourna sans bruit la clef dans la serrure. On ne sait pas comment s'accomplissent ces actes de courage; Michel, quand la porte s'ouvrit, criant un peu sur ses gonds, se sentit défaillir. Il avança pourtant. Le foyer froid avait comme d'habitude deux tisons disjoints qui se consumaient lentement; Michel jeta dessus une poignée du fagot, de son fagot, et par-dessus encore il mit quatre bons rondins, destinés à son poêle.

Et il se sauva, le coquin ! Par le pertuis, il vit l'incendie fumer, puis s'allumer. Mme Leber ne s'éveilla point au gai pétillement du fagot ; ce fut une splendide flambée, et Michel dansa un petit peu dans sa chambre, tant il avait le cœur léger. Quand Edmée rentra, tout était fini, et le foyer avait repris son aspect modeste ; mais elle dit :

« Il fait bon ici, mère. »

Michel ne dansa plus. Il s'assit sur le pied de son lit, étonné qu'il était d'avoir des larmes plein les yeux.

Et je ne sais pourquoi il mordit à l'étude, en ce temps-là, comme un furieux. Il avait, en vérité, l'idée d'être quelque chose.

La chambre des voisines était toute petite et gardait la chaleur acquise comme une boîte. Ce soir, sur le piano ragaillardi, les jolis doigts d'Edmée couraient aussi blancs que l'ivoire.

Quel rapport entre ces doigts mignons et la pensé ambitieuse qui vaguement germait dans l'âme de Michel ?

Les supercheries de Michel à l'endroit de ses voisines fleurirent pendant quinze grands jours : juste le temps des fortes gelées. La mère et la fille s'étonnèrent bien quelquefois de trouver, chaque soir, la température adoucie, et plus d'une fois aussi le foyer plein de cendres faillit trahir la coupable intrusion du voisin ; mais l'esprit ne va jamais vers l'impossible. Comment croire, comment soupçonner même ? Michel, dont le poêle vierge n'avait pas brûlé une allumette, s'enhardissait et arrivait à formuler en lui-même des réponses aussi sensées qu'honorables pour le cas où la bonne dame, s'éveillant en sursaut, surprendrait son flagrant délit. Mais vous savez le sort des réponses préparées : elles bâillonnent les questions.

Un soir que Michel, agenouillé devant la cheminée, soufflait à pleins poumons le feu rétif, un grand cri le releva terrifié. Mme Leber, hélas ! plus effrayée que lui, était déjà dans le corridor et criait au voleur de toute sa force. Émeute de voisins, remue ménage général, scandale ! Il y eut des gardes nationaux qui vinrent avec leurs fusils. Michel, appréhendé au corps, n'avait plus de parole ; on allait le conduire en prison, lorsque Edmée, rentrant à l'improviste, devina l'énigme en voyant le bon feu qui brûlait dans la cheminée.

« Mère, dit-elle, c'est la fée ! »

La fée, vous comprenez bien ? La douce chaleur qui pénétrait, le soir, dans la mansarde, le farfadet bienfaisant qui empêchait les gracieux doigts de rougir en tourmentant le froid ivoire, Edmée avait deviné : Michel était tout cela.

Mais c'était elle, bien plutôt, Edmée Leber qui était la fée. Ce simple mot fut un coup de baguette ; les écailles, accumulées par la peur sur les yeux de la digne dame, tombèrent. Qu'avait-elle vu en s'éveillant ? un enfant agenouillé près du foyer où le feu flambait maintenant. Elle s'élança, elle arracha Michel à ses persécuteurs, elle s'accusa, elle expliqua. Oh! la précieuse anecdote à mettre dans *la Patrie*, journal du soir ! Les voisines, c'est de la poudre fulminante; l'attendrissement fit explosion ; les fusils se cachèrent tout honteux; la garde nationale, émue, parla du prix Montyon, heureuse idée qui prévient les collectes, danger de l'enthousiasme, et le concierge dit :

« Aussi, ça m'étonnait : ces gens-là n'ont pas de quoi qu'on les vole ! »

Dans ces rassemblements de locataires, le concierge est la voix de la raison. Le concierge ajouta:

« N'empêche que le gamin fait ses charités avec le bois de M. le baron ! »

Car il était baron, M. Schwartz, baron depuis un mois.

Domergue parut, attiré par le bruit. Devant Domergue, l'éclat du concierge pâlissait, comme les étoiles s'éteignent quand l'astre du jour prend possession de l'horizon. En nommant M. Schwartz baron, le roi de Sardaigne avait augmenté d'autant l'importance de Domergue.

La simplicité va bien aux grands ; nous ne saurions exprimer le gré qu'on savait à Domergue de ne porter ni broderies, ni écharpe, ni décorations, ni plumet insolent à sa casquette. Sous l'austérité de sa livrée gris de fer, Domergue était un demi-dieu.

Protection oblige. Domergue aimait Michel sans trop se l'avouer à lui-même. Il s'exprima ainsi, accompagnant ses paroles d'un geste sobre et noble :

« Messieurs et dames, M. le baron et Mme la baronne ne veulent pas de tapage dans une maison bien tenue, jusqu'à l'époque de leur déménagement pour entrer en possession de l'hôtel, tout près dès lors et parachevé, mais duquel il faut laisser sécher les plâtres, toujours nuisibles aux rhumatismes ou fraîcheurs dans le neuf, à cause de la saison d'hiver. Vous l'avez fait dans une bonne intention d'arriver, quand on crie au voleur. Nonobstant, je réponds de l'enfant pour sa généreuse action, qui n'a pas eu besoin de se procurer le combustible aux dépens de l'intégrité, car il a le bois de chez nous, comme la nourriture en abondance. C'est de rentrer chacun chez soi. »

Il y avait parmi les gardes nationaux un latiniste qui compara M. Domergue à Neptune calmant par sa seule présence l'émotion de cette immortelle canaille, chargée, selon Virgile, de soulever les flots de la mer; mais, quel que fût ce Neptune, la majorité des locataires ne put se résoudre à le placer sur la même ligne que M. Domergue. Il est beau d'unir à une haute influence le don si rare de la parole. Les dames laissèrent échapper un murmure flatteur, et, spontanément, l'autre sexe présenta les armes. M. Domergue prit Michel par l'oreille et le conduisit chez M. Schwartz.

Dans la maison Schwartz, c'était la floraison de l'opulence, l'épanouissement, la vraie lune de miel de ces bienheureux qui épousent un jour la déesse Fortune. La Fortune s'était hautement déclarée pour M. Schwartz; ce n'était déjà plus un millionnaire au tas, bien que les millionnaires fussent, en ce temps-là, plus rares qu'aujourd'hui. M. Schwartz était millionnaire d'une façon éclatante, européenne. Il comptait parmi les têtes de la finance; on pouvait déjà fixer le jour où il allait devenir un million politique.

Je crois que Béranger a dit : « Le plaisir rend l'âme si bonne! » Il a dit comme cela bien des choses qui ne sont pas très-profondes, mais qui plaisent incomparablement aux dévots du Dieu des bonnes gens et aux royalistes d'Yvetot. C'est un énorme poëte, en définitive, et M. Domergue savait toutes ses chansons.

D'autres philosophes, il est vrai, enseignent que l'âme s'améliore et se fortifie dans ce mystérieux et divin creuset qu'on nomme la souffrance; mais de quoi diable allons-nous parler! Prenons franchement les almanachs de Béranger : c'est le plaisir qui rend l'âme bonne. Gavarni, qui a bien plus d'esprit que Béranger, a traduit ainsi tout net l'apophthegme de la lyre nationale : « Tous les vrais apôtres dansent le cancan au bal masqué de l'Opéra. »

Avoir des millions est un incontestable plaisir; être baron depuis un mois peut passer aussi pour une volupté très-grande. Comme M. le baron n'était pas méchant le moins du monde, naturellement, comme Mme la baronne, chère et charmante femme, n'avait que de bienveillants instincts, un vent de mansuétude et de miséricorde soufflait chez eux. Il leur semblait que l'univers entier devait sourire à leur gloire, et le bataillon des flatteurs, qui ne manque à aucune prospérité, faisait ses orges grassement à l'hôtel.

Tout ce que je reproche à Béranger, qui n'y regardait pas de si près, c'est d'avoir employé ce gros mot, *âme*, pour caractériser la bonne humeur des estomacs qui digèrent bien ou des caisses qui réussissent.

La maison Schwartz était tout uniment de bonne humeur. L'âme est là dedans pour peu de chose.

Michel arriva au salon l'oreille dans la main de Domergue. Domergue ayant obtenu la permission de parler, mit dans son récit toute l'éloquence que la nature lui avait départie. C'était ici le second volume de l'histoire du fagot si favorablement accueillie quinze jours auparavant. On constata que le petit poêle de fonte n'avait même pas été allumé. Michel fut lion; M. le baron se mit en tête de faire de lui un homme, c'est-à-dire un banquier, et une partie de sa faveur nouvelle rejaillit sur les voisines de la mansarde.

Au premier aspect, il semble facile de faire du bien à des gens si pauvres que cela. C'était difficile pourtant : Mme Leber n'eût point accepté une aumône, si bien déguisée qu'elle fût; mais il y avait Blanche. Edmée, à dix ans qu'elle avait, lui donna des leçons de piano.

Quant à Michel, qui n'était pas fier, on lui mit sur le corps des habits de petit monsieur, et on l'envoya à l'École du commerce.

Il n'avait pas encore parlé à Edmée; mais Mme Leber, le rencontrant une fois dans l'escalier, l'avait embrassé à pleines joues en lui souhaitant du bonheur.

Michel avait trois amis chez les Schwartz : Domergue en première ligne, Blanche ensuite, en troisième lieu le baron. Le commun des mortels ne sait pas tout ce qu'il entre de caprice dans les déterminations des personnes très-riches, surtout des personnes très-enrichies. La satiété vient beaucoup plus vite qu'on ne pense, non pas la satiété dans l'acquisition, mais la satiété dans la jouissance. M. Schwartz avait un impérieux besoin d'amusettes, et Michel était pour lui un joujou de premier choix. Dès ce premier instant, l'idée naquit en lui de produire un chef-d'œuvre, de créer de toutes pièces le Napoléon des banquiers.

Il se regardait, lui, M. Schwartz, et non sans quelque raison, comme l'égal des Rothschild à peu près; ce n'était pas assez. Étant accepté qu'un Rothschild est la plus grosse artillerie de la finance, M. Schwartz voulait perfectionner encore cette merveilleuse machine, rayer cet admirable canon et lui donner une portée décuple. Chaque idée a sa formule exacte dans l'esprit d'un inventeur : M. Schwartz prétendait, supérieur à Prométhée, non-seulement produire la vie, mais la grandir à des proportions surhumaines : il rêvait le banquier à vapeur.

Seule, Mme Schwartz, en ces premiers jours, ne montra à Michel qu'une souriante et calme bienveillance. Elle était fort loin, assurément, de contrecarrer les beaux projets de son mari, mais elle n'y participait point : elle avait sa fille.

Mme Schwartz était de ces femmes qu'on ne peut dessiner d'un trait, ni raconter d'un mot. Nous savons que sa beauté atteignait à la splendeur, et que son esprit valait son visage; elle avait le cœur grand, les malheureux vous l'auraient dit; ses goûts, ses instincts et aussi ses manières étaient fort supérieurs au monde qu'elle voyait, et cependant le niveau du monde qu'elle voyait s'élevait sans cesse, à mesure que l'importance financière de M. Schwartz montait aussi, tout en élargissant sa base. M. Schwartz l'admirait et l'adorait, quoiqu'il essayât de temps à autre, pour son honneur et son crédit, quelques fastueuses excursions en dehors du domaine conjugal. L'Opéra pose la Banque. Il faut un grain de vice. Dans notre belle France, dès qu'on dit de quelqu'un bon père, bon époux, cela sent l'épitaphe. Nous sommes le plus ravissant des peuples.

Don Juan n'était pas Alsacien de naissance ; les folies de M. Schwartz n'allaient pas très-loin ; il établissait de temps en temps un compte-courant de galanteries avec une personne en position de le compromettre suffisamment, mais décemment; tout le monde y gagnait, surtout le bijoutier. La portion de Paris qui s'appelle Tout-Paris dans les articles délicieux des chroniqueurs en vogue supputait avec un naïf plaisir les diamants donnés, car Paris est la dernière forêt d'Europe où il y ait des macaques. C'est la vie et l'ornement du paysage. M. Schwartz, ayant ainsi fait ses farces, revenait en catimini aux genoux de Mme Schwartz.

Or, croyez-moi, nous marchons ici à un progrès véritable, et tout Paris, chroniqueurs en tête, aura eu cette gloire de moraliser finalement nos civilisations ; qu'il soit une fois établi d'une façon solide que l'amour conjugal est le fruit défendu, nous n'aurons plus que de bons ménages.

M. Schwartz, homme d'intelligence et d'expérience, sentait la supériorité de sa femme, au point de vue de la race et de l'instinct ; les admirations de mari s'égarent souvent, et M. Prudhomme est sujet à découvrir chez Mme Prudhomme des profils aristocratiques qui échappent au voisinage, mais M. Schwartz ne se trompait point : sa femme était une grande dame, indépendamment même de la fortune conquise et du titre de baronne, trop battant neuf. Les parures et les cachemires n'y faisaient rien, non plus les équipages. A pied, avec un châle de laine et une robe de percale, Mme Schwartz eût encore été une grande dame.

M. Schwartz l'aimait deux fois : d'amour et d'orgueil. Elle était en même temps son bonheur et le lustre de sa maison. Dans tout amour, l'analyse découvre beaucoup de choses et de curieuses choses. Il n'y a pas au monde deux amours semblables. M. Schwartz aimait passionnément à sa manière, et il était jaloux, bien qu'il eût confiance.

Le baron Schwartz était jaloux parce qu'il y avait en sa femme tout un côté qui lui échappait. Nous ne le donnons pas pour un grand homme, et pourtant il avait des petitesses de géant : il était curieux, fureteur, indiscret, violateur de menus mystères. Pour savoir mieux sa femme, il avait essayé d'apprendre par cœur l'appartement de sa femme, double étude, facile par places, mais, au total, impossible. L'appartement de sa femme avait aussi son petit coin fermé ; si le caractère présentait un rébus à deviner, certain tiroir montrait une impertinente serrure dont la clef ne traînait jamais.

Jamais, depuis des années.

Cela, dans une chambre où chaque chose traînait à son tour.

M. Schwartz avait confiance, mais il était jaloux.

Qu'y avait-il dans ce tiroir ? et pourquoi Mme Schwartz rêvait-elle ? On peut résoudre la plupart des problèmes par ce vague mot : caprice ; mais autant vaut ne rien résoudre du tout. Le mot caprice lui-même est encore une serrure ; il y faudrait une clef.

L'humeur de Mme Schwartz était douce et remarquablement égale. Cependant, selon l'expression de Mme Sicard, sa camériste, *il lui passait* des tristesses. Ç'avait été toujours ainsi ; M. Schwartz pouvait même se souvenir de ce fait, que les tristesses étaient plus fréquentes et plus durables avant le mariage.

Après la naissance de Blanche, pure et grande joie ; il y avait eu guérison apparente, mais les tristesses étaient revenues et avaient poursuivi l'heureuse mère jusqu'au berceau de son enfant.

Quand Blanche était toute petite, elle disait parfois à M. Schwartz :

« Mère a pleuré. »

Les médecins sont admirables pour expliquer les femmes aux maris ; rien qu'à ce titre, je les proclame bienfaiteurs de l'humanité. M. Schwartz avait un faible pour les explications des médecins, mais il restait jaloux.

Les médecins lui disaient : « C'est le foie. » Quel criminel que ce foie ! Et ils citaient des anecdotes on ne peut plus intéressantes.

Les histoires des médecins ressemblent toutes à *la pie voleuse :* vous croyez que c'est un amant ; les preuves abondent, on a trouvé son chapeau. Allons donc ! c'était une affection de la rate !

Il y avait des semaines où Mme la baronne était folle du monde : la rate; d'autres semaines où le monde lui faisait horreur ; le foie.

De même pour la toilette.

On avait découvert en elle, rarement, il est vrai, une sorte de colère sourde contre Blanche, sa fille bien-aimée. Le médecin disait, un homme charmant, cravaté en amour : « J'ai connu en 1829 une jeune femme très-bien née, » etc.

Celle-là, c'était l'estomac.

On passerait volontiers ses jours et ses nuits avec un médecin chantant sur l'air de *la Pie voleuse* les bons tours du foie, de l'estomac et de la rate. Cela va très-loin ; c'est tout un système de philosophie où le vice et la vertu sont remplacés avantageusement par la rate, le foie et l'estomac. Mais cela ne va pas à la cheville des docteurs poëtes qui cultivent l'hystérie. On pourrait citer des dames respectables, abonnées à deux louis la visite pour ouïr les légendes de l'hystérie. Il n'y a pas de sot métier !

M. Schwartz surveillait sa femme, ou, pour mieux dire, son attrait eût été de l'espionner à fond, minutieusement et selon l'art des maris jaloux qui ont confiance. Mais il faut, pour cela, le temps, et le temps est argent ; M. Schwartz faisait comme nous tous, le malheureux : au lieu de se divertir à *éclairer* sa femme, il était obligé de gagner de l'argent. Il gardait donc sa confiance et ses doutes, s'informant à bâtons rompus, égarant parfois sa dignité jusqu'à interroger Mme Sicard et Domergue, qui n'en savaient pas plus long que lui.

La conduite de Mme Schwartz, pour ses gens comme pour le monde, présentait un aspect tout uni. Elle ne sortait guère qu'en voiture, et la voiture d'une femme, c'est encore son chez soi ; elle ne voyait que les amis de son mari, et sa conduite, dans le sens vulgaire appliqué à ce mot, était à cent coudées au-dessus du soupçon.

Cependant, pour le monde, pour ses gens, pour son mari, Mme Schwartz dégageait je ne sais quelle impression fugitive et subtile, ce quelque chose de souverainement indéfinissable, cette vague effluve, ce parfum de la femme qui a un secret.

M. Schwartz, nous devons le dire, lui sut mauvais gré de sa froideur vis-à-vis du héros Michel. Il avait besoin qu'on épousât ses fantaisies, et il attribua l'indifférence de sa femme à ces fameuses préoccupations qui étaient peut-être sous clef dans le « tiroir du milieu. » Il commit beaucoup de petites scélératesses pour conquérir cette clef invisible et ne réussit point.

Par rapport à nos personnages, les choses allaient ainsi dans la maison Schwartz : Michel était à l'École du commerce, où il faisait de très-rapides progrès. Edmée donnait des leçons de piano à Blanche, qui l'aimait comme une sœur aînée ; l'aisance entrait chez les Leber ; nul n'approchait de Mme Schwartz sans ressentir les effets de sa généreuse bonté. Edmée grandissait comme artiste. C'était une noble et charmante fille, et déjà, dans ses grands yeux d'un azur profond, il y avait l'âme d'une femme.

Michel s'était rencontré périodiquement avec elle une fois toutes les quinzaines, depuis l'aventure du fagot. Ils ne s'étaient jamais parlé seul à seule. Je crois que l'amour peut naître dans les cœurs enfants, et c'est une délicieuse chose que cette floraison lente du sentiment qui doit remplir la vie. Dans un poëme, j'essayerais de suivre le cher développement de ce germe ; mais cette prosaïque histoire n'a pas le loisir de s'attarder aux détails.

La vue de Michel faisait rougir Edmée. Quand elle chantait devant lui, sa voix tremblante avait d'autres accents. Michel travaillait quinze grands jours pour vivre quelques heures. Son effort avait un but : il aimait déjà comme un homme ; il le savait. Edmée ne savait pas encore.

Quand Michel eut seize ans, M. Schwartz l'examina et fut pris d'un naïf orgueil à l'aspect de ce qu'il crut être son ouvrage. Michel avait marché à pas de géant ; c'était une intelligence robuste, vive, précise : il s'était joué littéralement des difficultés de l'étude, et l'École du commerce ne lui pouvait plus rien apprendre.

« Digne d'entrer dans mes bureaux ! lui dit M. Schwartz. Positif ! »

Michel était véritablement un beau jeune homme, grand, svelte, gracieux de taille, portant sur son visage imberbe une gaieté vaillante et distinguée. Le jour où il abandonna le frac bleu du collégien pour prendre l'élégant uniforme de notre monde, transition fâcheuse d'ordinaire, il produisit une véritable sensation dans le salon de Mme la baronne. Les femmes le remarquèrent, rêvant peut-être une éducation à parfaire, et nul parmi ces messieurs ne s'avisa de railler. Edmée fut toute glorieuse et à bien meilleur titre que M. Schwartz.

Et pourtant M. Schwartz était plus glorieux qu'Edmée elle-même. Il avait les capricieux enthousiasmes des arrivés. Il dit à sa femme en lui montrant notre héros :

« Mon œuvre ; un mari pour notre Blanche ! Idée ! »

Mme Schwartz eut un de ses beaux sourires, et regarda Michel attentivement pour la première fois peut-être.

Edmée entendit ; elle entendait tout ce qui se disait de Michel. Elle devint plus pâle qu'une morte.

XIII

La baronne Schwartz.

Michel eut trois cents francs d'appointements par mois pour commencer, et une chambre à l'hôtel. On habitait maintenant le second hôtel, déjà un palais.

En thèse générale, M. Schwartz professait l'opinion que les jeunes gens doivent être tenus en bride et sevrés d'argent, car l'argent, c'est le grand danger de Paris. Mais Michel était le dauphin de sa royauté industrielle ; il se mirait en Michel ; il lui eût semblé malséant que Michel ne fît pas quelque gentille folie.

Michel fit des folies, parbleu ! Tout le monde l'y aida. Au bout de deux mois, il avait des dettes. C'était sa seizième année ; le printemps d'autrefois. Maintenant nous fumons à dix ans ; à seize, chez nous, Lovelace réfléchit, à moins qu'il ne tourne au jockey, ce qui mûrit vite une intelligence.

Michel, notre héros, fut un instant célèbre dans *Tout-Paris;* il eut des bonnes fortunes posantes et un duel, je crois, ou deux duels, pour de bons motifs. S'il avait eu goût à la chose, les chroniqueurs du « monde élégant » l'auraient rendu célèbre parmi les modistes. M. Schwartz était bien content de lui. La gloire de Michel rejaillissait sur la maison, qui augmenta loyalement ses appointements.

M. Lecoq fit le reste.

Nous connaissons M. Lecoq de longue date et nous gardons conscience de n'avoir jamais prononcé son nom sans l'entourer du respect qu'il mérite. On ne saurait trop connaître les gens comme M. Lecoq. Ils ressemblent au latin qu'on ne sait jamais assez, même après huit ans de collége.

M. Lecoq avait rempli en sa vie beaucoup de fonctions honorables. Nous l'avons rencontré jadis sous la brillante espèce du commis-voyageur. Il était jeune alors. En voyageant pour le commerce, on fait parfois son stage diplomatique, et ce n'est pas le premier venu qui aurait pu placer comme lui les fameuses caisses à défense et à secret de la maison Berthier et Cie.

Son âge mûr tenait, Dieu merci, toutes les promesses de son début; il ne voyageait plus, sinon dans Paris, centre des civilisations; il avait sa maison à lui; c'était un personnage bien plus important que M. Schwartz lui-même.

Le gibier s'en va de partout; Paris seul, la forêt de Paris, garde un riche stock de bonnes bêtes à tirer, à courre ou à tendre. M. Lecoq avait, sans bourse délier, la ferme des chasses dans Paris.

Ce n'était pas un usurier, fi donc! Il ne tenait pas, révérence parler, une fabrique de mariages comme M. Gluant, à qui ses relations dans la haute société permettent d'offrir des dots assorties depuis cinquante écus jusqu'à trois millions : discrétion, décence, célérité, ni fatigue, ni douleur; cinq ans de garantie, un quart de siècle de succès; payement après guérison. Non. Il n'avait pas cette industrie mal famée qui s'appelle un bureau de placement; il ne faisait pas l'exportation; il ne vendait point de jeunes soldats; il ne favorisait pas l'émigration allemande; il ne se livrait pas même à l'élève des ténors.

Non. Du moins aucune de ces jolies choses n'était l'objet particulier de sa patente.

Que faisait-il donc ? Il gérait une agence.

Qu'est-ce qu'une agence ! Je suppose qu'il y a des agences qui se peuvent définir, en y mettant le soin et le temps. On fait ceci ou cela dans telle agence ; chez M. Lecoq, on faisait tout. Les gens bien informés, cependant, prétendaient que ce *tout* n'était qu'un prétexte pour couvrir une singulière industrie qui allait florissant sous le règne de Louis-Philippe : la petite police. Il y a tant de curieux ! La petite police, qui fut pratiquée à cette époque par un illustre coquin converti et fait ermite, était à la préfecture ce que sont les tripots clandestins aux maisons de jeu autorisées : elle attirait à la fois les timides et les trop hardis.

Des gens mieux informés encore allaient plus loin et disaient que ce commerce de petite police était lui-même un prétexte pour cacher.... Mais où descendrions-nous, de prétexte en prétexte ? Le fait est que M. Lecoq avait de très-belles relations et qu'il gagnait de l'argent tant qu'il voulait. Il prêtait en gentleman, refusant billets et lettres de change ; Michel lui dut jusqu'à dix mille écus que M. Schwartz paya sans broncher. Il cimentait çà et là quelque union entre personnes comme il faut ; il débrouillait des nœuds gordiens sans canif ni glaive ; il retrouvait les objets perdus sans magnétisme. Quatre pages de prospectus ne suffiraient pas à nombrer ses talents.

M. Lecoq était notoirement un sorcier. Le baron Schwartz ne s'avouait pas encore qu'il voulait employer la sorcellerie pour pénétrer le secret de sa femme, mais il y a des choses qu'on fait et qu'on ne s'avoue pas.

Ce sont même, généralement, ces choses-là qu'on fait le mieux.

M. Lecoq était reçu chez M. Schwartz, qui l'accueillait fort bien ; il y avait entre eux je ne sais quels petits mystères qui n'étonnaient personne, car tout million militant a besoin de son Lecoq.

La chose singulière, c'est que Mme la baronne Schwartz aussi semblait prendre goût à la sorcellerie.

Un matin, M. Schwartz s'éveilla de mauvaise humeur ; cela n'arrivait pas souvent : c'était un homme heureux et d'excellent caractère. Il y avait à peu près un an que Michel était sorti de l'école, et sa faveur touchait à son apogée. Il menait de front en effet le plaisir et les affaires ; c'était sans contredit le plus brillant de ces sous-lieutenants de finances qui ont dans la poche de leur paletot un bâton de maréchal. La première personne qui vint voir M. Schwartz, ce matin-là, lui apprit en riant que Mlle Mirabel était éprise follement de Michel qui lui tenait rigueur.

M. le baron fut triste ; ce n'était pas qu'il aimât Mlle Mirabel ; il n'aimait que sa femme. C'était qu'il passait la quarantaine et qu'après quarante ans, on ne rit plus si aisément à ces comédies.

Il y avait en outre les rigueurs de Michel envers Mlle Mirabel. Michel lui rendait des points : humiliation double.

Au déjeuner, Mme la baronne lui parut si belle qu'il eut un coup au cœur. La baronne, ce jour-là, ressemblait à une femme qui s'éveille d'un long repos d'indifférence. Il y avait des années que le baron ne lui avait vu ce sourire vivant et divin. Ou plutôt, l'avait-il jamais vu ? Il avait beau chercher, il ne s'en souvenait point. Parfois, ces transfigurations sont dans l'œil même de celui qui regarde ; on voit mieux tout à coup, ou du moins on voit autrement ; mais l'humeur de M. Schwartz teignait ce matin en noir tout ce qui n'était pas sa femme; pourquoi ces rayons, alors, qui faisaient une auréole à la beauté de sa femme ?

Elle parlait peu. Edmée déjeunait auprès de Blanche : le babil des deux enfants lui donnait des sourires distraits. Je ne sais par quelle bizarre association d'idées, M. Schwartz, ce matin, souhaita passionnément de la voir un jour jalouse.

Je sais encore moins par suite de quel singulier travail mental l'injure qui lui venait de cette jolie Mlle Mirabel le frappa du côté de sa femme. Ce sont des nuances difficiles à exprimer : sa tristesse redoubla, par rapport à la défection de Mlle Mirabel, à cause de sa femme.

On prononça le nom de Michel, par hasard; les beaux yeux de la baronne brillèrent.

Par hasard aussi, c'était vraisemblable, car Mme la baronne n'avait jamais pu prendre au sérieux la haute fortune de notre héros. Elle laissait faire, et c'était tout.

Pourtant, M. Schwartz ferma aujourd'hui la porte de son cabinet, sous prétexte de gros calculs. Il était désolé sans savoir pourquoi; il avait bel et bien le spleen, comme s'il se fût appelé Black au lieu de Schwartz.

Il n'y avait point de consigne pour Michel; Michel vint; M. Schwartz eut soudain l'idée de lui donner une mission pour New-York. Nous affirmons que Mlle Mirabel n'était pour rien là dedans.

Mais le lendemain, il n'y paraissait plus; M. Schwartz avait besoin de son Michel.

N'allons pas si vite, cependant; avant le lendemain, il y eut la soirée, et nous ne pouvons perdre cette occasion de glisser un premier regard au fond du cœur de cette belle Mme Schwartz.

Au déjeuner, ses yeux avaient brillé, cela est certain. L'après-midi, elle mena Blanche au bois et fut d'une gaieté charmante. Elle regardait Blanche avec une sorte de ravissement, et Blanche, bien aimée qu'elle savait être, s'étonnait des chères caresses de ce regard. Le temps était couvert; mais, sur le visage de Mme Schwartz, il y avait des rayons comme par le grand soleil.

Au dîner, elle devint rêveuse; le soir la trouva triste; elle se retira dans sa chambre de bonne heure.

« L'estomac ! » dit M. Schwartz.

La prose vulgaire a ses rêves comme la poésie. Et ne pensez-vous pas qu'un homme, parlant d'estomac à propos de ces adorables mélancolies, avait raison, au fond, d'être jaloux?

En rentrant chez elle, Mme Schwartz fit tout de suite sa toilette de nuit et donna la permission de dix heures à Mme Sicard, sa camériste, qui mit son chapeau de satin mauve, sa robe noire et son châle boiteux pour rendre visite à sa marraine. Souvent la marraine de Mme Sicard porte avec fierté le vaillant uniforme de notre armée, mais n'approfondissons pas ces détails.

Mme Schwartz, restée seule, s'assit au coin du feu dans sa chambre à coucher, et prit un livre. Elle ne l'ouvrit point. Pour occuper les heures de sa solitude, elle avait assez de sa propre pensée.

C'est un livre aussi que le visage d'une femme, un livre clos parfois, quand elle devine l'œil perçant qui veut lire son âme, un livre ouvert à ces moments où nulle défiance ne la garde. Je parle, bien entendu, de celles qui ont quelque chose à cacher; c'est la majorité immense, car, dans le monde où nous sommes, le bien a besoin souvent de se cacher comme le mal.

Le visage de Mme Schwartz n'était pas un livre

fermé : nul ne pouvait, en effet, épier ici les indiscrétions de sa physionomie, elle était sûre de cela. Trois portes la séparaient du corridor et d'épais rideaux tombaient au devant de ses croisées. Avait-elle un masque ? Le masque pouvait tomber.

Elle n'avait pas de masque, non ; le regard doux et distrait de ses grands yeux n'avait point changé, c'était toujours la même tête de madone, admirablement belle et pensive.

Qui eût osé, cependant, affirmer que Mme Schwartz n'avait rien à cacher ?

Sa retraite prenait pour motif la fatigue ; nulle trace de fatigue ne se montrait parmi la superbe pâleur de ses traits ; elle n'était pas malade ; aucun travail, aucun soin ne l'attirait ici. L'estomac ! disait le positif M. Schwartz. Mme Schwartz ne savait pas où était son estomac. Il est un motif plus précieux encore : le caprice ; mais Mme Schwartz, nous le verrons bien, était au-dessus du caprice.

Il y avait un peu trop d'or dans l'hôtel de M. le baron ; dès le temps de Midas, l'opulence tombait volontiers dans ces excès ; l'or s'impose à ses fervents et la fièvre des spéculateurs voit jaune, dirait-on, comme la colère voit rouge. Chez Mme Schwartz, rien ne trahissait la dévotion à l'or ; la richesse, ici, ne s'affirmait point brutalement ; elle offrait aux yeux, mais dans une mesure heureuse et sobre, les choses de goût et d'art. Au marché même, l'or, toujours maître et sans cesse vaincu, n'a pas le prix de ces splendides simplicités. C'était le réduit d'une grande dame.

Nous n'avons garde de décrire en détail l'ameublement de ce nid, somptueux à la façon des beautés pâles, où la galanterie de M. le baron s'était pliée, non sans protester, aux attraits d'un esprit supérieur ;

rien n'y éclatait, nul rayon insolent n'y troublait l'harmonie de l'ensemble : tout y charmait.

Nous parlerons seulement, comme on pose un accessoire obligé au théâtre, d'un petit meuble de Boule, véritable palais en miniature dont l'ébène, l'écaille, l'onyx, le porphyre et les pierres fines étaient les matériaux. Mme Schwartz avait acheté elle-même ce secrétaire, dont M. Schwartz connaissait à fond toutes les gentilles attrapes et tous les rusés secrets, sauf un seul.

Et nous vous disions bien que cette belle baronne avait quelque chose à cacher, puisque son mari, patient, tenace, exaspéré par la longue recherche et sachant mettre de côté toute vaine délicatesse, au besoin, quand il s'agissait de satisfaire une maîtresse fantaisie, essayait inutilement depuis des années d'ouvrir le tiroir du milieu, un tiroir caisse, entouré de malachites, avec un idéal bouquet de pensées que formaient seize améthystes mêlées à six topazes.

De ce tiroir, le triste M. Schwartz n'avait jamais pu entrevoir la clef.

Il y avait plus d'une heure déjà que Mme Schwartz était retirée dans son appartement. Son livre restait fermé, ses yeux demi-clos suivaient avec distraction les jeux de la flamme dans l'âtre. Son visage, à proprement parler, n'exprimait ni inquiétude ni peine, mais sa méditation semblait à chaque instant l'absorber davantage.

« La comtesse Corona ! murmura-t-elle une fois. Je ne sais pas si je hais cette femme ou si je l'aime. »

Machinalement et souvent, elle relevait les yeux vers la pendule pour suivre la marche de l'aiguille. Attendait-elle ? Et qui pouvait-elle attendre en ce lieu ? Elle était belle, plus belle qu'à l'ordinaire, en quelque sorte, belle d'une émotion latente et profonde.

Ce nom de femme, prononcé, le nom de la comtesse Corona trahissait-il le vrai sujet de sa rêverie?

Elle tressaillit à un bruit de pas qui s'étouffait sur le tapis de la chambre voisine. Deux coups discrets furent frappés à sa porte et l'on entra sans attendre sa réponse. Ce fut M. Domergue qui entra. Il se tint debout à quelques pieds du seuil, dans une attitude calme et respectueuse. M. Domergue pouvait jouer le romanesque rôle de confident, mais il n'en avait pas la tournure.

« Vous venez tard, dit Mme Schwartz.

— Mme Sicard est restée quarante-cinq minutes à sa toilette, » répliqua Domergue.

La baronne eut un demi-sourire et demanda :

« Où est-elle ?

— A Chaillot, » répliqua Domergue.

Mme Sicard avait plusieurs marraines, à moins que la marraine de Mme Sicard ne demeurât en divers quartiers. Quand elle allait voir sa marraine de Chaillot, la permission de dix heures se prolongeait jusqu'au lendemain matin.

La baronne fit signe à Domergue d'approcher.

« Parlez-moi de ce mendiant, dit-elle. Cela m'intéresse comme un conte de fée.

— Ce n'est pas un mendiant, répondit Domergue ; il travaille pour gagner sa vie. Quand je lui ai offert l'aumône de Madame, il a refusé. Il est fier, ce malheureux-là ! Il a dit : ma commission est payée.

— Je voudrais le voir.... murmura la baronne.

— Si Monsieur achète le château de Boisrenaud, répliqua Domergue, Madame ne prendra pas souvent la voiture du *Plat-d'Étain;* mais une fois n'est pas coutume, et quand on prend la voiture du *Plat-d'Étain,* on voit Trois-Pattes.

— Trois-Pattes!» répéta la baronne.

Puis elle ajouta :

« J'irai visiter demain ce château de Boisrenaud.

— Quant à ça, reprit Domergue, toujours grave comme son uniforme, sur les trois pattes, il n'y en a que deux de vraies. L'autre est une brouette, et l'animal est comme qui dirait un attelage complet : cheval et voiture.

— Et comment a-t-il pu venir jusqu'ici, infirme comme il est?

— Ah! ah! il a un équipage : un panier et un chien. C'est rusé, ces êtres-là! seulement, il ne va pas si vite que le chemin de fer! »

Domergue ne rit pas, mais sa physionomie exprima une vive satisfaction, causée par la conscience qu'il avait d'avoir édité un bon mot.

Mme Schwartz réfléchissait.

« Vous n'avez rien pu savoir? demanda-t-elle après un silence.

— Rien, repartit Domergue. Il dit qu'un voyageur lui a donné la lettre dans la cour du *Plat-d'Étain*. C'est tout. Il ne connaît pas le voyageur. »

Il y eut un silence encore, puis Mme Schwartz reprit :

« C'est bien. Faites ce que je vous ai dit. »

Domergue se retira aussitôt.

Restée seule, Mme Schwartz prit dans son sein une lettre qu'elle tint entre ses doigts avant de l'ouvrir. C'était un pli de ce papier banal qui a pour estampille le mot *Bath* : papier de pauvre; il n'avait point d'enveloppe et portait un cachet de cire grossière, frappé d'une empreinte fruste où l'on reconnaissait le gras profil que le roi Louis XVIII mettait sur les pièces de dix sous.

Il n'est personne qui n'ait reçu des lettres anonymes ainsi fermées.

Mme Schwartz considéra longuement et attentivement l'écriture de l'adresse qui était courante et ne semblait point contrefaite. Elle ouvrit enfin le pli et parcourut la lettre comme on fait d'une chose déjà lue. Mais, la lettre achevée, elle la recommença une fois, dix fois. On eût dit qu'un monde surgissait pour elle de cette feuille presque blanche, au centre de laquelle trois lignes laconiques se serraient étroitement et n'étaient suivies d'aucune signature.

Tout un monde! tout un passé lointain déjà et si différent du présent, qu'il semblait le mensonge d'un poëme.

Il est des gens qui vivent deux existences successives, dont l'une fait si bien contraste avec l'autre qu'ils ne se reconnaissent plus eux-mêmes, pareils à ces sectateurs de Pythagore qui se demandent vaguement, dans leur rêve éveillé, quand ils lisent l'histoire ancienne : n'étais-je par celui-ci ou celui-là ?

C'est, dans toute la rigueur du terme, la métempsycose : l'âme a changé de maison.

Mme Schwartz replia la lettre avant d'avoir prononcé une parole.

Elle poussa un soupir profond et se leva. Dans cette nouvelle posture, son regard rencontra sa propre image dans la glace de Venise qui s'encadrait magnifiquement au-dessus de la cheminée.

Elle sourit avec une sorte d'incrédulité.

« Ce sont deux rêves ! » murmura-t-elle.

Mais les lignes de son visage, correctes et si pures qu'elles semblaient taillées dans le marbre, subirent un retrait soudain. Elle souffrait. La glace de Venise le lui dit. Elle se redressa et ne tourna le dos qu'après avoir envoyé au miroir un autre sourire qui la faisait belle et calme comme toujours.

Elle marcha vers le secrétaire et l'ouvrit.

Une clef ciselée délicatement était dans sa main, la même clef que nous avons vue naguère au château de Boisrenaud entre les mains du baron Schwartz et à laquelle adhérait cet atome de cire. Mme Schwartz l'introduisit dans la serrure du tiroir central, au cœur même du bouquet de pensées, fait avec des améthystes et des topazes.

Avant d'ouvrir, cependant, Mme Schwartz hésita et regarda tout autour d'elle. Ce mouvement appartient aux consciences troublées. Mme Schwartz traversa la chambre d'un pas tranquille et poussa le verrou de la porte d'entrée.

Puis, le tiroir fut enfin ouvert. Mme Schwartz y déposa la lettre anonyme. Sa main resta tout au fond du tiroir comme si elle eût voulu y prendre quelque chose en échange de la lettre.

Mais un léger bruit se fit dans la chambre voisine. Mme Schwartz avait eu raison de pousser le verrou. On tourna vivement et sans frapper le bouton de la porte.

« Mère ! » prononça la douce voix de Blanche.

XIV

Visite nocturne.

Mme la baronne ne répondit point. Elle resta immobile.

Blanche attendit un instant et ajouta :

« Bonsoir, mère. »

Puis ce fut le silence.

Dans la pièce voisine, il y avait un tapis épais, et cette petite Blanche était légère comme un papillon. Mme la baronne n'osait bouger, ne sachant pas si sa fille s'était retirée, lorsque le pas grave de M. Domergue se fit entendre de nouveau. Il frappa ses deux coups et voulut aussi tourner le bouton.

« Bien, bien, dit-il. Je venais annoncer seulement qu'il est rentré. Faut-il laisser dormir madame la baronne?

— Faites ce que je vous ai dit! » fut-il répondu d'un ton impérieux et net.

Mme Schwartz retira du fond du tiroir sa blanche main qui ramena une cassette; elle prit dans la cassette deux petites aquarelles, encadrées de velours : deux portraits qui ne semblaient pas appartenir à un maître du pinceau et dont les couleurs avaient déjà pâli.

L'un représentait un jeune homme, l'autre une très-jeune fille : presque une enfant. A première vue, nous eussions déclaré que tous les deux nous étaient inconnus.

Puis l'idée nous serait venue que le peintre inhabile avait essayé de reproduire les traits de Michel, notre héros, et ceux d'une fillette qui ressemblait à Mme Schwartz : une petite sœur, peut-être.

Puis encore, à mieux regarder, ce ne pouvait être Michel, car le costume datait des années de la Restauration. Plus on examinait, d'ailleurs, plus la ressemblance fuyait. Et pourquoi le portrait de Michel dans le secrétaire de Mme Schwartz? Quant à l'autre aquarelle, l'effet contraire se produisait : l'examen créait la ressemblance.

Il y a la beauté du diable pour le commun des femmes. C'est très-joli. Cela devient épais, vulgaire ou hideux. Les femmes qui doivent éblouir à l'heure de la complète floraison n'ont jamais eu la beauté du diable. Tout procède ici-bas par mystérieuses compensations. La suprême beauté, très-souvent, est le prix d'une incubation lente et pénible, comme si la nature employait toutes les années de l'adolescence à parfaire son chef-d'œuvre.

Ainsi s'envole au plus haut des airs, sous le grand soleil d'août, le splendide papillon, après sa double métamorphose. On se prenait à penser, devant ce pauvre portrait d'enfant aux couleurs effacées; on voyait derrière lui comme au travers d'une brume jalouse le triomphant sourire de la femme épanouie. C'était Cendrillon dans la fumée du foyer, avant la visite de la fée.

La lampe était loin, là-bas, sur le marbre sanguin de la cheminée. Mme Schwartz, éclairée par derrière, cachait à demi son visage dans l'ombre. La lumière jouait dans les masses de ses admirables cheveux, et venait frapper en plein la miniature que le contraste faisait plus terne.

Elle regardait les deux aquarelles tour à tour avec une émotion profonde. Le souffle s'arrêtait dans sa poitrine.

Aucune parole ne tomba de ses lèvres; mais les lueurs obliques de la lampe allumèrent deux étincelles parmi l'ombre qui voilait son visage : c'étaient deux larmes; elles tremblèrent avant de rouler lentement sur la pâleur de ses joues.

La pendule sonna onze heures. Le feu allait s'éteignant. Les bruits de la nuit parisienne murmuraient dans le tuyau de la cheminée.

La silencieuse contemplation de Mme Schwartz dura longtemps.

Un soupir contenu la ponctua qui valait tout un monologue. C'était bien elle, cette miniature. Le papillon étincelant regrettait peut-être sa modeste enveloppe de chrysalide. Mme Schwartz n'avait point de sœur.

Elle posa les deux portraits sur la tablette du secrétaire et prit dans la cassette une poignée de papiers dont le contact fit trembler sa main. C'étaient de ces papiers dont la physionomie ne trompe point, les papiers qu'on nomme papiers par excellence du haut en bas de l'échelle sociale : les vrais papiers, ceux qui racontent, historiens authentiques, la vie d'une créature humaine, résumée par ces trois actes principaux : la naissance, le mariage, la mort.

Il y avait un acte de naissance, un acte de mariage, un acte de décès.

Puis la main de Mme Schwartz plongea encore au fond du tiroir, et cette fois ramena un volumineux cahier couvert d'une écriture fine et serrée.

L'encre avait jauni aux feuilles fatiguées de ce manuscrit. Il datait de loin. On avait dû le lire bien souvent.

La première page, qui gardait des traces de larmes, commençait ainsi :

« 2 juillet 1825.

« Je t'ai promis de t'écrire souvent. J'ai passé quinze jours à me procurer une plume, de l'encre et du papier. Je suis au secret dans la prison de Caen. Quand je me tiens à bout de bras à l'appui de ma croisée, je puis voir le haut des arbres du grand cours et les peupliers qui bordent au loin les prairies de Louvigny. Tu aimais ces peupliers : ils me parlent de toi.... »

Et à la suite de quelques lignes presque effacées, celle-ci ressortait :

«.... Je sais que tu te gardes à moi; j'ai confiance en la bonté de Dieu.... »

Mme la baronne Schwartz avait les yeux sur cette ligne. Elle ne pleurait plus : sa pâleur était d'une morte.

On eût dit que son cœur arrêtait ses battements et que le souffle expirait sur ses lèvres.

Quand minuit sonna, elle était encore à la même place, tenant les papiers à la main, immobile et debout.

Le bruit de la pendule la fit légèrement tressaillir. Elle remit dans la cassette les papiers et le portrait de la fillette. Le portrait du jeune homme resta dans sa main. Le tiroir fut refermé, ainsi que le secrétaire, et la clef ciselée disparut.

Mme Schwartz revint s'asseoir auprès du foyer qui était maintenant éteint. Elle avait froid dans le corps et dans le cœur. Son attitude exprimait un sourd malaise, et, de temps en temps, un frisson courait dans ses veines.

« Je verrai cet homme, murmura-t-elle. M'est-il défendu de porter un deuil?... Et Michel!... Je saurai. — Oh! s'interrompit-elle avec un frisson. J'ai peur de savoir! »

Au dehors, les bruits de la ville s'apaisaient.

Vers une heure, on frappa pour la troisième fois à la porte extérieure. Mme Schwartz eut comme un frémissement; mais elle se leva toute droite et gagna la porte d'un pas ferme.

« Dort-il? demanda-t-elle à Domergue, quand le verrou fut tiré.

— Comme un ange, » répliqua le digne valet.

Mme Schwartz dit :

« Allons ! »

Domergue marcha le premier, un bougeoir à la main.

« Madame me pardonnera ma curiosité, reprit-il après quelques pas; c'est moi qui me suis occupé le premier de ce jeune homme-là, et j'ai le cœur sensible, quoique étant dans le commerce depuis l'âge de raison. Je m'attache facilement.... Après l'épreuve que Madame va faire, sera-t-on certain de quelque chose ?

— C'est selon, repartit la baronne d'une voix changée.

— Madame n'a pas besoin d'avoir peur, poursuivit Domergue, tout le monde est couché, j'en réponds. Il n'y a pas un traître chat éveillé dans l'hôtel, et la femme de chambre n'en est pas encore au café, là-bas, avec marraine.... Madame sait bien que je ne suis pas bavard, mais c'est si rare de voir une personne comme Madame s'occuper des péchés de jeunesse de son mari!... Monsieur le baron est bien assez riche pour payer ses fredaines; mais Madame !... »

Ils arrivaient à l'escalier. L'appartement de notre héros Michel était à l'étage au-dessus.

Mme Schwartz allait sans mot dire; elle ne prenait point souci d'imposer silence au valet, qui continuait tout bas :

« Avec ça que ça ne ferait pas grand tort à Mlle Blanche. Il y a assez pour deux.... Mais quand on y songe, est-ce une assez drôle de chose ? Ça fait croire en Dieu, oui! que M. Schwartz est allé justement dans cette ferme où était justement M. Michel, et que justement il l'a ramené ! »

Il s'arrêta. La porte de Michel était devant lui.

Désormais la pâleur de Mme Schwartz était maladive, et, pendant qu'elle marchait, tout son corps tremblait.

« Il y a une Providence, balbutia-t-elle : c'est vrai. »
Domergue pensa :

« On a beau n'être pas jalouse, ça fait quelque chose, écoutez donc !

— Mais, ajouta-t-il tout haut en manière d'excuse pour le baron Schwartz, le jeune homme est sur ses dix-huit ou vingt ans ; c'était bien avant le mariage de Madame. »

L'observation, quoique judicieuse, ne parut point calmer le trouble de la baronne. Sur un signe qu'elle fit, Domergue ouvrit la porte de Michel. Tout était neuf et charmant dans cet hôtel, plus frais qu'une rose. Le fils de la maison n'aurait pu être mieux logé que Michel. Veuillez bien vous figurer, pour échapper à une description oiseuse, un appartement de jeune homme, un peu en désordre, mais aussi coquet que possible. Domergue entra le premier, avec précaution, étouffant le bruit de ses pas sur le tapis, et il s'assura que le sommeil de notre héros n'avait pas pris fin. Mme Schwartz attendait au dehors. Assurément, et quels que fussent les motifs de sa démarche, la démarche elle-même, si bizarre et si étrangère aux habitudes d'une femme de sa sorte, suffisait à expliquer son émotion.

Y avait-il du vrai dans la pensée de Domergue ? Mme Schwartz venait-elle ici pour éclairer le passé de son mari ? C'était un ménage excellent ; mais il durait depuis nombre d'années, et l'élément passionné ne semblait point y surabonder du côté de Mme Schwartz.

Et si Domergue se trompait, qui donc avait suggéré cette erreur à Domergue ?

Il revint, faisant ce geste qui veut dire chut et prononça du bout des lèvres :

« Le sommeil du juste ! »

Mme Schwartz entra. Michel était étendu sur son lit, tête nue. Les boucles éparses de ses longs cheveux lui donnaient une beauté de femme; c'était un cher enfant; la vie follement dissipée qu'il menait fatiguait son visage sans effacer l'expression de vigoureuse candeur qui était le trait de sa physionomie.

Mme Schwartz se tenait derrière Domergue, qui levait le flambeau de façon à ce que la lumière tombât d'aplomb sur la figure du dormeur.

« A quoi verrez-vous la chose? demanda-t-il. La lettre vous dit-elle qu'il a un médaillon, une marque? »

Comme Mme Schwartz ne répondait point, Domergue se tourna vers elle et la vit si changée qu'il faillit lâcher le flambeau.

« Madame se trouve mal.... » commença-t-il.

Elle l'interrompit d'un geste. Sa main désigna le flambeau, puis la porte. Domergue lui donna le flambeau et sortit.

Mme Schwartz resta seule avec Michel. Pendant quelques instants, elle demeura immobile et l'œil ardemment fixé sur ce front blanc, couronné de cheveux épars. Puis, tout à coup, sa paupière se baissa, comme si un effroi l'eût saisie.

Michel remua. Ses lèvres entr'ouvertes eurent un vague sourire. La baronne déposa le flambeau pour appuyer ses deux mains contre son cœur.

Puis elle prit sous le revers de sa robe l'aquarelle, le portrait du jeune homme aux couleurs effacées. Elle regarda tour à tour la peinture pâlie et le pâle visage du dormeur. On eût dit qu'elle était venue là pour établir cette comparaison.

Quand elle reprit le flambeau, un long soupir souleva sa poitrine, et sur le seuil elle se retourna pour contempler encore une fois, au travers de deux grosses larmes, le sourire du beau jeune homme endormi.

Quand elle rentra dans son appartement, elle était anéantie ; une pensée grave semblait entièrement l'absorber. Domergue lui trouva une apparence de calme, mais il vit bien, quand elle s'assit, que la fatigue la brisait. Il se disait en lui-même :

« Si on peut se faire du mal comme ça pour une affaire d'avant le mariage ! M. le baron n'était pas une demoiselle.... N'empêche pas que l'avenir du jeune homme est réglé, maintenant. Madame est la bonté même. On les établira tous les deux, Mlle Edmée et lui.... Quel mignon petit ménage ! »

Cependant Mme Schwartz avait-elle découvert la fameuse marque ou le médaillon précieux des péripéties théâtrales ? Domergue ne put jamais savoir cela.

On l'envoya se coucher purement, simplement, comme si rien de dramatique ne se fût passé cette nuit.

Mme Schwartz resta debout jusqu'au jour. Parfois elle souriait et ses beaux yeux devenaient humides. A deux ou trois reprises le nom de la comtesse Corona vint expirer sur ses lèvres, uni à celui de Michel.

Évidemment, ce nom lui faisait peur.

Au moment où elle remettait l'aquarelle-miniature dans le tiroir de son secrétaire, on aurait pu l'entendre murmurer :

« Il aimera.... Peut-être qu'il aime.... »

Comme il faut en ce monde que tout ait un terme, même les permissions de dix heures, Mme Sicard, la camériste, revint au petit jour rapportant de chez sa marraine un loyal parfum de cigare.

Le lendemain, la baronne alla visiter le château de Boisrenaud que son mari voulait acheter, et prit pour s'y rendre la voiture du *Plat-d'Étain* comme une petite bourgeoise.

Elle vit cette créature, Trois-Pattes, et il lui sembla que ce mendiant inconnu l'enveloppait d'un long regard.

La baronne Schwartz n'avait pas de confident; la merveilleuse beauté de ses traits laissait rarement sourdre le secret de sa pensée. Son visage était de marbre.

Le château de Boisrenaud fut acheté.

Puis, dans la maison Schwartz, la vie commune reprit son cours paisible. Tout marcha comme devant, au dedans comme au dehors, à ce point que Domergue se demanda s'il avait rêvé marque ou médaillon. L'histoire ne dit même pas si la démission de Mlle Mirabel fut exigée.

Dans cette maison, il y avait pourtant un élément nouveau : la passion y venait de naître, le drame aussi par conséquent.

Le premier résultat de la visite nocturne rendue par la baronne au protégé de son mari paraîtra inattendu : ce fut la réception à l'hôtel d'une jeune femme adorablement belle, mais qui n'avait pas les sympathies de la baronne : la comtesse Corona, sa compatriote et un peu son alliée par ce vénérable vieillard, le colonel Bozzo-Corona.

La comtesse et la baronne se rapprochèrent avec une sorte d'empressement diplomatique. Vous eussiez dit deux puissances qui mutuellement se surveillent.

La comtesse, beaucoup plus jeune que la baronne, épanouissait une beauté hardie, étrange, et que les connaisseurs rapportaient au type corse. Ses grands yeux au regard brûlant et profond avaient une réputation. Certains les trouvaient trop largement fendus pour la délicate pâleur de ses traits, mais on en parlait.

Ce n'était pas précisément une femme à la mode, parce qu'elle ne se prodiguait point et que la mode a besoin d'être incessamment sollicitée. Mais la mode s'occupait d'elle.

On la disait riche. Son nom sonnait bien. Elle vivait séparée de son mari, homme de plaisirs et d'aventures, qui était, disait-on, tombé fort bas, sans que personne pût spécifier la nature de sa chute.

Du reste, elle ne sortait pas de terre, puisque le colonel Bozzo-Corona, philanthrope distingué, comme tous les journaux s'accordaient à le dire, et dont l'hôtel, situé rue Thérèse, pouvait passer pour un arsenal de bonnes œuvres, était son aïeul.

Le baron Schwartz avait des rapports d'argent avec le colonel, dont l'homme de confiance était M. Lecoq. Les choses, à Paris, affectent parfois des physionomies bizarres. On parlait très-haut des vertus de ce colonel Bozzo-Corona; la presse lui décernait quotidiennement des éloges qui ressemblaient aux annonces payées par certaines boutiques médicales. Il était vieux comme Mathusalem, et cela augmente le respect. Cependant, quelques doutes vagues planaient autour de cette charitable gloire.

Il possédait en Corse des biens considérables situés aux environs de Sartène, et qui lui venaient de sa femme, morte depuis plus d'un demi-siècle.

Les respects en quelque sorte officiels dont Paris-public entourait ce centenaire, et les doutes bizarres, sans consistance ni formule, qui venaient à la traverse, touchaient comme un double reflet cette délicieuse comtesse Corona. Elle était de celles que le mystère drape dans un charme de plus. Nulle voix ne s'était élevée jamais pour l'accuser, et il semblait pourtant que les enthousiastes eussent envie de la défendre. On mettait à jour, quand on parlait d'elle, avec une sorte d'emphase, l'authenticité de sa fortune et l'évidence de sa position.

Il semblait, ce faisant, que chacun répondît à des calomnies qui tombaient des nuages.

M. Lecoq en usait à son égard avec cette paternelle familiarité particulière aux notaires et conseils des grandes maisons. Elle l'accueillait avec une douceur froide sous laquelle les observateurs croyaient deviner beaucoup de frayeur et beaucoup de haine.

Un mois après la visite nocturne que nous avons racontée, la maison Schwartz, en apparence tranquille, eût présenté à quelque clairvoyant observateur les symptômes suivants : une de ces platoniques liaisons qui jadis existaient, dit-on, de page à châtelaine, était née entre Mme Schwartz et notre beau Michel. Quelque chose de plus vif peut-être et de moins vertueux entraînait ce héros vers la comtesse Corona, qui était dans une veine éblouissante d'esprit et de beauté. Edmée Leber pâlissait et devenait triste. Le roman d'amour enfantin dont nous avons dit le naïf prologue, avait marché silencieusement. Une seule femme au monde rendait Michel timide : c'était Edmée. Il se méprenait à ce signe; en lui, la passion n'était pas mûre; mais Edmée, plus précoce ou plus concentrée, avait conscience de ce qui se passait au fond de son cœur.

M. Schwartz augmentait le cercle de ses affaires et gagnait un argent énorme. Le changement de la baronne à l'égard de Michel ne lui avait point échappé. Il cherchait à ses heures le joint où viser un grand coup.

Il fut longtemps à trouver. Plusieurs mois se passèrent. Blanche arrivait à être une jeune personne. Michel se rangeait, il devenait sérieux et ambitieux, symptôme alarmant pour M. Schwartz, que tout alarmait désormais. Le pauvre homme avait, au jeu commercial, un bonheur insolent qui l'effrayait.

Qu'y avait-il, cependant? Depuis des années, il reprochait à la baronne sa froideur vis-à-vis de Michel. La baronne, obéissante, regardait le favori d'un œil moins glacé. Où était le mal?

Le mal n'était nulle part, mais l'incident Mirabel restait dans l'esprit du baron. Il eut un cauchemar : il lui sembla que Mme Schwartz se mettait entre le fougueux caprice de Michel et cette belle comtesse Corona.

Une nuit, pendant que la baronne était au bal, nous éprouvons un certain malaise à vous faire cette confession, il introduisit un étranger dans sa chambre à coucher. M. Lecoq possédait un très-grand nombre de talents, et M. Schwartz lui accordait cette dangereuse confiance qu'on ne donne pas à un galant homme. M. Lecoq, ancien voyageur de la maison Berthier et Cie, valait mieux qu'un serrurier.

Le tiroir du milieu, le tiroir du secrétaire, celui dont la serrure cachait son trou mignon dans le cœur d'un bouquet de pensées faites d'améthystes et de topazes, fut tâté selon l'art, palpé, sollicité, violé. M. Lecoq avait apporté les instruments qu'il fallait. Le tiroir résista vaillamment. M. Lecoq déclara que la serrure était à secret.

Ces tentatives engagent d'autant plus qu'elles méritent plus de blâme. La jalousie des honteux est une fièvre.

Et pourtant, M. Schwartz avait encore confiance. Le

soupçon ne lui venait qu'aux heures malades et il y avait dans sa préoccupation une énorme dose de curiosité.

Chose singulière, la faveur de Michel grandissait parmi ces troubles.

M. Schwartz était un homme habile. Il eut une forte idée qui devait guérir son esprit, son cœur et sa raison. Elle n'était pas toute jeune, cette idée ; il la couvait vaguement depuis du temps. Quand elle se formula en lui nettement, il fit des folies comme Archimède au sortir de son bain.

Il tomba dans la chambre de sa femme et lui dit :

« Marier Blanche et Michel. Affaire ! »

C'était une épreuve assurément, mais c'était aussi un sérieux projet.

La baronne, pâle et calme comme toujours, répondit doucement :

« C'est impossible. »

M. Schwartz demanda pourquoi.

Était-ce pour cela précisément que cette belle baronne avait ouvert sa maison à la comtesse Corona?

Le fait est que la comtesse Corona servit de réponse.

Il y eut lutte pour la première fois. Une autre personne était là qui souffrait silencieusement et bien plus que M. le baron lui-même. En vertu de je ne sais quel pacte qui n'avait jamais été signé, mais qui existait pourtant, Edmée Leber regardait Michel comme étant son bien. Et voilà que Michel, sous ses yeux, était tiraillé entre trois femmes : la baronne, la comtesse, Blanche.

D'elle, Edmée, il n'était même pas question.

Le résultat de la lutte fut violent. Michel, exilé, quitta la maison Schwartz. Les hommes comme M. le baron ne sont pas ce qu'on appelle des méchants ; ils ont même leur bonté relative et rarement peut-on les accuser de faire du mal par goût; mais, dans les occasions *délicates*, ils vous ont des adresses funestes. L'expulsion de Michel, notre héros, eut lieu habilement, décemment et cruellement. Le monde lui donna tort et, à de certains moments, il fut tenté lui-même de s'accuser d'ingratitude. Nous avons employé le mot expulsion pour dire tout d'un coup la vérité vraie; mais, selon l'apparence, c'était Michel qui avait quitté M. Schwartz, et celui-ci poussait la chevalerie jusqu'à ne le point taxer trop haut d'ingratitude.

Il y eut plus : M. Schwartz, en diverses occasions, donna témoignage en sa faveur, dans le style de ces certificats où les maîtres déclarent n'avoir pas eu à se plaindre de leurs domestiques, sous le rapport de la probité.

Avec de tels certificats, on cherche une place longtemps. Dans la finance militante, dont M. Schwartz était le plus bel ornement, Michel était un jeune homme perdu.

Une voix inconnue, publicité sourde, avait murmuré à toutes les oreilles d'affaires cette mystérieuse formule :

« Il y a eu quelque chose. »

La chronique de la Bourse avait bien essayé un bout de roman où la belle Mme Schwartz avait un rôle aimable; mais, sans nier la possibilité du fait, les forts maintenaient l'axiome : « Il y a eu quelque chose. »

L'avis de M. Lecoq fut que « Michel était brûlé. » Et M. Lecoq s'y connaissait autant que personne en France.

XV

Le bouton de diamant.

Tout le monde sait tout, à présent, et bien mieux que les pauvres diables qui fatiguent la plume. Les jolis jeunes gens qui servent les dames dans les magasins de nouveautés connaissent désormais sur le bout du doigt ce que c'est que le grand monde.

Balzac désespérait de jamais comprendre le mot effrayant de cette énigme; mais, du temps de Balzac, on faisait des chefs-d'œuvre. Cela engageait à être modeste. Aujourd'hui, quiconque a appris à épeler peut suivre son cours de grand monde dans ces traités faciles, élégants, suaves, délicats, diserts et heureusement pommadés, qui sont écrits avec les plus brillantes plumes de perruche par des seigneurs daignant être de lettres et appartenant manifestement au très-grand monde.

Le grand monde étant donc, Dieu merci, à la portée de tout le monde, il serait superflu, pour ne pas dire malséant, d'apporter nos définitions. Nous n'éditons pas d'ailleurs une œuvre d'analyse : c'est ici un mélodrame de bonne foi, ni plus ni moins.

Le grand monde est ce que vous savez, et tel que les chroniqueurs ont l'obligeance de vous le peindre. L'Évangile n'a pas une plus grave authenticité que les almanachs de ces poëtes heureux. Aimez-vous la photographie? Moi, j'ai tout le grand monde, chroniqueurs et duchesses, dans une maison de carton, que j'emplis à prix d'or. Chaque tête de grand monde me coûte dix sous; je n'ai pas honte d'employer ainsi mes économies.

Au fond, le grand monde n'a que faire dans cette histoire de brigands, racontée honnêtement et paisiblement, sans un seul mot d'argot, sans un seul sermon *généreux*. Il n'y a jusqu'à présent ni boue ni écusson, quoiqu'il soit reçu, en bonne philosophie de mélodrame, que l'une est destinée à éclabousser les autres. J'ai peur d'avoir commis une impure platitude en n'insultant, chemin faisant, aucune cathédrale ni aucun palais. Je n'ai pas même su placer, que l'Être suprême me vienne en aide, ce membre du parquet, bilieux et verdâtre, qui cache sous son HABIT NOIR toute une pharmacie de vitrioliques passions.

J'ai prononcé le mot malgré moi, car nulle force humaine ne peut dissimuler un remords. Les Habits Noirs ! Quel titre cela donnait ! des menaces ! des promesses ! Tout le venin qui jaunit les petits, toute l'insolence qui pléthorise les grands ! L'éternelle bataille, la guerre sociale, l'Iliade du Vice en linge blanc, gras, repu, content, assiégé par mille Vertus en blouse, maigres, affamées, haineuses et aspirant, comme c'est leur droit, à monter, à se vêtir, à manger pour devenir vices à leur tour, car les hommes sont frères !

Les Habits Noirs ! Les monstres ! J'en ai connu, en 1848, qui prirent la veste par pudeur et par frayeur, tant ils sentaient bien le crime de ce frac indécent. On ne rencontrait plus un seul vicomte de lettres ou de bourse. Mon cordonnier trouva à vendre son titre à un marquis insolvable.

Les Habits Noirs ! songez donc qu'ils ont tous des habits noirs dans ces cavernes : au palais, à l'église, au tribunal de commerce, au conseil d'État. Pour l'honnête criminel que les imperfections de notre société obligent, ah! bien malgré lui! à voler ou à poignarder, c'est la livrée de l'ignominie.

Prêtres, magistrats, banquiers, avocats, courtisans, religieuses, huissiers, académiciens, députés, courtiers marrons sont uniformément habillés de noir. Les maréchaux de France eux-mêmes quittent leurs broderies pour se mêler à la vie commune. Le noir, on peut le dire, est, au dix-neuvième siècle, une enveloppe qui recouvre toutes les puissances et toutes les noblesses, toutes les ambitions et toutes les opulences, toutes les conquêtes, tous les succès, toutes les gloires.

Si bien que, pour entamer la lutte, il faut déjà que le simple soldat revête ce cabalistique uniforme, et que les vaincus eux-mêmes l'endossent pour cacher leurs revers.

Quel titre! pesez seulement et comptez! D'un côté, tous les heureux dont le royaume est de ce monde, de l'autre tous les misérables qui attendent, qui envient, qui espèrent. Il n'y a pas à hésiter. Les heureux forment une minorité infime; en bonne librairie, il s'agit de donner le beau linge à dévorer à la grosse toile. On a, ce faisant, le double profit d'être un écrivain magnanime, et de forcer la vente.

Sait-on bien ce que ce mot magique : *la vente*, peut enfanter de plaidoyers chevaleresques et désintéressés!

Et si le sujet, considéré à ce point de vue, semble trop large, trop vague, trop périlleux aussi, que diriez-vous de ce thème : la misère, cachée sous les dehors de l'élégance? L'habit noir pris comme ce domino des bals masqués qui déguise parfois la vieillesse, la jalousie, la vengeance?

C'est banal, il est vrai, et vieux comme le béotisme littéraire ; cela court les rues, et les romanciers du ruisseau affectionnent les sordides naïvetés de ce thème. Qu'importe? un tas de gros sous vaut une parcelle d'or. On gagne sa vie dans les mines de cuivre, et Vespasien empereur a édicté d'un mot sublime la philosophie des distillations monétaires.

Eh bien, non! rien de tout cela! au lieu de toutes ces poésies, nous ne possédons dans notre sac que la pauvre biographie d'un voleur, qui n'avait aucun plan de réorganisation sociale, qui ne se targuait d'aucune mission apostolique et qui n'était même pas prédicateur!

Sans nous donner ce ridicule de disserter sur le grand monde, nous pouvons bien dire qu'à Paris c'est là un terme essentiellement relatif. Chacun a son grand monde et nul ne peut nier qu'il y ait, dans ce petit département de la Seine, imperceptible point sur la carte, des quantités à peu près innombrables de grands mondes, juxtaposés ou superposés, qui suivent fidèlement, du plus bas au plus haut, la marche ascensionnelle de l'escalier social lui-même. Pour le loyal public du théâtre de la Gaîté, les ducs, les maires et les fabricants de ouates sont exactement sur la même ligne : ils ont voiture; le public du Gymnase, progressant par élimination, soustrait le fabricant et le maire, mais leur substitue le banquier millionnaire avec l'agent de change qui sont tous deux, à son sens, de très-agréables patriciens.

Après de fortes études, j'affirme qu'il est impossible d'établir dans Paris bourgeois deux catégories plus heureusement poinçonnées que celles-ci : amateurs de la Gaîté; amateurs du Gymnase; ce sont deux religions. La Gaîté va jusqu'à la Porte-Saint-Martin, en passant par le Théâtre-Lyrique; le Gymnase englobe l'Opéra-Comique et le Théâtre-Français, belle ruine qui, de temps en temps, hantée par la fantaisie papillonne, essaye de se rechampir en guinguette.

Étant acceptés ces deux degrés, le troisième, le superlatif, sera l'Opéra. La secte riche et déjà mondaine commence ici. Quand on l'écrème, on trouve les fidèles des Bouffes. C'est la bourgeoisie noble, soit par la naissance, soit par la fortune, soit par le talent, soit par la vanité : de ces quatre origines, la vanité n'est pas la moins féconde.

On ne s'y trompe plus, dans ces latitudes. Le grand monde est là tout près : à côté, au-dessus, on le voit; on y entrerait rien qu'en passant le mollet par-dessus je ne sais quelle balustrade imaginaire.

On regarde en raillant tous les grands mondes qui sont au-dessous, et il y en a des milliers.

Au-dessus, prenons garde au vertige, car l'échelle s'amincit et déjà nous sommes si loin du pavé! Au-dessus le vrai grand monde s'agite, rit, regarde danser, écoute chanter, courtise, conspire, protége, démolit, joue, veille, dénigre, caresse et mord, l'œil en l'air, toujours !

Que regarde-t-il ?

Le grand monde, parbleu !

Quoi ! un autre grand monde ?

Parfaitement.

Encore au-dessus ?

Toujours au-dessus.

Mais dans ce grand monde du dessus ?

Même histoire.

On regarde en l'air ?

De plus en plus.

Et ceux qu'on regarde ?

Ils se tordent le cou.

Pour quoi faire ?

Pour regarder en l'air.

Et que voient-ils en l'air?

Le grand monde.

Tout a une fin, cependant. Il y a des gens qui ont atteint les cimes du Chimboraçao et de l'Himalaya. La fin du grand monde, le sommet est double. Il y a d'un côté la cour, de l'autre le cénacle. Ces deux sommets se nient l'un l'autre.

Mais nous n'avons que faire des sommets. Les Schwartz ont leur niveau précis à mi-chemin de ces pics éblouissants.

Mme Schwartz était au-dessus de son grand monde. Elle avait ses heures d'ambition ardente comme sa nature même. Tout à coup il lui prenait de passionnés besoins d'éclat, de bruit, de plaisirs. A d'autres instants, elle tombait dans une indifférence profonde. M. Schwartz avait des désirs moins chauds, mais qui duraient toujours.

Ce qui précède est pour expliquer la position de Mme la comtesse Corona dans la maison Schwartz. Il n'y avait entre la baronne et la comtesse aucune sympathie apparente; ce qu'elles ressentaient l'une pour l'autre ressemblait plutôt à de l'éloignement. A l'exception de quelques maisons, non classées dans l'échelle des mondes, une femme n'entre nulle part que par les femmes; c'était donc par Mme Schwartz que la comtesse était ici. L'âge de Blanche et la complète abdication de M. le baron en faveur de sa femme dès qu'il s'agissait de choses mondaines, ne pouvaient laisser aucun doute à cet égard.

Un prétexte, sinon un motif, se présentait à l'esprit de ceux qui avaient assez de loisir pour chercher le mot de cette petite énigme ailleurs que dans une communauté de patrie ou dans une parenté éloignée : la comtesse Corona, en tant que niveau mondain, était à la fois au-dessus et au-dessous des Schwartz. Elle avait au pied ce lourd boulet qu'on nomme le mystère ; cela, évidemment, gênait son essor ; mais, malgré le boulet, elle mettait l'orteil sur des échelons que la baronne n'eût pas même atteint en se hissant sur les pointes et en étendant les bras : ceci au-dessus du point où l'escalier se bifurque, allant d'un côté vers la cour, de l'autre vers le cénacle.

La comtesse Corona était reçue et bien reçue dans la nombreuse famille du maréchal ***, dont toutes les branches étaient de la cour ; elle voyait en même temps les Savoie-Boisbriant qui tenaient le bon bout au faubourg Saint-Germain. C'étaient là deux clefs puissantes pour ouvrir la porte Schwartz.

Mais pourquoi la comtesse en usait-elle? Quel était le besoin ou l'attrait qui l'amenait au seuil de cette maison Schwartz où elle n'avait rien à gagner?

Les enfants voient singulièrement clair parfois. Blanche, quand elle était petite, disait que cette charmante comtesse, qui la comblait pourtant de caresses et de jouets, avait l'air d'un chat qui guette une souris.

Après le départ de Michel, la maison Schwartz resta un instant comme étonnée. Quelque chose manquait, surtout au baron qui était un homme d'habitudes. Puis tout reprit le train accoutumé, au moins en apparence, mais, au fond, la tranquillité intérieure était morte. M. Schwartz portait, au plus fort de ses luttes commerciales, une préoccupation constante : il organisait l'espionnage autour de sa femme sur une grande échelle, et Mme Schwartz se sentait surveillée.

M. Lecoq, à cette époque, entra plus avant dans l'intimité de la maison. Seulement, cet homme habile ayant des rapports également bienveillants avec Monsieur et avec Madame, nul n'aurait su dire lequel des deux il servait le mieux. La comtesse Corona ne servait ni l'un ni l'autre, et pourtant, elle aussi, avait des yeux de lynx.

Michel s'était réfugié au quatrième étage de la rue Notre-Dame de Nazareth. Ils étaient là trois amis dans une situation pareille, en train de fatiguer le sort contraire et n'attendant qu'un peu de bonheur pour éblouir leurs contemporains. Les deux compagnons de Michel étaient des poëtes, transfuges aussi de la maison Schwartz, où l'on n'admettait, en fait de poésie que le petit commerce de Savinien Larcin et l'industrie de Sensitive. Il y a place pour tous au soleil de l'art; les deux compagnons de notre Michel avaient déserté, pleins de confiance, les bureaux Schwartz pour cingler de conserve vers l'immortalité. Michel n'avait pas des ambitions moins vastes. A eux trois, ils se partageaient le monde. Jusqu'à présent, rien de ce qu'ils souhaitaient ne meublait leur mansarde, mais ils avaient la jeunesse et l'espoir qui sourit aux enfants amoureux.

Un matin, Domergue, profitant de l'absence de Mme Sicard, pénétra dans l'appartement de la baronne et lui dit :

« L'oiseau a perdu hier mille écus à la roulette. Ça finira mal. Il doit à Dieu et à ses saints. Ce n'est pas Madame que la chose regarde, c'est Monsieur; mais Madame est si bonne!... »

Ce Domergue avait conservé un faible pour Michel. Il le surveillait pour son propre compte et ne se doutait pas encore du service qu'il rendait à la baronne en agissant ainsi.

Mme Schwartz, en toilette de bal, car elle ne choisissait pas ses heures de liberté, monta, ce soir-là même, les quatre étages de Michel. Cela ne fit nullement sensation dans la loge du concierge Rabot, car M. Lecoq recevait des élégantes et l'on avait vu une jeune dame de *la plus haute*, au dire de maman Rabot, grimper jusqu'au taudis de Trois-Pattes. Nos amis Échalot et Similor ne se trompaient point, en définitive : cette maison du bon Dieu renfermait des mystères à boisseaux.

Quelques semaines auparavant, Mme Leber et sa fille Edmée, déménageant leur humble mobilier, étaient venues s'installer dans un petit appartement, sur le derrière, de l'autre côté de la cour. C'était là un cher projet depuis longtemps caressé, car, depuis longtemps aussi Mme Leber avait accueilli Michel comme le fiancé de sa fille. Mais entre le jour où ce cher projet était éclos dans la gentille cervelle d'Edmée et l'heure de son exécution, bien des choses s'étaient passées, et, dès la première fois qu'Edmée se mit à sa fenêtre pour guetter la chambre de Michel, ses pauvres beaux yeux eurent des larmes. Michel ne rentra pas de toute cette première nuit, et Edmée ne l'avait point vu de toute la semaine.

Que faisait-il loin d'elle? Le roman des amours enfantines, dont nous lûmes le premier chapitre s'était rénoué à l'âge où l'âme se connaît. Edmée avait droit. Où était la rivale qui lui volait ce cœur qui était sa vie? S'il revenait, pensait-elle, me sachant là, si près, il n'oserait plus....

Ce soir dont nous parlons, Edmée était à son poste, pâle et triste derrière la percale de ses rideaux. Elle eut une bien grande joie tout à coup : la chambre de Michel s'éclaira.

L'enfant prodigue était de retour.

Ses deux camarades qui habitaient la pièce voisine

travaillaient : ceux-là travaillaient toujours. Michel entra chez eux vivement. Ils prirent aussitôt leurs chapeaux et sortirent.

On eût dit que Michel venait de les chasser.

Michel, resté seul, ferma sa fenêtre sans même donner un regard aux croisées d'Edmée. Il rabattit avec soin les rideaux sur les carreaux.

Elle avait été courte la joie de la pauvre jeune fille.

Au bout de quelques minutes, une ombre passa sur les rideaux fermés. Ce n'était pas l'ombre de Michel. Edmée serra son cœur à deux mains et se laissa choir sur un siége..

Il y avait une femme dans la chambre de Michel.

Edmée se sentit défaillir et ferma les yeux. Quand elle rouvrit les yeux, on ne voyait plus rien que le rideau blanc. Avait-elle rêvé ! Elle eût donné la moitié du sang de ses veines pour le croire.

Elle voulut savoir. Mme Leber dormait, lasse du travail de la journée. Edmée descendit, traversa la cour et put prendre, sans être vue de personne, l'escalier qui conduisait au logis de Michel.

Son cœur battait; elle était faible et brisée. Elle avait peur de tomber morte avant d'avoir vu.

L'escalier n'était éclairé qu'à l'étage où demeurait M. Lecoq.

Edmée fut longtemps à atteindre le carré de Michel. Il y faisait nuit. On parlait de l'autre côté de la porte; une ligne brillante marquait le seuil.

Une voix de femme disait :

« C'est un secret de vie et de mort. Nul ne doit savoir que je t'aime.

— Je trouverai un mot de passe, répondit Michel. Tenez! le premier venu : quand on viendra de ma part, on demandera à votre valet : *Fera-t-il jour demain?* »

Edmée se sentit mourir et descendit d'un pas pénible.

Pendant qu'elle descendait, la porte de Trois-Pattes, l'estropié du *Plat-d'Étain*, située de l'autre côté du carré, s'ouvrit. Edmée entendit le frôlement d'une robe de soie. Une femme parut dans l'ombre : Edmée la devina élégante et jeune.

La nouvelle venue, se croyant seule, s'arrêta juste devant la porte de Michel et mit son oreille à la serrure. Elle écouta une minute durant, puis elle frappa brusquement et fort.

La lumière s'éteignit aussitôt dans la chambre de Michel.

La porte s'ouvrit ; une autre femme, celle dont Edmée avait vu l'ombre dessinée sur les rideaux de la fenêtre sortit impétueusement.

Elle se heurta contre l'inconnue qui eut un rire sec et moqueur.

Puis elle trébucha dans l'obscurité sur la première marche de l'escalier. Edmée fuyait à tout hasard, honteuse de son espionnage. Elle reçut un choc. Deux cris partirent à la fois, arrachés par une douleur physique.

Edmée avait senti qu'on tirait violemment ses cheveux. Les femmes devinent ces choses ; elle porta la main à sa tête nue et sa main rencontra un objet qui s'était pris dans les boucles de sa chevelure, au moment du choc.

L'objet était un pendant d'oreille arraché : la douleur éprouvée avait dû être double et l'autre cri s'expliquait ainsi.

Ce fut tout. Edmée était seule dans l'escalier. Les deux femmes inconnues avaient disparu comme par enchantement.

Quand Edmée eut regagné sa chambre, elle regarda longtemps le pendant d'oreille. C'était un bouton de diamant d'une grande beauté, dont la monture restait sanglante.

Edmée fut prise cette nuit-là même par la fièvre qui la mena jusqu'au bord du tombeau.

Celle à qui appartenait la boucle d'oreille arrachée ne vint jamais la réclamer.

FIN DU PREMIER VOLUME.

TABLE DES MATIÈRES.

PREMIÈRE PARTIE.

LE BRASSARD CISELÉ.

Chap.		Pages.
I.	Essai sur les Schwartz	3
II.	M. Lecoq	14
III.	Cinquante Don Juan	25
IV.	Pot au lait	38
V.	Scrupules de J. B. Schwartz	50
VI.	Aux écoutes	62
VII.	Maison cernée	75
VIII.	La fuite	87
IX.	Une heure d'amour	99
X.	André à Julie	108
XI.	Une visite	152
XII.	Fera-t-il jour demain?	164
XIII.	André à Julie	178
XIV.	En France	186
XV.	A Paris	197
XVI.	Mlle Fanchette	210
XVII.	La dernière affaire du colonel	222

DEUXIÈME PARTIE.

TROIS-PATTES.

I.	L'Aigle de Meaux, n° 2	241
II.	Un brochet de quatorze livres	253
III	Le château	262
IV.	Trois-Pattes	278

1—24

TABLE DES MATIÈRES.

Chap.		Pages
V.	Bouton de diamant	291
VI.	Salon Schwartz	302
VII.	Le Pacte	312
VIII.	Histoire de voleurs	326
IX.	Cocotte et Piquepuce	338
X.	Notre héros	354
XI.	Première aventure	361
XII.	Seconde aventure	370
XIII.	La baronne Schwartz	383
XIV.	Visite nocturne	394
XV.	Le bouton de diamant	409

FIN DE LA TABLE DU PREMIER VOLUME.

PARIS. — IMPRIMERIE DE CH. LAHURE
Rue de Fleurus, 9

www.ingramcontent.com/pod-product-compliance
Lightning Source LLC
Chambersburg PA
CBHW071108230426
43666CB00009B/1880